2024-
2025年版

図解 わかる

会社を
やめるときの
手続きのすべて

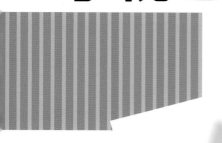
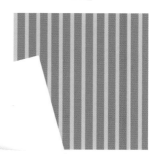

JN055271

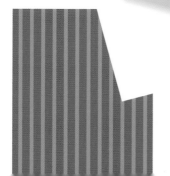

新星出版社

会社を辞めようと思ったら

　会社を辞めようかどうか迷っているあなた、辞めることを決めたあなた、さらに会社が倒産するので辞めざるを得ないあなたなど、この本の読者にはさまざまな立場の方がいます。会社を辞めることを決意した人が転職するまでに必要となるさまざまな手続きや注意点について解説するのがこの本の役割です。

　そのためにまず、辞める際に必要な準備や手続きについてふれておきます。

！ 会社を辞める前にやっておくべきこと

　在職中であれば会社がしてくれていた社会保険などの手続きは、会社を辞めた後には、すべて自分で行わなければならなくなります。その手続きをスムーズに行うためにも、退職前にやっておくことは、次のようなことがらです。

会社を辞める前にやっておくこと

1 退職願（届）を提出する

2 退職日までに業務の引き継ぎを行う

3 住民税の支払方法を決定する
退職日により数ヵ月分一括徴収されることもあるので、住民税の徴収方法を確認しておく

4 退職所得の受給に関する申告書を提出する（とくに退職所得控除額を超えて退職金を受け取る人）

5 身体に悪いところがあったら治療しておく

6 自分がこれまでにやってきた仕事の種類、経験・実績、得意分野などを時系列的にまとめておく（再就職する際に、職務経歴書を作成する準備として）

●健康保険の「被保険者資格喪失日」は離職日の翌日

　健康保険証は、離職日の翌日に効力を失う。離職後の国民健康保険などの手続きは離職日の翌日から届出期間が決められているので注意する。

　在職中の社会保険料は離職した日の翌日が属する月の前月分までが徴収される。

　【例１】8月31日退職の場合＝資格喪失日は9月1日なので、8月分までの保険料が徴収される（9月支払いの給与からも控除される）。

　【例２】8月30日退職の場合＝資格喪失日は8月31日なので7月分までの保険料が徴収される（8月支払いの給与から控除される）。

退職時に会社へ返すもの 受け取るもの

退職者から会社へ

1. 健康保険被保険者証（2枚以上持っている場合は全部、退職日までに返却する。任意継続するつもりの人も返却する）

2. 定期、名刺、身分証明書、社員証など

3. 鍵類、携帯電話、制服、作業服、事務用品など

4. そのほか会社から貸与されたものや社費で購入したもの

会社から退職者へ

1. 離職票1と2（離職日の翌日から10日以内に会社が手続きをし、それから受け取る。ハローワークで「求職の申込み」をする際に提出する）

2. 雇用保険被保険者証（会社が預かっている場合は受け取る。）

3. （必要に応じて）社会保険資格喪失等確認通知書（健康保険をいつやめたかの証明となるもの。国民健康保険・国民年金に加入する際に使用）

4. 年金手帳（会社が預かっている場合は受け取っておく。国民年金の手続きをする際などに必要）、基礎年金番号通知書

5. 源泉徴収票（通常は年末になる。退職した年に再就職しない場合の翌年の確定申告や、再就職先での年末調整の際に必要）

会社を辞める前後に行う手続きの流れ

退職前	離職日	受給資格決定日	待期満了日

雇用保険

失業等給付は、退職してから再就職するまでの家計を支える大きな柱 ➡P28〜

退職前
・会社から離職票1と2を受け取る（受け取りは10日以降）。

離職日
・雇用保険被保険者証を確認
・退職後に会社から受け取る離職票の受け取り方法（会社へ取りに行くのか郵送か）を確認する。

受給資格決定日
・離職後10日以内に手続きを行う。
・住所地を管轄するハローワークへ行き、「求職の申込み」を行い、受給資格者であることの決定を受ける（受給資格決定日）。

待期満了日
・雇用保険説明会に出席
・指定された日にハローワークに行き、雇用保険受給資格者証、失業認定申告書などを受け取る。
・受給資格決定日を含めて失業状態が7日間経過
・待期期間が終了（待期満了日）。

健康保険

国民健康保険か健康保険の任意継続か、どちらを選ぶかがポイント ➡P90〜

離職日
・健康保険被保険者証を返却。
・国民健康保険に加入するには、健康保険資格喪失証明書または、健康保険資格喪失確認通知書（健康保険をいつやめたかを証明するもの）を受け取る。

国民健康保険に加入する人

受給資格決定日／待期満了日
・離職日の翌日から14日以内に、市区町村役場へ行き、国民健康保険へ加入する。
・加入手続き後しばらくしてから国民健康保険料（税）の納付通知書が送られてくるので、離職後は自分で納める。

年金

退職した本人だけでなく扶養している配偶者も手続きを行う ➡P114〜

離職日
・年金手帳を確認（会社が預かっている場合は受け取っておく）。
・基礎年金番号通知書を確認する。

60歳未満の人の場合（すぐに再就職しない人）

受給資格決定日／待期満了日
・離職日の翌日から14日以内に、市区町村役場へ行き、国民年金の加入の届け出を行う。
・60歳未満の扶養している配偶者についても必ず届け出る。

税金

払いすぎた税金を戻してもらうには確定申告が必要 ➡P166〜

離職日
・退職金が支給される場合、「退職所得の受給に関する申告書」を会社に提出する。

申告書　　退職金

会社を退職する前後にはさまざまな手続きが必要です。これまで会社が行っていた社会保険や税金などの手続きについても退職後は個人で行うことになります。その主な流れをみてみましょう。

初回認定日

2回目以降の認定日

1年後（原則）

制限期間

＊出産・育児、介護などのためにしばらく働くことができない人は受給期間を延長するのに必要な手続きをとっておく。（本文P57参照）

・離職の日の翌日から起算して1年後（離職した日の1年後の同じ日）
・受給期間満了日。この日を過ぎると所定給付日数が残っていても、原則として基本手当は支給されないので注意が必要。

・以降4週間ごとの失業認定日（2カ月もしくは、3カ月の給付制限のある人は給付制限期間終了後から）
・失業の認定を受け、失業認定を受けた日数分の支給を受ける。

・最初の失業認定日(自己都合退職の人など給付制限期間中の人は基本手当は支給されない)
・失業の認定を受ける。待期期間満了の日の翌日から認定日の前日までの日数分の基本手当が指定金融機関の口座に振り込まれる（給付制限のない人）。

・2024年度中に、失業認定日などについてウェブ会議システムを利用したオンライン化が実施される予定です。

健康保険の任意継続をする人

・離職日の翌日から20日以内に
・健康保険組合か協会けんぽに健康保険の任意継続の手続きをする。2年間が限度。
・毎月10日までに保険料を支払う。支払いが一度でも遅れると任意継続を取り消されるので注意が必要。

年金を請求できる年齢に達した人の場合

・年金の請求から1～2カ月後
・年金決定通知書、年金証書が送られてくる。通知後の偶数月に年金が振り込まれる。

・老齢給付の年金請求手続きを行う。

・国民年金加入後の保険料
・年金事務所から国民年金保険料の納付書が送られてくるので離職後は自分で納める。

・確定申告とは原則として離職した翌年の2月16日から3月15日（還付の場合は、1月1日以後申告可）

・確定申告を行う（離職した年に再就職しなかった人など。離職した年に再就職した人は次の会社で年末調整をすることができる）。

・離職した年の年末までに会社から源泉徴収票を受け取る（確定申告や再就職先での年末調整の際に必要）。

・住民税
・住民税は前年の所得に対してかかるものなので、退職（失業）していて現在、収入がなくても払わなければならない。

・1月から4月までに離職した場合、離職した月を含めた残りの税額が一括徴収される。5月以降に辞めた人は1カ月分、6月以降に離職した人は翌月以降に特別徴収できない住民税額は普通徴収（市区町村からの納税通知書にしたがって本人が直接納付する）の方法になり、後日、市区町村からの納付通知書が送られてくる。特別徴収できない住民税の残額は普通徴収（給与、退職金等から一括納付することもできる）。

退職後の雇用保険の手続きは

　会社を辞めた後は、すぐに雇用保険に関わる手続きをきちんと行うことがとても大切です。失業等給付は失業中の生活を心配することなく仕事探しに専念して1日も早く再就職できるように支給されるものであり、再就職にあたってのさまざまな保障をしてくれるからです。

！ 基本手当は失業の状態にある人に支給される

　失業期間中の収入を一定期間保障する基本手当は、雇用保険の一般被保険者で、通常、離職日以前2年間に被保険者期間が通算して12カ月以上ある人が失業（離職）したときに、一定の受給要件を満たしている場合、その失業している日について受けられるものです。

　失業認定の手続きは、認定日にハローワークに失業認定申告書を提出して失業の状態であることの認定を受けます。この失業の認定は4週間に1回行われ、認定日の前日までの4週間の失業状態を確認してその日数分が支給されます。

失業状態にある人とは

- 就職を希望し（就職する意思がある）、

- すぐにでも就職できる（就職する能力・環境がある）状態にあって、

- なおかつ積極的に就職活動をしているにもかかわらず就職できない（仕事がない）人

失業状態と認められない人

就職する意思がない状態の人
- 離職後しばらくの間休養する人
- 家事に専念する人

就職する能力・環境がない状態の人
- 病気やケガなどですぐに就職できない人
- 妊娠・出産・育児などにより就職できない人
- 昼間、学校に通っていて就職できない人
- ボランティア活動などをしていて就職できない人

仕事がある状態の人
- 再就職した人
- アルバイトなどをした人
- 自営業をしている人
- 会社の役員になっている人

❗ あなたの退職は自己都合？　会社都合？

　雇用保険の基本手当は、積極的に職探しをしていて、いつでも就職できる意思と能力・環境がある失業状態の人に対して、離職日の直前6カ月に支払われた賃金の合計を180で割った金額（賃金日額）の50〜80％（60歳以上で給与の高い人は45％もある）相当を基本手当日額として90日〜360日を限度に支給されます。

　この基本手当を受け取ることができる日数を所定給付日数といいます。その日数を決めるポイントは、雇用保険の被保険者であった期間、離職日の年齢、さらに、離職の理由が自己都合か会社都合か、などです。

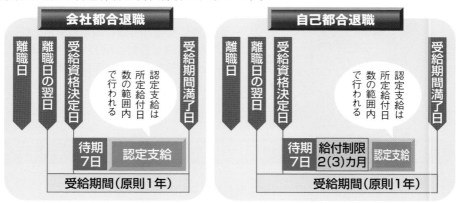

　自己都合で退職した人などは、基本手当の支給について2カ月（自己都合で5年間に2回まで）もしくは、3カ月の給付制限期間が設けられています。これに対して会社都合などで退職した特定受給資格者などは、受給資格決定日から失業状態であった日が通算して7日（待期期間という）が満了した翌日から支給対象となります。

❗ 特定受給資格者（特定理由離職者含む）とは

特定受給資格者（特定理由離職者含む）の類型　（本文P50参照）

「倒産」等により退職した人

・会社の倒産や破産、事業所の廃止や大量雇用変動などの場合

「解雇」等により退職した人

・会社の都合などで解雇された人、労働契約の条件が事実と著しく違うために退職した人、賃金の遅配が続いたために退職した人など

「有期雇用」「正当な理由のある自己都合」により離職した者

・体力の不足、障害、疾病などにより退職した者。父母の扶養のために退職を余儀なくされた場合など。いずれも被保険者期間が離職以前1年間に6カ月以上あること

雇用保険の基本手当を受ける際に必要な手続き

退職前にしておくこと

・雇用保険被保険者証を確認する（会社が預かっていたら受け取っておく。
・離職後に会社から受け取る離職票の受け取り方法（会社へ取りに行くのか、郵送してもらうのか）を確認する。

離職日の翌日から10日以内に会社が手続き

①雇用保険被保険者資格喪失届、雇用保険被保険者離職証明書を会社がハローワークに提出

| 会社（事業所） | 会社の所在地を管轄する
ハローワーク |

②離職票－1、離職票－2等をハローワークが会社を通じて交付する

③会社から離職票－1と離職票－2が本人へ渡される

退職（離職）した人

会社から離職票を受け取ったときには、被保険者番号、被保険者となった年月日、離職年月日などの確認とともに、「離職の日以前の賃金支払状況等」の金額、「離職理由欄」の離職理由をよく確認する。

離職票を受け取ったら早めに

求職の申込み

基本手当は離職後初めて離職票を持ってハローワークに行き、「求職の申込み」を行い、受給資格者であることの決定を受けた日から一定期間経過後に支給されます。この受給資格者であることの確認を受けた日を受給資格決定日といいます。

「求職の申込み」をする際に必要なもの

1 離職票－1、2

2 マイナンバーカード

3 マイナンバーカードがない場合
①通知カード又は個人番号の記載のある住民票
②身元確認書類

4 写真2枚
（6カ月以内の写真、正面上三分身、タテ3cm×ヨコ2.4cm）
※毎回マイナンバーカードを提示する場合には省略可能

5 本人名義の預金通帳
（一部の金融機関を除く）

6 船員であった方
船員保険失業保険証及び船員手帳

「求職の申込み」に行くと

「求職申込書」に就職についての希望などを鉛筆で記入する。

その後、必要な書類などとあわせて提出し、順番がきたら職員に呼ばれて受給資格を確認する面接を受け、「受給資格者のしおり」などを受け取る。これで受給資格が決定される。
（しおりには、ハローワークで行われる雇用保険説明会の日時等が指定されている）

受給資格決定日を含めて失業状態が7日間経過

待期期間が終了
（待期満了日）

アルバイトなどをした日など、たとえボランティアで無収入であっても失業状態にはならないので、待期満了日が先送りになる。

雇用保険説明会

指定された日に出頭し、雇用保険受給資格者証、失業認定申告書などを受け取る。

雇用保険説明会に持っていくもの

1 受給資格者のしおり　　**2** 筆記用具、印かん（念のため、持参）

3 「求職の申込み」の日に忘れたものや、とくに指示のあったものがあればそれも持っていく

最初の失業認定日
（2 (3) カ月の給付制限がある人も出席しなければならない）

・雇用保険受給資格者証と失業認定申告書を窓口に提出して失業の認定を受ける。
・待期満了日の翌日から認定日の前日までの間で失業認定を受けた日数分の基本手当が支給される（給付制限のない人）。

失業認定日に持っていくもの

1 雇用保険受給資格者証　　**2** 失業認定申告書（雇用保険説明会の際に受け取ったもの）

3 受給資格者のしおり　　**4** 印かん（念のため、持参）

注：2024年度中に、失業認定日などについてウェブ会議システムを利用したオンライン化が実施される予定です。

最初の失業認定日の約1週間後

基本手当の受給

銀行振込で支給される。

以降4週間ごと (2(3)カ月の給付制限のある人は給付制限終了後)

第2回失業認定日

失業の認定が終わると、雇用保険受給資格者証が返却されるとともに、次回の認定日時を記した失業認定申告書が渡される。

以降4週間ごとの認定日にハローワークに行けない場合

●病気やケガで職業に就くことができない場合 (60ページ参照)

・病気やケガで継続して15日以上仕事に就くことができない場合には、傷病手当の支給対象となる。
・30日以上仕事に就くことができない場合には、傷病手当をもらうか、または受給期間の延長を申請できる。

●ハローワークに行けない場合

指定された認定日にハローワークに行かないと失業の認定が受けられず、基本手当が支給されない。認定日に正当な理由があって行けないときは事前にハローワークに連絡をして指示を受ける。
就職や就職のための面接のほか、本人の病気やケガ等のやむを得ない場合には認定日の変更ができる。

離職日の翌日から1年後 (離職した日の1年後の同じ日)

受給期間満了日 この日を過ぎると所定給付日数が残っていても原則として基本手当は支給されないので注意が必要。

このほかの手続き

	誰が	どこに	いつまで	提出書類
受給期間延長の申請	本人または代理人（郵送も可）	住所地を管轄するハローワーク	病気・ケガなどで仕事に就けない状態が30日以上続いた後、早期に申請する	受給期間延長申請書、受給資格者証、延長理由を確認できる書類
教育訓練給付金の受給手続き	本人	住所地のハローワーク	受講修了の翌日から1カ月以内	教育訓練給付金支給申請書、教育訓練修了証明書など

育児休業給付 (78ページ参照)　介護休業給付金 (82ページ参照)

●再就職先が決まったら、すみやかにハローワークに連絡をする

採用日の前日までの基本手当のほか、再就職手当や常用就職支度手当の支給が受けられる場合もあるので、まずハローワークに連絡をして必要な手続き (P64参照) をそれぞれ次の期間内に行う。

・再就職手当、常用就職支度手当＝採用日の翌日から1カ月以内

退職後の健康保険の手続きは

　健康保険は、保険料と給付内容をよく検討してから決めなければなりません。選択肢としては、国民健康保険に加入するか健康保険の任意継続を申し込むかのどちらかを選ぶことが一般的ですが、特定健保組合に加入していた60歳以上の人で条件さえ満たしていれば、特例退職被保険者制度を申し込むこともできます。また、収入の少ない人は、家族の加入している健康保険の扶養家族になることもできます。

＊再就職するまでの期間いずれの健康保険にも入らないでいると、病気やケガで病院に行ったとき全額自己負担になってしまうので、必ず手続きをしましょう。

退職前にしておくこと

1 健康保険被保険者証を会社に返却する（離職日までに。任意継続するつもりの人も同様。コピーをとっておくとよい）。

2 （必要に応じて）健康保険資格喪失等確認通知書など（健康保険をいつやめたかを証明するもの）の交付を会社に依頼しておく。

3 離職後に加入する健康保険を検討する。

国民健康保険に加入する人の場合

離職日の翌日から 14日以内に

・市区町村役場の国民健康保険課へ行き、国民健康保険被保険者資格取得届を書いて提出し、国民健康保険へ加入の手続きをする。

国民健康保険に加入する際に必要なもの

1 （必要に応じて）健康保険資格喪失等確認通知書。ただし、自治体によっては離職票または健康保険被保険者資格喪失証明書などでも可（健康保険をいつやめたかを証明するもの）

2 印かん（念のため）

約1週間後 → **1、2カ月後**

・市区町村から保険証が送られてくる。（自治体によっては即日交付される）

・世帯の国民健康保険料（税）の納付書が送られてくる。

健康保険の任意継続の加入手続きをする人

　　任意継続は原則として2年間が限度で、会社と原則折半で負担していた保険料も全額を個人で負担するために、保険料は在職時の約2倍になります（ただし在職中、給料の高かった人には、上限額があります）。本人の窓口負担は3割ですが、国民健康保険より有利な面もありますので、負担する保険料との兼ね合いでどちらが有利か判断します。

離職日の翌日から 20日以内に ➡ **以降、毎月10日までに 保険料を支払う**

・会社が組合管掌健康保険に加入している場合には健康保険組合で、それ以外の場合には、本人の住所地を管轄する協会けんぽで任意継続の加入手続きをする。

・一度でも滞納すると任意継続の資格を取り消される。

任意継続の手続きの際に必要なもの

1. 健康保険任意継続被保険者資格取得申請書

2. 健康保険被扶養者届（被扶養者がいる場合）および必要に応じて非課税証明等の書類

＊納付書の納期限までに納付がなされない場合は、資格が取り消されます。

● 2年間の任意継続の期間が終了後には次のような選択肢があります

1. 家族の健康保険の被扶養者となる。
2. 国民健康保険の被保険者となる。

配偶者などの健康保険の被扶養者となる

　　配偶者など家族が勤めている会社の健康保険の被扶養者になるという方法もあります。この場合には、離職後5日以内に、配偶者など家族（被保険者）が勤務する会社を通じて手続きを行います。認定要件には、現実に扶養されていて、被扶養者の年収が130万円（60歳以上は180万円）未満であり、かつ、同居の扶養者（被保険者）の収入の半分未満などの条件があります。

被扶養者となる手続きの際に必要なもの

1. 被扶養者（異動）届　　　　　2. 所得証明などの必要書類

退職後の年金の手続きは

年金については、それぞれの状況によって、手続きが異なります。

老齢基礎年金の受給資格とは

基礎年金制度とは、20歳以上60歳未満の人が加入して65歳から老齢基礎年金を受給するものです。この老齢基礎年金を受給するには、10年以上の加入期間等（平成29年7月までは25年）が条件ですが、満額受給には40年の加入が必要です。

厚生年金保険の加入期間	+	国民年金保険料納付済期間	+	国民年金保険料免除期間	+	合算対象期間	+	学生の納付特例期間	≧10年

●空白期間があると給付が受けられないことがある

国民年金の被保険者で、滞納している空白期間があると障害給付が受けられなかったり、将来の年金額も減ってきますので、退職したときは、すぐに第1号被保険者へ種別変更をして、保険料を納付しておく必要があります。

退職前にしておくこと

・年金手帳、基礎年金番号通知書を確認しておく。

退職後にすること

60歳未満の場合で、国民年金の第1号被保険者となる場合

離職の翌日から14日以内に
・市区町村役場の国民年金課へ行き、国民年金の種別変更の届け出を行う（60歳未満の扶養している配偶者についてもあわせて届け出る）。国民年金保険料16,980円（令和6年度）

離職後しばらくしたら
・年金事務所から国民年金保険料の納付書が送られてくる。

60歳以上の場合

年金を請求できる年齢に達したら
・厚生年金保険の人（第2号被保険者）は最寄りの年金事務所へ。
・国民年金の第1号・第3号被保険者の人は最寄りの年金事務所（国民年金第1号のみの人は市区町村役場）へ老齢給付の年金請求手続きを行う。

年金の請求から約1カ月後
・年金決定通知書、年金証書が送られてくる。その1、2カ月後に年金が振り込まれる。

退職後の税金の手続きは

税金についても退職したら確定申告などの手続きを個人で行うことになります。ここでは、退職後の住民税や確定申告について解説します。

退職前にしておくこと

・退職金が支給される場合には「退職所得の受給に関する申告書」を会社に提出することで、退職所得控除額を差し引いた額をもとに税額を計算して源泉徴収されるので、確定申告の必要はありません。この申告書を提出していなければ、所得税が多めに控除されていますので、確定申告で税金の還付を受けられることもあります。

退職後にすること

退職後の住民税は

・住民税は前年の所得に対してかかるもの。
（現在、無職で収入がなくても前年に一定所得があった場合は、払わなければならない）
・1〜4月までに退職した人の場合、前年度分の住民税は給与から一括徴収。
・5月に退職した人の場合、通常通り1カ月分が徴収される。
・6〜12月に退職した人の場合、納期が来ていない残りの額を退職後、市区町村から送付される通知書にしたがって納付する（一括納付もできる）。
・退職年の収入に対する住民税は、翌年6月から徴収される。

退職した年の年末までに

・会社から源泉徴収票を受け取る
（確定申告や再就職先での年末調整の際に必要）

退職した翌年の原則2月16日から3月15日
（還付申告の場合は、翌年の1月1日から可）

・住所地を管轄する税務署で確定申告を行う
（退職した年に再就職をしなかったなど中途退職をしたままの人は、年末調整ができず、通常、所得税を超過納付しているので、税金の還付を受けるためには、確定申告が必要。退職した年に再就職した人は、新しい会社で年末調整ができるので、確定申告が不要の場合もある）
・インターネット（e-Tax）の申告もできる

確定申告の際に必要なもの（①以外は例示）

1 確定申告書	2 源泉徴収票
3 社会保険料控除証明書	4 医療費などの領収書
5 生命（地震）保険料控除証明書	6 住民票、不動産の売買契約書、登記簿謄本など

再就職の際の手続きは

　再就職先が決まったら、新しい会社に提出するものや届け出なくてはならないことがあります。その際に必要な提出書類や手続きは以下のようなものです。

再就職の際に会社へ提出するもの

1 基礎年金番号通知書（年金手帳）
　配偶者（たとえば妻）が健康保険の被扶養者になるときには、被扶養配偶者の基礎年金番号通知書もあわせて会社に提出する。

2 雇用保険被保険者証
　前の会社から受け取ったものを会社へ提示する。

3 健康保険被扶養者届（被扶養者のいる人）
　配偶者（たとえば妻）が被扶養者になるときには、第3号被保険者関係届に被扶養配偶者が自分で住所・氏名を記入する。被扶養配偶者の基礎年金番号のわかるものも会社へ提出する。

4 所得税の源泉徴収票（退職したその年に再就職した場合）
　退職したその年に再就職した場合、新しい会社で年末調整をしてもらう際に必要となる。

5 給与所得者の扶養控除等（異動）申告書
　本人が記入して会社へ提出する。

6 マイナンバーカード（提示）
　扶養家族分も必要となる。

はじめに

　通信の革新による社会構造の変化、多発する天災地変、戦争、未知のウイルスによる世界的規模の経済低迷。経験のない、先が見えない時代です。あらためて人が生きていくということについて、生きていく糧を得るための職業について、深く考えなおした方が多いのではないでしょうか。

　本書は転退職についての本ですが、筆者は以前から読者に対しては軽々しい転職や退職は避けるべきと訴え続けてきました。しかし、今、世界の状況が一変し、不本意でも突然の退職をせざるを得ないという方も多数いらっしゃると思います。

　そうなれば、退職後の雇用保険や健康保険、年金などの手続は自分で行うことになります。本書を参考に手続の流れを確認して下さい。退職後はできるだけ早く再就職をして生活を安定させることが大切になるでしょう。

　企業にとっても先例が役に立たない苦難の時代。この荒波を渉っていくためには、有能な人材の確保が第一だと再認識していると思います。企業が、今後、働く人に求めるものは、一緒に企業を盛り立てていける実践の場で役立つ能力です。「一生懸命仕事をします、ガンバリます。」では通用しないのです。前例にとらわれず仕事の手順・方法を再構築できる人、会社の売り上げを伸ばせる人、会社が黒字体質になるように繋げることのできる人といえます。自分にはこういう実績があったということを客観的な事実としてアピールすることで、早期の再就職につなげてください。

　読者の皆様のしあわせな転退職をお祈りしています。

　本書は令和6年4月時点の法令に基づいて執筆されています。年度途中の特例措置の施行等については、政府及び関係省庁のホームページ等でご確認ください。

中尾　幸村・中尾　孝子

注：令和2年12月25日より、各種申請書の押印が一部を除き原則不要になったことから、各種申請書については、順次、改訂されています。本書では、令和6年4月1日時点で公表されている書式を掲載しました。

もくじ

★ PART 5 ★　退職後の税金 ──────────── 165

口絵・本文デザイン：風間正江　口絵・本文イラスト：くぼゆきお

会社の辞め方には注意しよう

POINT

◆短期間での自己都合退職は問題あり
◆数年のキャリアではスキルアップはむずかしい
◆退職後の自分がどうなるのかを知っておこう

終身雇用は本当に崩壊したのか？

　職に対する意識も変わり、日本でも終身雇用が尊いという考え方はなくなりました。スキルアップや、本当にやりたい仕事につくための転職や独立などは、むしろ奨励される時代になったといえます。

　一方、成果主義の風潮に疲れ、日本型の終身雇用に戻りたいという人もいます。増えすぎた「非正規雇用」者。「正規」と「非正規」の格差は、「働き方改革」の推進により縮まりつつありますが、「非正規雇用」者から「正規雇用」者に転職したいと希望する人も多い状況です。しかし、転職を重ねるほど、昇給や退職金、ボーナス、そして雇用保険の失業等給付など、不利になる場合があることも事実です。

　一部では「終身雇用は崩壊した」などと必要以上に転職をあおっていますが、そうした風潮に惑わされることなく、自分の資質や将来の展望をしっかり踏まえて、納得できる転職をしたいものです。

　会社に採用されたものの、半年や1年程度の短期間のうちに自己都合退職をする人も増えています。毎年、同じ時期に決まった仕事をするという会社では、3年いたら3回、5年いたら5回しか同じ仕事が回ってきません。ですから3〜5年くらい仕事をしてはじめて、自分の適性について考えられるのではないでしょうか。半年や1年で適性を論じるのは早いと思います。

　そうはいっても、やむを得ない場合のほか、入社時の条件と違うなどといったケースで会社を辞めざるを得ないこともあるでしょう。

　そのような場合以外での自己都合退職は、よく考えてください。数ヵ月や1〜2年ではスキルアップにはあまりに短く、その会社での期間があなたのキャリアにとってプラスの期間にならないかもしれません。たとえ辞める場合であっても、ステップアップとなるような辞め方をするべきです。

会社員であることのメリットも大きい

　先行きの見えない現在、退職後の予定をまったく立てずに辞めてしまっては、明日の生活に困ることにもなりかねません。在職中に次の職場が決まっていることが一番望ましいのですが、もし決まっていない場合は、今一度よく考えてください。

　会社を辞めるということは、その会社に対する義務はなくなりますが、社員としての権利＝会社員であるが故の特典もなくすことになります。冷静に考え、退職後にはどのように生計を立てていくのか、特に金銭面や身体（健康）について、あとから「しまった！」ということのないように、退職前にきちんとした計画を立てておきましょう。

┈┈┈┈ 退職前に最低限しておくこと ┈┈┈┈

1	2	3
住むところの確保	**生活費**	**健康保険**
家賃がいくらで、何カ月分の蓄えが必要か	今の蓄えで何カ月暮らせるか	失業中にケガをしたり、病気になったらどうするか

●これだけはまず知っておこう！

★健康保険に入っておかないと、医療機関の窓口で医療費を100％支払うことになる（健康保険に入っていると、本人の窓口負担は30％）。

★在職中にケガや病気で労務不能（仕事ができない状態）になり給料が出ないときは、健康保険から傷病手当金として給料の約３分の２が支給されるが、辞めた後の発病で労務不能となっても手当は出ない（国民健康保険・任意継続被保険者には傷病手当金の制度がない）。

★在職中に仕事上のケガや病気、または通勤途中の事故等で働けなくなった場合、労災保険から給付があるが、辞めた後にケガをした場合は、求職活動中のケガであっても私傷病となるので給付されない。

★在職中にケガや病気、また万一、障害が残ったり死亡した場合には、会社の協力を得てスムーズに手続きができるが、退職後のケガや病気、障害や死亡の際は、すべて自分で手続きをしなければならない。

会社の賢い辞め方と最低限のマナー

POINT

◆「今日で辞めます」は今の世の中では通用しない
◆就業規則等で退職の意思表示の時期は規定される
◆仕事ができる人は辞め方もスマートだ

自分自身のためにもきれいに辞めよう

テレビドラマを観ていると、上司にいきなり「辞表」を突きつけて、「今日で辞めさせてもらいます」などというシーンが出てきますが、それは大人のすることではありません。

雇用期間がとくに定められていない正社員の場合は、会社の就業規則に「辞めるときは、何日前あるいは何カ月前までに知らせること」と定めてあります。これが契約社員の場合になると、基本的にはその契約が終了するまで辞めることはできません。またプロジェクトチームの一員であれば特別の事情がない限り、そのプロジェクトが終了するまで辞めるべきではないでしょう。

会社を辞めるときは、自分自身のためにも会社に損害や迷惑を与えない時期を選んでスマートに辞めましょう。また、自分を正当化するために「会社のここが悪い、あそこが悪い」と言う人がいますが、これはあまり感心しません。採用時に示された仕事の内容や勤務場所、給料や賞与、そして昇給の額が実際と異なるのであれば、会社ときちんと話し合うべきですし、セクハラやいじめに対しても、本人と話し合ったり、上司に相談すべきです。

あなたが会社に雇われたとき「雇用契約書」「労働契約書」などの文書で、あるいは口頭で会社と雇用契約を交わしているはずです。そんな覚えがない場合でも「あなたと会社が契約によって結ばれている状態」、つまり「労働を提供し、その対償として給与をもらっている関係」が雇用契約です。

したがって、会社を辞めるときには、それなりの手順を踏んで辞めるのが大人のルールです。「どうせ辞める会社なのだから、どうでもいいや」と考えているのなら、もう一度考え直してください。

世の中は狭いもので、同業他社に転職を考えているのならば、「いきなり辞めるとはひどい奴だ」という噂が広まってしまうかもしれません。また、

別の業種の会社であっても、辞める手順をきちんと踏んできたかどうかを、次の会社の採用担当者はみることでしょう。次の会社へスムーズに転職するためにも、“立つ鳥跡を濁さず”のことわざのとおり、去り際はきれいにしたいものです。

退職の意思表示はいつまでにすればよいのか

労働基準法では、労働者が退職するときはいつまでに会社に通知すればよいという規定はされていません。民法では、期間の定めのない雇用契約については、退職の意思表示（労働契約の解約申し入れ）の後、2週間を経過したときにその雇用契約は解除される旨を定めています。

また、会社員のように月給を受け取っている場合は、月の前半に退職届を提出すれば、その月の末日で辞めることができ、月の後半に退職届を提出すれば、翌月の末日に雇用契約が解除される民法上の規定があります。

しかし、民法のこの規定は、労働基準法のような強行規定ではなく、（一般的に）任意規定と解釈されていますので、この規定によらずに就業規則等で、例えば1カ月前までに提出するといった「特約」を設けることもできます。そしてこの特約の期間は公序良俗に反しない限り、有効なものと解釈されています。

スマートに辞めることはあとでプラスとなる

法律や就業規則は別にして、あなたがスマートに会社を辞めたいのならば、繁忙期の退職、後任者に仕事の引き継ぎができていない間の退職は、できるだけ避けるべきです。忙しい時期に辞めてしまったり、引き継ぎを中途半端にして退職してしまうと、会社はもちろん、職場の同僚にも良い印象を与えません。

また、再就職の面接段階で前職の仕事をどのように引き継いで辞めたのかと聞かれたり、前の会社に問い合わせをすることもあります。そのような場合、スマートに退職したということが分かれば、新しい会社へも良い印象を与えることになるでしょう。

仕事のできる人は、辞めるときもスマートに辞めるものです。

これが正しい退職願の出し方

（1）退職願の書式

　会社によっては、退職時に会社に返却する物のリストと一緒になった事務的な書式を用意しているところもありますので、退職が決定した後に、総務の人に聞いてみる必要があります。決まった書式があれば、それを利用しましょう。会社に書式がない場合は、次の例を参考にして書いてください。

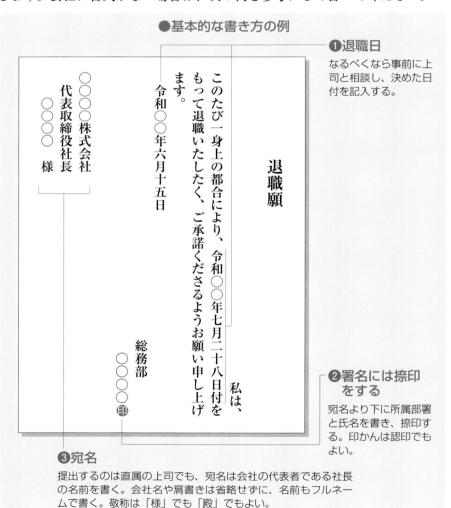

●基本的な書き方の例

退職願

このたび一身上の都合により、令和○○年七月二十八日付をもって退職いたしたく、ご承諾くださるようお願い申し上げます。

私は、

令和○○年六月十五日

総務部
○○○○ ㊞

○○○○株式会社
代表取締役社長
○○○○
様

❶退職日
なるべくなら事前に上司と相談し、決めた日付を記入する。

❷署名には捺印をする
宛名より下に所属部署と氏名を書き、捺印する。印かんは認印でもよい。

❸宛名
提出するのは直属の上司でも、宛名は会社の代表者である社長の名前を書く。会社名や肩書きは省略せずに、名前もフルネームで書く。敬称は「様」でも「殿」でもよい。

14

●様式について

・社内に所定の書式がないときには、縦書き、横書きどちらでもかまわない。
・黒または青の万年筆、もしくは黒のサインペンまたはボールペンで書き、封筒に入れて提出。
・封筒の中央に「退職願」と書き、裏には自分の所属している部署と氏名を書く。
・退職の意思を伝えた直属の上司に提出するのが一般的。

(2) 退職願の出し方

だれに	いつ	どのように
直属の上司	就業規則で定められている日（月）までに	現実には、事前に直属の上司に相談という形で話しておいたほうがうまくいく。スムーズに退職するためには前もってきちんと準備をして、会社の繁忙期でないときに辞めるのが望ましい

業務の引き継ぎ方法

　通常、退職願が受理されると、あなたの後任が決まるでしょうから、後任者に業務のすべてを退職日までに引き継ぎます。その際、後任者にすべてを教えておかないと、引き継いだはずの業務にトラブルを起こす可能性があります。自分の業務を他人に分かりやすく教えることは、自分にとっても大いに勉強になりますから、今までの仕事の総決算と思って取り組みましょう。

　また、例えば会社から仕事のマニュアルなどのファイルを持ち出すようなことは、絶対にしてはいけません。自分が持ち出せるのは、頭の中に知識として蓄えたものだけです。自分が携わったものでも、会社にいる間のものは会社に帰属しますから、就業規則に明確に記していない場合でも、勝手に持ち出したり、コピーなどをしてはいけません。

退職時に会社へ「返還するもの」、会社から「受け取るもの」

身の回りはきちんと整理しよう

　退職時に会社へ返還するものと、会社から受け取るものを明確にしておかなければなりません。それは物であったり、お金であったり、書類であったりします。これらは会社から貸与されている制服やバッジや先払いの交通費、健康保険証などです。退職したら会社員としての身分や役職がなくなりますので、名刺についてもそっくりそのまま返還してください。

　また、退職時に会社から受け取るもので重要なのが雇用保険被保険者離職票です。失業中の生活に欠かすことのできない失業等給付を受けるのに必要だからです。会社によっては、年金手帳や雇用保険被保険者証なども預かっている場合もあるので、必ず返却してもらうことを忘れないでください。

返還しなければならないもの

　退職するとその会社の社員としての身分がなくなりますので、貸与されたものはすべて返還します。返還するものには、次のようなものがあります。

会社へ返還するもの

1 保険証（健康保険の被保険者証）

2 電磁的記録媒体（パソコン、USBメモリ、SDカードなど）

3 制服、制帽、エプロンなど会社から貸与されたもの

4 社員証・バッジ（社章）

5 前払いの交通費や定期券、借入金など

6 名刺

7 ロッカー・机などの鍵

8 その他、会社所有のもので個人的に借りていたもの（㊙書類やマニュアルなど）

会社から受け取るもの

退職時に会社から受け取るものもたくさんあります。

······ 会社から受け取るもの ······

（1）雇用保険被保険者証（例）

再就職時に新しい会社に提示する。本来は入社時に受け取って本人が保管するが、会社が預かっている場合もある。

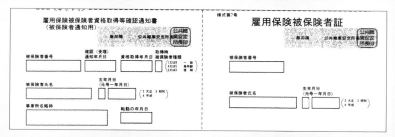

（2）源泉徴収票（例）

平成28年1月1日から社会保障・税・災害対策の手続等にはマイナンバー（P86参照）の記載が求められている。

令和　　年分　給与所得の源泉徴収票

支払を受ける者	住所又は居所		（受給者番号）			
			（個人番号）			
			（役職名）			
			氏名	（フリガナ）		

種　　別	支　払　金　額	給与所得控除後の金額	所得控除の額の合計額	源泉徴収税額
	内　　　千　　　円	千　　　円	千　　　円	内　　　千　　　円

控除対象配偶者の有無等		配偶者特別控除の額	控除対象扶養親族の数（配偶者を除く。）			16歳未満扶養親族の数	障害者の数（本人を除く。）		非居住者である親族の数
			特　定	老　人	その他		特　別	その他	
有	従有	千　　千　円	人　従人　内	人　従人	人　従人	人	内　　人	人	人

社会保険料等の金額	生命保険料の控除額	地震保険料の控除額	住宅借入金等特別控除の額
内　　千　　　円	千　　　円	千　　　円	千　　　円

（摘要）

生命保険料の金額の内訳	新生命保険料の金額	円	旧生命保険料の金額	円	介護医療保険料の金額	円	新個人年金保険料の金額	円	旧個人年金保険料の金額	円

(3) 健康保険資格（取得・喪失）証明書

健康保険の被保険者または被保険者であった方が、国民健康保険に加入するため、健康保険被保険者資格の喪失日または被扶養者でなくなった日等を証明する書類が必要になったときに、この請求書を市区町村等に提出する。

(4) 年金手帳（例）

国民年金の種別変更手続き時に必要。再就職した際には新しい会社に提出する。年金手帳は、日本年金機構が設立されるまでは、社会保険庁が、社会保険庁設立以前は厚生省が発行していた。年金手帳は、令和4年4月に廃止された。令和4年4月以降、初めて被保険者資格の取得手続きを行った方等には、基礎年金番号通知書が発行されている。また、共済組合において資格の取得手続きを行った方で、これまで共済組合以外の加入履歴がない方にも、同様の基礎年金番号通知書が発行されている。

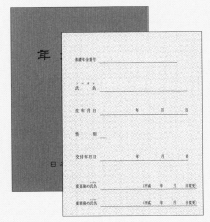

基礎年金番号通知書

基礎年金番号通知書
基礎年金番号
X X X X － X X X X X X
フリガナ　　ネンキン　タロウ
氏名　　　　年金　太郎
生年月日　平成 X 年 X 月 X 日
令和 X 年 X 月 X 日　交付
厚生労働大臣

（5）雇用保険被保険者離職票-1と2

離職票-1

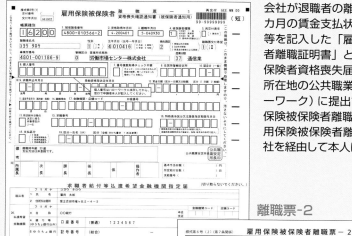

会社が退職者の離職の日以前6カ月の賃金支払状況、離職理由等を記入した「雇用保険被保険者離職証明書」と「雇用保険被保険者資格喪失届」を、会社の所在地の公共職業安定所（ハローワーク）に提出すると、「雇用保険被保険者離職票-1」と「雇用保険被保険者離職票-2」が会社を経由して本人に交付される。

離職票-2

会社がこの手続きをしなければならないのは資格喪失日（退職日の翌日）から10日以内と定められているため、離職票が会社から本人の手元に届くまで2週間くらいかかることもある。これらの離職票は、失業等給付を受けるために、離職後最初にハローワークに行って「求職の申込み」をする際に提出する。
離職票-2の右側（P32参照）には、離職理由の記載欄がある。

part 1 ④ 転退職前

退職前に健康診断を受け、ローンは在職中に組む

POINT

◆社会的な信用は退職後では薄くなる
◆住宅ローン、教育ローンは在職中に組んでおこう
◆退職後の健康診断は全額自己負担となる

無職では住宅ローンの申込みは難しい

　退職後では、サラリーマンであったときより金融機関の審査が厳しくなり、ローンを組めないこともあります。会社に勤務しているということは、それだけで社会的な信用があるし、在職期間が長いほど信用は厚いのです。

　退職することによって、それまでの信用は薄くなります。そこで、ローンを組む場合は、なるべく在職中に借入を済ませておいたほうがよいでしょう。

　すぐに再就職できる人はそれほど問題はないのですが、職探しで働くまでに空白期間がある人、また、独立開業をする人は住宅ローンなどの長期の借入金の返済については、安易な借り入れは避けるべきです。

　もっとも、中途退職者に限らず、現役のサラリーマンもローンを組む際には無理をせず、月給の4分の1から5分の1くらいに返済金額を設定しておくべきでしょう。賞与をあてにしたローン返済は考えものです。返すあてのない借金はすべきでないことは、当然のことでしょう。

　もちろん、退職後にも返済は続けなければなりませんので、きちんと返済計画を立ててから退職するようにしてください。

生活習慣病予防健診をおおいに利用しよう

　全国健康保険協会（協会けんぽ）では、35歳～75歳未満の被保険者を対象に生活習慣病予防健診を実施しています。国の補助により安価で健診を受けられるので、在職中におおいに利用してください。なお、この事業は限られた予算内で行われているため、各機関ごとの申込状況によっては年度途中で受付を締め切る場合もあるので、退職予定者は早めに各機関に問い合わせてください。また、健康保険組合の被保険者の場合は、各組合で制度が異なっているので、それぞれの健康保険組合に問い合わせてください。

生活習慣病予防健診等

協会けんぽ（令和6年度）の例

	検査の内容	受診対象年齢	自己負担額
一般健診	診察等、問診、身体計測、血圧測定、尿検査、便潜血反応検査、血液検査、心電図検査、胸部レントゲン検査、胃部レントゲン検査	35歳〜74歳	最高5,282円
	眼底検査　医師が必要と判断した場合のみ実施		最高79円
子宮がん検診（単独受診可）	問診／細胞診	20歳〜38歳の偶数年齢の女性	最高970円

■一般健診に追加して受診する健診

	検査の内容	受診対象年齢	自己負担額
付加健診	尿沈渣顕微鏡検査、血液学的検査、眼底検査、生化学的検査、肺機能検査、腹部超音波検査	一般健診を受診する40歳、45歳、50歳、55歳、60歳、65歳、70歳の方	最高2,689円
乳がん検診	問診、乳房エックス線検査、視診・触診（医師の判断により実施）	一般健診を受診する40歳〜74歳の偶数年齢の女性	50歳以上最高1,013円 40歳〜48歳最高1,574円
子宮頸がん検診	問診、細胞診 ※自己採取による検査は実施していない	一般健診を受診する36歳〜74歳の偶数年齢の女性	最高970円
肝炎ウイルス検査	HCV抗体検査、HBs抗原検査	一般健診を受診する方のうち、過去にC型肝炎ウイルス検査を受けたことがない方	最高582円

（注）問合せ先は、全国健康保険協会（https://www.kyoukaikenpo.or.jp/）の都道府県支部。

健診の申し込み

直接、健診実施機関に申し込む
・事業所単位または被保険者単位で、受診を希望する各健診機関に対して、直接予約申込みを行います（協会けんぽへの申込みは不要）。
※事業主に対しては健診対象者の情報を記載した生活習慣病予防健診対象者一覧が送付される。

21

団体保険や財形貯蓄は どうするか

◆ 退職すると、団体保険や財形貯蓄は基本的に解約となる

◆ 保険によっては、団体保険でも個人で継続できるものもある

◆ 新しい就職先に転職前の会社と同じ財形貯蓄があれば、そのまま継続できる

団体保険でも個人で継続できる場合もある

団体保険は、会社が全額負担している場合は当然ですが、従業員が負担している団体保険は基本的に解約することになります。

団体保険は一定の団体（会社）に属している人を対象として契約していますので、退職により団体の構成員でなくなれば解約することになります。団体保険には退職後も個人で継続できるものもありますが、保険料は団体扱いではなくなるので高くなります。会社が全従業員を対象に福利厚生として加入している場合は、会社が全額保険料を支払っているので、退職者の保障はなくなります。任意で加入していた場合は解約となり、他の保険でこれまでの安い保険料で同一の保障を得ることは難しいでしょう。

つまり、団体保険は個人で加入するよりは保険料が安く設定されていますので、死亡保障や医療保障のほとんどを団体保険でまかなっていた場合、退職後は新たに加入し直さなければならないことになります。そのときは個人扱いで年齢も重ねているので保険料はかなり高くなります。そうしたことのないように、また危険分散の観点からも、在職中から生命保険、損害保険のすべてを団体保険だけで補うのではなく、個人用と団体保険に分散して加入することが賢明です。

財形は基本的に解約だが、転職先で継続できる場合がある

財形貯蓄制度は、勤労者が老後に備えて貯蓄をしたり、持ち家を取得したりするための努力に対して、国や事業主が援助・協力することを目的としたものです。財形には、一般財形貯蓄、財形年金貯蓄、財形住宅貯蓄がありますが、会社を退職した場合でも継続できるかどうかが問題です。会社を退職すると基本的に解約ということになりますが、転職先で財形制度を導入して

いれば継続、移し替えをすることは可能です。転職先の会社が導入していなければ中小企業団体などを通じて継続することも可能です。

●3種類の財形貯蓄制度

　財形貯蓄の契約件数は約636万件で、貯蓄残高は14兆9,645億円（令和4年3月末現在）で、多くの勤労者がこの制度を利用しています。それぞれの制度は下記の通りです。

	一般財形	住宅財形	年金財形
加入資格	勤労者	満55歳未満の勤労者で、他に住宅財形契約をしていない人	満55歳未満の勤労者で、他に年金財形契約をしていない人
資金使途	自由	① 住宅の新築 ② 住宅の購入 ③ 工事費用が75万円を超える増改築	年金として受取り
積立方法	毎月の給料と夏と冬のボーナスから天引き	毎月の給料と夏と冬のボーナスから天引き	毎月の給料と夏と冬のボーナスから天引き
積立期間	3年以上	5年以上	5年以上
受取期間	———	———	満60歳以降に5年以上20年以内
据置期間	———	———	積立終了から受取開始までの6カ月以上5年以内

※住宅財形、年金財形については、災害等の事由により非課税で払出すことができる特例がある。

●万が一、金融機関が破たんしたら

　財形貯蓄も、その保護のしくみは通常の預貯金と取り扱いは同じです。万が一、金融機関が破たんした場合には、貯蓄残高の払い戻しを受けて、他の金融機関に預け入れた場合には、これまでの財形貯蓄が続いてきたものとされ、利子非課税の特典がそのまま継続します。

退職金はもらえるとは限らない

ＰOINT

◆まず退職金についての定めがあるかどうか確認しておこう
◆規定がなくても退職金をもらえる場合がある
◆退職金の支払い時期も退職金規程による

退職金の支給は退職金規程・労働契約による

　会社を辞めれば誰でも退職金がもらえる、と思っている人が結構います。しかし、退職金は、会社にその定めがあってはじめて支払い義務が発生するものですから、その定めのない会社の従業員は、必ず退職金をもらえるわけではありません。すべての会社が退職金を支払わなければならないという法律はないのです。退職金がもらえる前提として、会社に退職金を支払う規定（退職金規程など）があり、決められた要件（たとえば勤続3年以上など）に該当した人が退職してはじめて支払われるものです。実際に中小零細企業では、退職金規程のない会社もあって、退職金を最初からあきらめている人も多いわけです。

　退職金については退職金規程や個別労働契約で定められているわけですが、退職金規程などがなくても、会社がこれまでに退職者のほぼ全員に対して、退職金相当のものを支給しており、その支給基準が勤続年数や給与に関連させた法則性をもち、退職金があることを説明されていた場合などには、退職金支給についての労働契約が成立しているものとされ、退職時に請求で

きる場合があります。退職する前には会社の就業規則、退職金規程をよく見
ておく必要があります。

退職金はいつまでに支払ってもらえるか

　労働基準法では退職者からの賃金支払請求があったら7日以内に支払わな
ければならないという規定がありますが、退職金については「退職金規程に
定められている支払日に支払えば足りる」となっていますので、退職金規程
をよく確認しておいてください。

会社が退職金を支払ってくれない場合

　退職金規程や確立された慣行がある場合は、退職金は労働基準法での賃金
となります。したがって、退職金を支払ってもらえなかったら、まず労働基
準監督署に行き、労働基準監督官に賃金不払いの申告をします。そうすると、
労働基準監督官は会社へ行くか、または出頭命令を出して、帳簿書類を提出
させ使用者・労働者双方に尋問し、事実なら支払命令を出します。

　労働基準監督署で解決できないときは、各都道府県の労働局総合労働相談
センターや労働情報センター、労働センターなどへ相談し、斡旋をしてもら
うこともできます。

　それでも解決できないときは労働組合や弁護士に相談し、斡旋を受けたり
民事訴訟を起こすことになります。

‥‥‥ 退職金規程の例（抜粋） ‥‥‥

第1条（退職金規程）
　　この規程は、就業規則第○条に基づき、社員の退職金に関する事項を定める。
第2条（適用範囲）
　　この規程は、就業規則第○条に規定する社員について適用し、次に掲げる者
　に対しては適用しない。
　①臨時従業員
　②嘱託
　③パートタイマー
　④契約社員等、雇用契約書で支給しないとされた者
第3条（支給要件）
　　退職金は、勤続3年以上の社員が次の各号に掲げる事由により退職し、また
　は解雇された場合に支給する。
　①定年に達したとき
　②在職中に死亡したとき

③役員に就任したとき

④会社の都合により解雇されたとき

⑤自己の都合により退職願いを提出し会社が承認したとき

⑥業務外のケガや病気により職に耐えず退職したとき

⑦休職期間が満了したことにより退職したとき

⑧その他やむをえない事由により退職したとき

第4条（支給基準額）

１．退職金の計算は、次の式によって計算する。

退職金額＝基本給×勤続年数別支給率

２．前項の勤続年数別支給率は、別表に定めるとおりとする。

第5条（支給額の算出）

１．第3条第1号から第4号までの事由により退職する場合は、前条に定める計算基準によって求めた額の100％とする。

２．第3条第5号から第8号までの事由により退職する場合の退職金は、前条に定める計算基準によって求めた額に、次のそれぞれに掲げる割合をかけあわせた額とする。

①勤続10年未満の者　60％

②勤続10年以上15年未満の者　70％

③勤続15年以上20年未満の者　90％

④勤続20年以上の者　100％

第7条（支給制限）

１．従業員が懲戒解雇されたとき、または懲戒解雇事由に相当する事実があったときには、退職金を支給しない。

２．万一、退職金支払後に懲戒解雇事由に相当するような事実が発覚したときには、その退職金は、全額会社に返還しなければならないものとする。

第10条（支給時期）

退職金は、退職の日から原則として○週間以内に支給する。

付則（施行期日）

この規程は、令和○○年○月○日から施行する。

（注1）上記規程例では、最終の基本給を基準として勤続年数に応じた乗率を掛けて算出した額を100％とし、第5条にも規定されているように、自己都合退職の時は、その60〜90％に減額される場合もある。

（注2）上記規程例では、勤続年数3年未満の者には支給されない。

（注3）この規程例とは異なる退職金制度（ポイント制など）もある。

退職時に必要な手続きと書類

POINT

◆退職したら会社から離職票をもらっておく
◆会社が離職票に記入した離職理由を確認すること
◆手続きは離職者の住所地のハローワークで行う

雇用保険の手続きはハローワークで行う

雇用保険の失業等給付（P38参照）には多くの種類がありますが、ほとんどの中途退職者が受給するのが求職者給付のなかの基本手当（失業給付）です。この基本手当は、失業中の生活を心配することなく仕事探しに専念し、1日も早く再就職できるように支給されるものです。そのため、失業給付を受給するためには、次の①〜③の要件をすべて満たしていることが必要です。
①離職日以前の一定期間に所定の「被保険者期間」があること（P41参照）
②「失業」の状態にあること（積極的に就職しようとする気持ちといつでも就職できる能力（環境・健康状態）があり、積極的に就職活動を行っているにもかかわらず就職できない状態にあることをいう）
③ハローワークに「求職の申込み」をしていること

このように、基本手当は退職後に自動的に支給されるわけではないので、退職後に離職票を受け取ったら、できるだけ早く住所地を管轄するハローワークに行って、離職票を提出するとともに、「求職の申込み」をすることが必要になります。

退職後は会社から離職票をもらう

中途退職の場合には、通常では退職の1カ月くらい前までに本人から会社へ届け出が必要となることから、人事担当部署では退職日までには社内の事務処理は終えているでしょう。しかし、健康保険・厚生年金保険、雇用保険の資格喪失届は、法的に退職日の翌日以降でなければ手続きはできません。

雇用保険の離職票交付の手続きは、退職日の翌日から10日以内に事業主が手続きを行うことになっており、会社の事務処理は退職日の翌日以降となりますので、退職日に離職票を受け取ることはできません。

この「離職票-1、2」は、失業給付の受給資格決定の際には不可欠のものですから、退職前に会社の担当者に退職後どのくらいで離職票が送られてくるかあらかじめ確認をしておき、万が一、会社の手続きが遅れているようでしたら、急いで手続きをしてもらうようにしてください。

　とくに離職票-2には、原則として退職者の直前1年間（被保険者期間12カ月）の給与が記入されており、基本手当など失業等給付の支給金額の算定の基礎となります。また、離職理由欄があり、離職者本人が会社の記入した離職理由について異議の有無を申し出るようになっています。同じ失業状態にあっても、懲戒解雇を含む自己都合退職と、会社の倒産やリストラなど本人の意思に反しての会社都合退職とは失業等給付の取扱いも異なってきます。離職理由によっては給付制限期間（P45参照）が加わるなど、基本手当の支給時期が遅れる場合もありますので、よく確認をしてください。

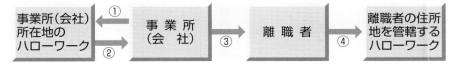

離職票の流れ

事業所（会社）所在地のハローワーク　①②　事業所（会社）　③　離職者　④　離職者の住所地を管轄するハローワーク

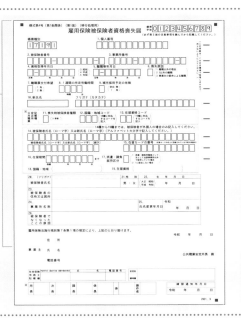

雇用保険被保険者資格喪失届

会社は離職者の離職日の翌日から10日以内に雇用保険被保険者離職票とともにハローワークに提出して手続きをする。

（注）この書式は移行用である。

離職票-1 サンプル

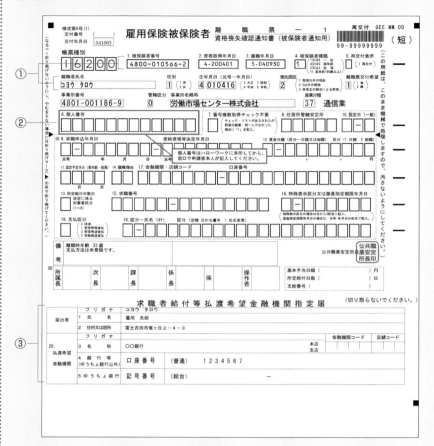

①雇用保険被保険者証と照らし合わせて、被保険者番号や被保険者となった年月日、
　離職年月日などが間違っていないか確認する。

②個人番号は申請者本人が記入する。

③求職者給付等払渡希望金融機関指定届に届出者の氏名、住所、希望する金融機関
　の名称などの必要事項を記入し、振込先の金融機関の確認印をもらっておく。

離職票-2（左側）サンプル

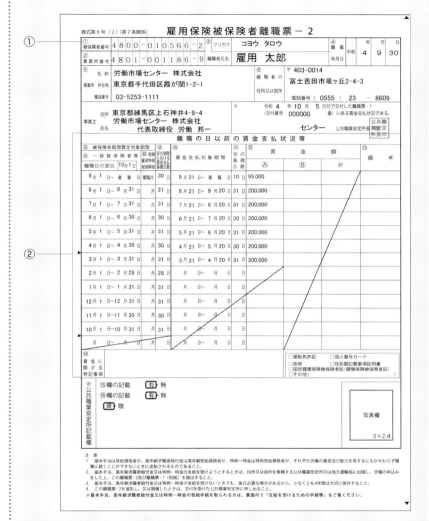

① 離職票左側に書かれている「被保険者番号」などを確認し、②「離職の日以前の賃金支払状況等」の金額などが間違っていないかを確認する。この賃金額をもとに基本手当日額（雇用保険で受給できる1日当たりの金額）が決まる。

　　基本手当日額＝賃金日額×給付率（詳細はP62参照）

※賃金日額は原則として離職した直前6カ月間に支払われた賃金総額（ボーナスは除く）を180で割って算定される。

離職票-2（右側）サンプル

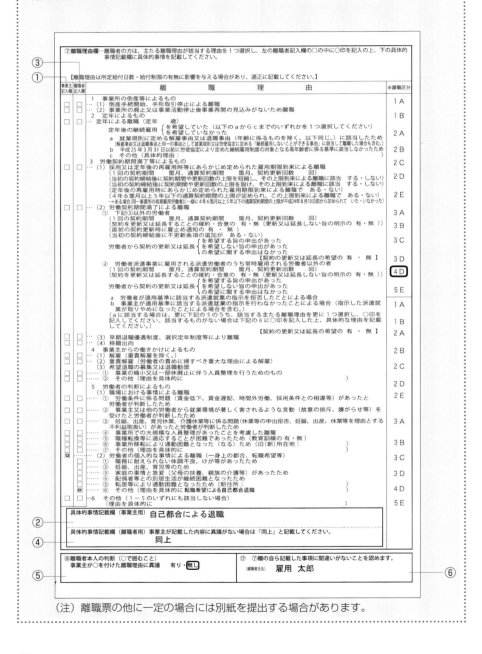

⑦離職理由欄…離職者の方は、主たる離職理由が該当する理由を1つ選択し、左の離職者記入欄の□の中に○印を記入の上、下の具体的事情記載欄に具体的事情を記載してください。

【離職理由は所定給付日数・給付制限の有無に影響を与える場合があり、適正に記載してください。】

事業主記入欄	離職者記入欄	離　　職　　理　　由	※離職区分
□	□	1　事業所の倒産等によるもの …　(1)　倒産手続開始、手形取引停止による離職	1 A
□	□	…　(2)　事業所の廃止又は事業活動停止後事業再開の見込みがないため離職	1 B
□	□	2　定年によるもの …　定年による離職（定年　　歳） 　　定年後の継続雇用　{　を希望していた（以下のaからcまでのいずれかを1つ選択してください） 　　　　　　　　　　　　　{　を希望していなかった 　　　　a　就業規則に定める解雇事由又は退職事由（年齢に係るものを除く。以下同じ。）に該当したため 　　　　　（解雇事由又は退職事由と同一の事由として就業規則又は労使協定に定める「継続雇用しないことができる事由」に該当して離職した場合を含む。） 　　　　b　平成25年3月31日以前に労使協定により定めた継続雇用制度の対象となる高年齢者に係る基準に該当しなかったため 　　　　c　その他（具体的理由：	2 A
			2 B
			2 C
□	□	3　労働契約期間満了等によるもの …　(1)　採用又は定年後の再雇用時等にあらかじめ定められた雇用期限到来による離職 　　　（1回の契約期間　　箇月、通算契約期間　　箇月、契約更新回数　　回） 　　　（当初の契約締結後に契約期間や更新回数の上限を短縮し、その上限到来による離職に該当　する・しない） 　　　（当初の契約締結後に契約期間や更新回数の上限を設け、その上限到来による離職に該当　する・しない） 　　　（定年後の再雇用時にあらかじめ定められた雇用期限到来による離職である・ない） 　　　（4年6箇月以上5年以下の通算契約期間の上限が定められ、この上限到来による離職で　ある・ない） 　　　→ある場合（同一事業所の有期雇用労働者に一様に4年6箇月以上5年以下の通算契約期間の上限が平成24年8月10日前から定められて　いた・いなかった）	2 D
			2 E
□	□	…　(2)　労働契約期間満了による離職 　　①　下記②以外の労働者 　　　（1回の契約期間　　箇月、通算契約期間　　箇月、契約更新回数　　回） 　　　（契約を更新又は延長することの確約・合意の　有・無（更新又は延長しない旨の明示の　有・無）） 　　　（当初の契約更新時に雇止め通知の　有・無） 　　　（当初の契約締結後に不更新条項の追加が　ある・ない） 　　　　　　　　　　　　　　　　　　{　を希望する旨の申出があった 　　　労働者から契約の更新又は延長　{　を希望しない旨の申出があった 　　　　　　　　　　　　　　　　　　{　の希望に関する申出はなかった 　　　　　　　　　　　　　　　　　　　　　　　　　【契約更新又は延長の希望の有・無】	3 A
			3 B
			3 C
			3 D
		②　労働者派遣事業に雇用される派遣労働者のうち常時雇用される労働者以外の者 　　　（1回の契約期間　　箇月、通算契約期間　　箇月、契約更新回数　　回） 　　　（契約を更新又は延長することの確約・合意の　有・無（更新又は延長しない旨の明示の　有・無）） 　　　　　　　　　　　　　　　　　　{　を希望する旨の申出があった 　　　労働者から契約の更新又は延長　{　を希望しない旨の申出があった 　　　　　　　　　　　　　　　　　　{　の希望に関する申出はなかった	**4 D**
		a　労働者が適用基準に該当する派遣就業の指示を拒否したことによる場合 b　事業主が適用基準に該当する派遣就業の指示を行わなかったことによる場合（指示した派遣就業が取りやめになったことによる場合を含む。） （aに該当する場合は、更に下記の5のうち、主たる離職理由を更に1つ選択し、○印を記入してください。該当するものがない場合は下記の6に○印を記入した上、具体的な理由を記載してください。） 　　　　　　　　　　　　　　　　　　　　　　　　【契約の更新又は延長の希望の有・無】	5 E
			1 A
			1 B
□	□	…　(3)　早期退職優遇制度、選択定年制度等により離職 …　(4)　移籍出向	2 A
□	□	4　事業主からの働きかけによるもの …　(1)　解雇（重責解雇を除く。） …　(2)　重責解雇（労働者の責めに帰すべき重大な理由による解雇） …　(3)　希望退職の募集又は退職勧奨	2 B
□	□	…　①　事業の縮小又は一部休廃止に伴う人員整理を行うためのもの　　　　　　　　）	2 C
□	□	…　②　その他（理由を具体的に　　　　　　　　　　　　　　　　　　　　　　　　）	2 D
□	□	5　労働者の判断によるもの …　(1)　職場における事情による離職 …　①　労働条件に係る問題（賃金低下、賃金遅配、時間外労働、採用条件との相違等）があったと労働者が判断したため	2 E
□	□	…　②　事業主又は他の労働者から就業環境が著しく害されるような言動（故意の排斥、嫌がらせ等）を受けたと労働者が判断したため	3 A
□	□	…　③　妊娠、出産、育児休業、介護休業等に係る問題（休業等の申出拒否、妊娠、出産、休業等を理由とする不利益取扱い）があったと労働者が判断したため	3 B
□	□	…　④　事業所での大規模な人員整理があったことを考慮した離職 …　⑤　職種転換等に適応することが困難であったため（教育訓練の　有・無） …　⑥　事業所移転により通勤困難となった（なる）（旧（新）所在地；　　　　　　） …　⑦　その他（理由を具体的に	3 C
□	□	…　(2)　労働者の個人的な事情による離職（一身上の都合、転職希望等） …　①　職務に耐えられない体調不良、けが等があったため …　②　妊娠、出産、育児等のため …　③　家庭の事情と急変（父母の扶養、親族の介護等）があったため …　④　配偶者等との別居生活が継続困難となったため …　⑤　転居等により通勤困難となったため（新住所地；　　　　　　） …　⑥　その他（理由を具体的に　転職希望による自己都合退職	3 D
			4 D
□	□	…　6　その他（1-5のいずれにも該当しない場合） 　　（理由を具体的に　　　　　　　　　　　　　　　　　　　　　　　　）	5 E

具体的事情記載欄（事業主用）　自己都合による退職

具体的事情記載欄（離職者用）事業主が記載した内容に異議がない場合は「同上」と記載してください。
同上

⑯離職者本人の判断（○で囲むこと） 　　事業主が○を付けた離職理由に異議　　有り・無し	⑰　⑦欄の自ら記載した事項に間違いがないことを認めます。 （離職者氏名）　　雇用　太郎

（注）離職票の他に一定の場合には別紙を提出する場合があります。

32

雇用保険被保険者離職表-2（右側）の記入の仕方

①「事業主記入欄」と②「具体的事情記載欄（事業主用）」の記入内容を確認。
事業主の記入した内容に
【異議がなければ】
③「離職者記入欄」の事業主がつけた同じ箇所に○印をつけて、
④「具体的事情記載欄（離職者用）」に「同上」と記入し、
⑤「離職者本人の判断」の「無し」に○印をつけて、
⑥離職者本人が氏名を記載する。
【異議があれば】
③「離職者記入欄」の該当箇所に○印をつけて、
④「具体的事情記載欄（離職者用）」に具体的事情を記載し、
⑤「離職者本人の判断」の「有り」に○印をつけて、
⑥離職者本人が氏名を記載する。

　ハローワークでは事業主（会社）から提出された、労働者名簿、出勤簿、賃金台帳、離職理由が確認できる資料などをもとに離職理由の確認を行いますが、突然、労働条件を変更されたとか、約束と違う転勤や異動、賃金の遅配等による退職の場合には特定受給資格者（P50参照）になる場合もあります。この確認後、離職票はハローワークから事業主に交付されて本人に渡されることになります（P29参照）。

離職者の住所地のハローワークで手続きを行う

　雇用保険では基本手当を受けることができる期間（受給期間＝原則として1年間）は、離職日の翌日から起算されますので、ハローワークへの「求職の申込み」が遅れるとそれだけ受給期間も残り少なくなり、所定給付日数分の基本手当がもらえなくなることもあります（P56参照）。ですから、離職後には離職票を受け取ったらできるだけ早くハローワークへ行き、「求職の申込み」の手続きをしてください。

　また、手続きを行うハローワークはどこでもいいというわけではなく、会社が雇用保険関連の届け出を行うのは会社の所在地を管轄するハローワークであり、離職者が失業等給付に関する手続きを行うのは、離職者の住所地を管轄するハローワークとなりますので注意してください。

待期期間（最初の7日間）に仕事をすると支給が遅れる

　基本手当は、最初に離職票を持ってハローワークで「求職の申込み」を行った日（受給資格決定日）から失業状態の日が通算して7日間は支給されません。これを待期期間といい、7日目を待期満了日といいます。待期期間とは失業の状態にある期間ですから、待期期間に仕事をすれば失業状態とは認定されず、待期満了日が到来しないので、基本手当の支給も遅れることになります。

　なお、受給資格決定日後の指定された日の雇用保険説明会には必ず出席しなければなりません。説明会では失業の認定日などの説明が行われ、受給資格者証や最初の失業認定日に提出する失業認定申告書が手渡されます。

最初の支給は3〜4カ月後、会社都合でも1カ月後

　会社都合の場合は、待期期間満了（7日間）の翌日から、自己都合の場合は、待期期間満了（7日間）の翌日から、さらに2（3）カ月（給付制限期間）経過した日の翌日からそれぞれ支給の対象となりますが、実際の支給は会社都合の場合で約1カ月後、自己都合の場合には約3〜4カ月後となります。

雇用保険受給資格者証の例

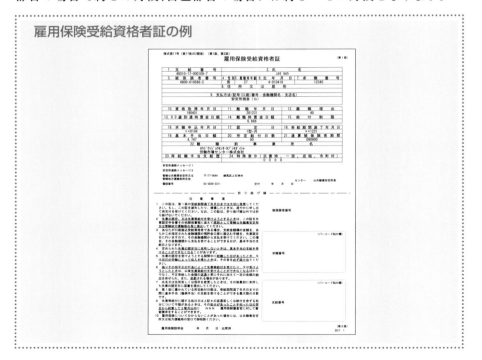

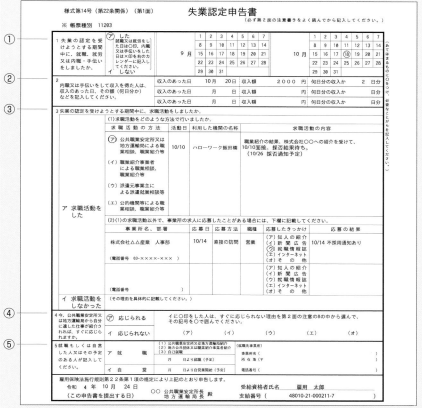

失業認定申告書（例）記入例

様式第14号（第22条関係）（第1面）　　**失業認定申告書**
（必ず第2面の注意書きをよく読んでから記入してください。）

※ 帳票種別　11203

① 1 失業の認定を受けようとする期間中に、就職、就労又は内職・手伝いをしましたか。

　（ア）した　就職又は就労をした日は□印、内職又は手伝いをした日は×印を右のカレンダーに記入してください。

9 月	1	2	3	4	5	6	7
	8	9	10	11	12	13	14
	15	16	17	18	19	20	21
	22	23	24	25	26	27	28
	29	30	31				

10 月	1	2	3	4	5	6	7
	8	9	10	11	12	13	14
	15	16	17	⑱	19	20	21
	22	23	24	25	26	27	28
	29	30	31				

（イ）しない

② 2 内職又は手伝いをして収入を得た人は、収入のあった日、その額（何日分か）などを記入してください。

収入のあった日	10 月 20 日	収入額	2000 円	何日分の収入か	2 日分
収入のあった日	月 日	収入額	円	何日分の収入か	日分
収入のあった日	月 日	収入額	円	何日分の収入か	日分

③ 3 失業の認定を受けようとする期間中に、求職活動をしましたか。

（1）求職活動をどのような方法で行いましたか。

ア 求職活動をした

求職活動の方法	活動日	利用した機関の名称	求職活動の内容
（ア）公共職業安定所又は地方運輸局による職業相談、職業紹介等	10/10	ハローワーク飯田橋	職業紹介の結果、株式会社○○への紹介を受けて、10/10面接。採否結果待ち。（10/26 採否通知予定）
（イ）職業紹介事業者による職業相談、職業紹介等			
（ウ）派遣元事業主による派遣就職相談等			
（エ）公的機関等による職業相談、職業紹介等			

（2）（1）の求職活動以外で、事業所の求人に応募したことがある場合には、下欄に記載してください。

事業所名、部署	応募日	応募方法	職種	応募したきっかけ	応募の結果
株式会社△△産業　人事部（電話番号 03-×××-×××）	10/14	直接の訪問	営業	（ア）知人の紹介 （イ）新聞広告 ⑨就職情報誌 （エ）インターネット （オ）その他	10/14 不採用通知あり
（電話番号　　　　）				（ア）知人の紹介 （イ）新聞広告 （ウ）就職情報誌 （エ）インターネット （オ）その他	

イ 求職活動をしなかった（その理由を具体的に記載してください。）

④ 4 今、公共職業安定所又は地方運輸局から自分に適した仕事が紹介されれば、すぐに応じられますか。

　（ア）応じられる　　イに○印をした人は、すぐに応じられない理由を第2面の注意の8の中から選んで、その記号を○で囲んでください。

　（イ）応じられない　　（ア）　　（イ）　　（ウ）　　（エ）　　（オ）

⑤ 5 就職もしくは自営した人又は予定のある人が記入してください。

ア　就　職	（1）公共職業安定所又は地方運輸局紹介（2）地方公共団体又は職業紹介事業者紹介（3）自己就職	（就職先事業所）事業所名（　　）所 在 地（〒　　）電話番号（　　）
	月 日より就職（予定）	
イ　自　営	月 日より自営業開始（予定）	

雇用保険法施行規則第22条第1項の規定により上記のとおり申告します。

令和 4 年 10 月 24 日
（この申告書を提出する日）

○○ 公共職業安定所長
地方運輸局長　殿

受給資格者氏名　雇用 太郎
支給番号　48010-21-000211-7

① 1欄には、失業認定を受けようとする期間中に、就職、就労、内職または手伝いをしていれば、「アした」に○印をつけ、カレンダーの就職または就労した日に○印、内職または手伝いをした日に×印を記入する。

② 2欄には、内職または手伝いをして収入があれば、その旨を記入する。

③ 3欄には、具体的な就職活動の状況を記入する。

④ 4欄には、ハローワークから仕事の紹介があった場合に、応じられるかどうかの対応が問われる。応じられない場合の理由を裏面の（ア）病気、ケガなど（イ）結婚、妊娠など（ウ）就職（エ）自営（オ）その他、から選ぶ。

⑤ 5欄には、就職または自営をした人、または予定がある場合に記入する。

仕事をした日には、ボランティアなどの無償の仕事をした場合も含まれる。
仕事をして収入が一定額を超えた日については基本手当は持ち越しとなり、受給期間内であれば後で支給される。

雇用保険の仕組み

POINT

◆雇用保険にはさまざまな制度がある
◆加入者の種類によって給付の種類も異なる
◆入学金・授業料の最大20%が支給される助成金制度もある

雇用保険の加入者は４種類に分かれる

　会社に勤めている人はすべて、雇用保険への加入が義務づけられています。就職すると事業主が加入手続きを行い、サラリーマンも事業主とともに毎月の給料から一定の保険料を支払っています。

　雇用保険の加入者を雇用保険被保険者といいますが、雇用の形態や年齢などによって、一般被保険者、高年齢被保険者、短期雇用特例被保険者、日雇労働被保険者の４種類に分けられます。そして、それぞれの被保険者の種類に応じて、受給できる給付の種類も決められています（P38参照）。

　多くのサラリーマンは、一般被保険者に該当します。

······ 雇用保険被保険者の種類 ······

①
一般被保険者
65歳未満の常用労働者
（週20時間以上のパート等を含む）

②
高年齢被保険者　65歳以上の常用労働者（週20時間以上のパート等も含む）
マルチ高年齢被保険者
　　　　※P37・P39を参照

③
短期雇用特例被保険者
季節的に雇用される人（短期雇用を繰り返す人）

④
日雇労働被保険者　日々または30日以内の期間を定めて適用事業に雇用される人

被保険者の資格取得や資格喪失の届け出は事業主が行う

　従業員を雇用したとき、または労働条件の変更等により雇用保険の被保険者資格要件を満たしたときなどは、事業主は事業所の所在地を管轄するハローワークに、被保険者となった日の属する月の翌月10日までに資格取得届を届け出ることが義務づけられています。雇用保険に加入後は、毎月の給料や賞与から一定の保険料が控除されます（事業主も保険料を負担しています）。

　事業主は、被保険者が離職、死亡、労働条件の変更等により被保険者でなくなった場合、離職日等の翌日から起算して10日以内に事業所を管轄するハローワークに届け出なければなりません。離職による資格喪失の場合には、原則として「雇用保険被保険者離職証明書」を添付します。

65歳が境の一般被保険者と高年齢被保険者

　雇用保険の被保険者には、前述のように4種類がありますが、その中の、①一般被保険者と②高年齢被保険者については、65歳が境になっています。平成29年1月1日以降、65歳以上の労働者についても高年齢被保険者として雇用保険の加入対象となりました。さらに、従来の雇用保険制度は、主たる事業所での労働条件が週所定労働時間20時間以上かつ31日以上の雇用見込み等の適用要件を満たす場合に適用されていましたが、令和4年1月1日から、65歳以上の方を対象として「雇用保険マルチジョブホルダー制度」が施行されました。

　この制度は、一定条件を満たす場合に、労働者本人が自身の住居所を管轄するハローワークに申し出ることで、申出を行った日から特例的に雇用保険の被保険者（マルチ高年齢被保険者）となることができる制度です。被保険者となることで、失業給付の受給等ができるようになります（P39を参照）。

雇用保険からの給付はこんなにある

　雇用保険から支給される失業等給付は、一定の加入期間を満たしている被保険者が離職して失業状態に陥ったときに、基本手当などを支給することで労働者の生活を支援したり、再就職手当や常用就職支度手当などを支給して求職活動を容易にし、再就職を促進しようとする制度です。

　失業等給付にはさまざまな種類がありますが、その中でメインとなるものが、求職者給付の中の基本手当です。これは一般的に"失業保険"と呼ばれているもので、会社を辞めて失業状態にあるときに所定の日数分が支給されます。

　失業等給付にはこのほか、厚生労働大臣が指定した教育訓練を受講し修了

した人に対して教育訓練給付金が、求職中に病気やケガで働けない場合には傷病手当が、育児休業・介護休業中の場合には育児休業給付、介護休業給付、といった給付等があります。

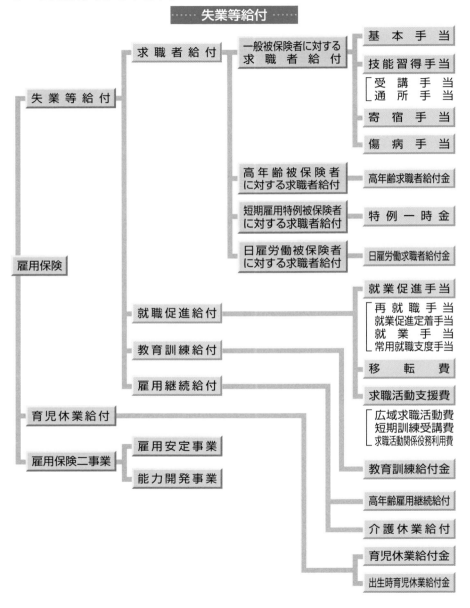

アルバイトやパートタイマーも雇用保険の被保険者となる

　短期のアルバイトやパートタイマーで働いている場合でも、一定の要件を満たしていれば、法令により強制的に雇用保険の被保険者となります。

① 1週間の所定労働時間が20時間以上であれば一般被保険者となる

　アルバイトやパートタイマーであっても、1週間の所定労働時間が20時間以上で31日以上引き続いて雇用されることが見込まれる場合には、原則として通常の労働者と同じ一般被保険者となります（下図のAからCの場合）。

②パートで被保険者にならない場合

　1週間の所定労働時間が20時間未満のアルバイト・パートタイマーは、雇用保険の被保険者とはなりません（下図のD、Eの場合）。

‥‥‥ 所定労働時間が異なる例 ‥‥‥

例　会社の通常の労働者の1週間の所定労働時間を40時間とする。アルバイト・パートタイマー労働者はA、B、C、D、Eの5人いる。5人とも1週間の所定労働時間が異なる。

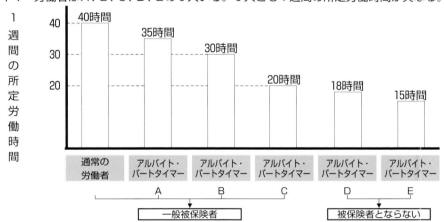

（注）所定労働時間とは雇用契約で定められた労働力を提供すべき時間のことをいう。たとえば1日7時間、週3日の雇用契約であれば、1週間の所定労働時間は21時間である。

③複数の事業所に雇用される65歳以上の労働者も被保険者となる

　マルチ高年齢被保険者となるには、①複数の事業所に雇用される65歳以上の労働者であること、②2つの事業所（1つの事業所における1週間の所定労働時間が5時間以上20時間未満）の労働時間を合計して、1週間の所定労働時間が20時間以上であること、③2つの事業所のそれぞれの雇用見込みが31日以上であることの、すべての条件を満たす必要があります。また、ハローワークへは、本人の申し出が必要となります。

雇用保険のメインは基本手当である

POINT

◆基本手当を受けるには失業認定が必要

◆退職したら必ず基本手当をもらえるわけではない

◆すぐに働けない人は「失業状態」ではない

雇用保険の中心は基本手当である

　会社を退職して失業保険をもらうということは、雇用保険から支給される失業等給付の中の「基本手当」をもらうということを意味しています。この基本手当は失業等給付の中心ですが、退職した人の全員が必ずもらえるわけではなく、一定の要件を満たした人にのみ支給されるものです。

　具体的には、離職日の日以前の2年間に、被保険者期間が最低12カ月以上ある人が、退職したあと住所地のハローワーク（公共職業安定所）に離職票等を提出して「求職の申込み」をすることが必要です。そこで基本手当を受給できる資格があるかどうかの決定が行われます。受給資格があり、失業認定をされれば、基本手当を受け取ることができるのです。

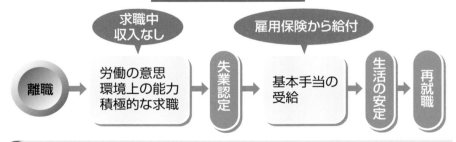

基本手当が支給されるケースとは

①離職前2年間に被保険者期間が12カ月以上あること

　基本手当が受けられる受給資格として、離職の日以前2年間（倒産・解雇等による場合は1年間）に被保険者期間が通算12カ月（同6カ月）以上あることが必要です。また、この被保険者期間は、離職した日から1カ月ずつさ

かのぼって区切った各期間に、それぞれ賃金支払いの基礎となった日数が11日以上ある月のみを被保険者期間1カ月として計算します。

②「失業状態」にあること

基本手当を受けるには、失業認定が必要です。失業認定を受けるには、単に仕事がないだけでなく、会社に雇われて従業員として働きたいという積極的な労働の意思と、いつでも就職できるという環境や健康上の能力が整っていなければなりません。そして、一生懸命に求職活動をしているにもかかわらず仕事が見つからない、という状態にあることを「失業状態」といいます。

・・・・・・ 失業の要件とは ・・・・・・

労働の意思
「積極的に就職しようという気持ち」があること

労働の能力
「いつでも就職できる能力（身体的・環境的）」があること

就職できない
「積極的に就職活動を行っているにもかかわらず、職業に就くことができない状態」にあること

基本手当の受給資格があるパターンとないパターン

通常の被保険者の場合は、離職日以前2年間（算定対象期間）に被保険者期間が通算して12カ月以上あれば、基本手当の受給資格があります。被保険者期間は同一会社に限らず、別の会社の被保険者期間も通算されます。

・・・・・・ 被保険者期間の算定 ・・・・・・

算定対象期間　2年

1カ月
被保険者期間（賃金支払い基礎日数が11日以上の月）※

離職日

受給資格あり　被保険者期間が12カ月

受給資格あり　被保険者期間が12カ月

受給資格なし　被保険者期間が11カ月

※2020年8月1日以降に離職する場合は、賃金支払いの基礎日数が10日以下でも、労働時間が80時間以上の月は1カ月として計算する。
（注）特定受給資格者および特定理由離職者の場合は、離職日以前1年間に被保険者期間が6カ月以上あれば受給資格を満たす。

すぐに働くことができない人は基本手当はもらえない

　次のような状況にある人は、失業の状態とみなされないので、基本手当は受給できません。

基本手当が受給できない場合

1 病気やケガのため、すぐには就職できないとき（労災保険の休業補償または健康保険の傷病手当金などの支給を受けている場合も含む）。

2 妊娠・出産・育児のため、すぐには就職できないとき。

3 親族の介護等ですぐには就職できないとき。

4 定年などで退職して、しばらく休養しようと思って申し出たとき。

5 結婚などにより家事に専念し、すぐに就職することができないとき。

6 自営を始めたとき（準備を開始した段階を含む。収入の有無は問わない）。また、税理士・公認会計士・弁護士等の有資格者で、法律によりその業務を行うための登録が義務づけられている場合については、その登録がされている期間は受給資格はない。

7 新しい仕事についたとき（パートタイマー、アルバイト、派遣就業、見習い・試用期間、研修期間を含み、収入の有無は問わない）。

8 会社・団体の役員に就任したとき。また、現在役員に就任している場合（名義だけの場合、事業活動および、収入の有無は問わない）。

9 学業に専念するとき。

10 就職することがほとんど困難な職業や労働条件（賃金・勤務時間等）にこだわり続けるとき。

11 雇用保険の被保険者とならないような短時間就労のみを希望するとき（ただし、就業手当の対象となる場合がある）。

※上記①～④の状態の人は、受給期間を延長する制度がある（P56参照）。

雇用保険の受給手続き

　会社を退職したら、1日も早く自分の住所地を管轄するハローワークで「求職の申込み」をして、失業状態にあることの認定を受けなければなりません。この手続きは、会社ではなく本人の住所地を管轄するハローワークで行うこととなっています。市町村役場や年金事務所とその管轄区域が同一とは限りませんので注意してください。管轄がわからない場合は、労働局で確認してください（巻末参照）。

…… ハローワークでの手続きに必要なもの ……

1 離職票ー1、2(P30、31参照)
※離職後に会社から送られてくる。

2 マイナンバーカード

3 マイナンバーカードがない場合
①通知カード又は個人番号の記載のある住民票
②身元確認書類

4 写真2枚
（6カ月以内の写真、正面上三分身、タテ3cm×ヨコ2.4cm）
※毎回マイナンバーカードを提示する場合には省略可能

5 本人名義の預金通帳
（一部の金融機関を除く）

6 船員であった方
船員保険失業保険証及び船員手帳

　このように、失業等給付を受けるための「求職の申込み」は離職者の住所地を管轄するハローワークで行います。

　一方、ハローワークに備え付けの求人票を閲覧したり、パソコンの端末で求人情報を検索することは、どのハローワークでもできますから、都合のよいハローワークを利用することができます。例えば埼玉県に住んでいる人でも都内のハローワークを利用して求職活動をすることができます。

求職活動ならどこでもOK!

「求職の申込み」は住所地でね!

管轄以外

本人の住所地

雇用保険

基本手当はいつから 支給されるのか

POINT
◆退職してすぐに基本手当がもらえるわけではない
◆倒産や解雇の場合でも基本手当の振込みまでに約１カ月かかる
◆自己都合の場合は２カ月または３カ月の給付制限期間がある

求職の申込みをしてから初めの７日間はもらえない

　離職者がハローワークで手続きをすればすぐに基本手当がもらえるかというとそうではありません。離職票の提出と求職の申込みを行った日（受給資格決定日）から通算して７日間（失業している日、または傷病のため職業に就くことができない日）を待期期間といい、７日目の日を待期満了日といいます。その期間が満了するまでには基本手当は支給されません。また、待期期間を終了するまでの間にアルバイトなどをしてしまうと、この７日間にカウントされず待期満了日が先送りされます。

会社都合退職者の場合

「求職の申込み日（受給資格決定日）」から「待期期間」を経過した後、基本手当が支給される場合

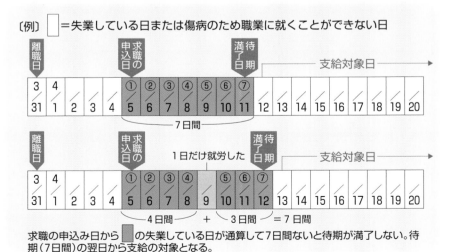

　求職の申込み日から ▉ の失業している日が通算して７日間ないと待期が満了しない。待期（７日間）の翌日から支給の対象となる。

自己都合退職者は支給が遅くなるので注意しよう

　会社を辞める際、倒産や解雇などの会社都合による場合ではなく、自分から「辞めます」といって退職した自己都合の場合には、ハローワークに求職の申込み日から待期（7日間）の後、さらに2（3）カ月経過した日の翌日から支給の対象となります。この支給されない2（3）カ月間のことを、給付制限期間といいます。令和2年10月1日以降に、正当な理由がない自己都合による退職の場合は、給付制限期間が5年間のうち2回までは2カ月となります。懲戒解雇等の、自己の責めに帰すべき重大な理由で退職された方の給付制限期間は、従来通りの3カ月です。

　現実に基本手当として現金が振り込まれるのは、会社都合で退職して給付制限のない人でも、ハローワークで求職の申込みをした日から数えて約1カ月後になりますが、自己都合退職者の場合はハローワークで求職の申込みをした日から3〜4カ月後になります。

······ 自己都合退職者の場合 ······

「求職の申込み日（受給資格決定日）」から「待期期間」と「給付制限期間」を経過した後、基本手当が支給される場合

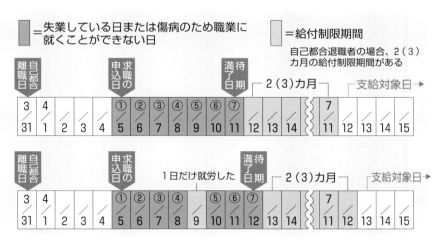

失業認定日には本人がハローワークへ

　失業の認定は、原則として、4週間に1回行われます。この失業認定日には必ず本人がハローワークへ行って、「失業認定申告書」を提出し、認定日

の前日までの4週間分の確認を受けないと、基本手当は受給できません。

　なお、2024年度中に、失業認定日などについてウェブ会議システムを利用したオンライン化が実施される予定です。

……「求職の申込み」から「失業認定」までの流れ……

住所地管轄のハローワーク

求職の申込み　申請すると渡される求職票に記入して必要書類とともに提出。

面談　離職理由の確認等を行い、受給資格者であることの確認を受ける（受給資格決定日）。

1週間の待期

雇用保険説明会　雇用保険のしくみと不正受給などについての説明が行われ、受給資格者証、失業認定申告書等が渡される。

指定された認定日時

最初の失業認定日　受給資格者証、失業認定申告書を提出して、倒産、解雇等による離職者は待期期間満了日の翌日から認定日の前日までの失業認定を受ける。後日、認定を受けた日数の基本手当が振り込まれる（最初の支給は28日分にならないのが普通）。

| 会社都合退職者
（給付制限なし） | 自己都合退職者
（3カ月の給付制限あり） |

2回目以降の失業認定日

①決められた認定日の指定の時間に、必ずハローワークへ行く。
②失業認定申告書に前回の認定日から今回の認定日の前日までの就職や就労、仕事探しの状況などを記入して受給資格者証を添えて窓口に提出。
③チェックを受けると、受給資格者証と次回の認定日に提出する失業認定申告書が渡される。

※会社都合退職者とは、特定受給資格者および特定理由離職者のことである。

失業認定日にハローワークへ行けないとき

指定された失業認定日にハローワークへ行って失業認定を受けることができないとき、その認定日の前日までの28日間は失業の確認ができないので、基本手当は支給されません。この場合、認定日当日分も、当日求職活動を行っていたことが明らかな場合を除いて、基本手当は支給されません。

そこで、次の認定日の前日までに、できるだけ早くハローワークに行って職業相談を受けるなど、積極的な求職活動をしない場合には、さらに次の認定日の前日までの27日間についても基本手当は支給されなくなります。

ただし、行けない理由によっては認定日を変更できる場合があります。

証明書によって認定できる場合

病気やケガで来所できないとき（ただし14日以内のもの）、ハローワークの紹介に応じて求人者に面接したとき、水害など天災や避けることのできない事故で行けない、などの理由で認定日にハローワークに行くことができない場合に限り、その理由がやんだ後の最初の認定日に、その理由を記載した証明書を持参して行けば、まとめてその期間の認定を受けることができます。

失業認定日の変更ができる場合

就職や面接、採用試験のほか、本人の病気やケガ、同居の親族が急病になったために看護をする場合、結婚、3親等以内の親族の葬儀、就職に必要な資格試験の受験などのやむを得ない理由により、認定日に行けないときは認定日を変更することができます。認定日の変更にはやむを得ない理由があったことを証明する書類が必要です。この場合は、認定日の前日までにハローワークに申し出ることが必要です。急病など、その理由が突然生じたために、認定日の前日までに申し出ることができないときは、まず電話などで連絡しておき、その理由がやんだらすぐにハローワークに行きましょう。

基本手当は何日分もらえるのか

POINT

◆ 基本手当の給付日数は離職理由によっても異なる

◆ 離職理由は、「自己都合・定年等」と「倒産・解雇等」の区分がある

◆ 「倒産・解雇等」の離職者が「特定受給資格者」である

基本手当の所定給付日数は、離職理由で異なる

一般被保険者が失業して基本手当の受給資格を得た場合、受給期間内に基本手当を受けられる最高日数のことを「所定給付日数」と呼びます。その日数は、離職の日における年齢や雇用保険の被保険者であった期間のほか、自己都合や定年によるものか、会社の倒産や整理解雇により、時間的余裕もないまま離職を余儀なくされた場合かによって異なります。以前は、所定給付日数は年齢と雇用保険の被保険者であった期間によって決定されていましたが、現在では離職理由が問われるようになりました。会社の倒産や整理解雇による離職者を特定受給資格者（P50）と呼びますが、有期労働契約の更新がないことにより離職した者および、離職日が平成21年3月31日以降で、一定の正当な理由のある自己都合により離職した者は、一部の特定理由離職者（P50）として所定給付日数が特定受給資格者と同様になる場合もあります。

所定給付日数の決定条件

1

定年退職者

離職日の年齢に関係なく、被保険者であった期間により、90日から150日の給付日数となる。

2

自己都合退職者

離職日の年齢に関係なく、被保険者であった期間により、90日から150日の給付日数となる。

3

特定受給資格者および一部の特定理由離職者

被保険者であった期間と離職日の年齢により、90日から330日の給付日数となる。

4

就職困難者（障害者等の離職者）

被保険者であった期間と離職日の年齢により、150日から360日の給付日数となる。

65歳未満での離職

失業の認定を受けた各日について、下記の日数を限度として支給されます。

······ 所定給付日数表 ······

ア　一般の受給資格者（定年退職や自己の意思で離職した者）

離職時等の年齢 ＼ 被保険者であった期間	1年未満	1年以上10年未満	10年以上20年未満	20年以上
全年齢共通	−	90日	120日	150日
就職困難者　45歳未満	150日	300日		
就職困難者　45歳以上65歳未満	150日	360日		

イ　特定受給資格者および一部の特定理由離職者

離職時等の年齢 ＼ 被保険者であった期間	1年未満	1年以上5年未満	5年以上10年未満	10年以上20年未満	20年以上
30歳未満	90日	90日	120日	180日	−
30歳以上35歳未満	90日	120日	180日	210日	240日
35歳以上45歳未満	90日	150日	180日	240日	270日
45歳以上60歳未満	90日	180日	240日	270日	330日
60歳以上65歳未満	90日	150日	180日	210日	240日
就職困難者　45歳未満	150日	300日			
就職困難者　45歳以上65歳未満	150日	360日			

65歳以上での離職－高年齢求職者給付金

　65歳以上になっても引き続き同一の事業主に雇用されている人を、高年齢被保険者といいます。この高年齢被保険者が失業した場合には、基本手当ではなく、基本手当日額の30日または50日分の高年齢求職者給付金が一時金で支給されます。年金と通常の失業給付は一緒に受給はできませんが、この高年齢求職者給付金は、年金受給者にも受給されます。ただし、失業給付の一つですから、「働く意志」と「働く能力」があるという条件を満たしている必要があります。「歳なのでもう働かない」という人には支給されません。

特定受給資格者・特定理由離職者とは？

　倒産や会社都合により解雇された人や有期労働契約が更新されなかったことにより離職した非正規労働者など、再就職の準備をする余裕もなく会社を辞めざるを得なかった場合には、基本手当をもらいながら新しい仕事を探すことになります。

　このようなケースで会社を辞めた人のことを「特定受給資格者」「特定理由離職者」といい、この受給資格者に該当する人は、基本手当の上限日数（所定給付日数）が、定年退職者や一般の自己都合退職者よりも多くなっています。

　特定受給資格者とは、離職理由が倒産や解雇などにより、再就職の準備をする時間的余裕もなく、離職を余儀なくされた受給資格者のことであり、この基準に該当した人は、基本手当の所定給付日数が手厚くなることもあります。ここで注意しなければならないのは、受給資格に係る離職理由や年齢、被保険者であった期間（加入期間）に基づき基本手当の所定給付日数が決定されることです。ですから、特定受給資格者に該当する場合であっても、加入期間が短いと、通常の離職者と所定給付日数が変わらない、といったこともあります。

　特定理由離職者とは、特定受給資格者以外の者で、期間の定めのある労働契約が更新されなかったこと、その他やむを得ない理由により離職した者のことです。特定理由離職者に該当すると、①失業等給付（基本手当）の受給資格を得るには、通常、被保険者期間が12カ月以上（離職以前2年間）必要ですが、被保険者期間が12カ月以上（離職以前2年間）なくても6カ月（離職以前1年間）以上あれば受給資格を得ることができます。また、②失業等給付（基本手当）の所定給付日数が手厚くなる場合があります。

　特定受給資格者および特定理由離職者の判断基準に該当する人とは、次の通りです。

······ 特定受給資格者および特定理由離職者の範囲の概要 ······

●特定受給資格者の範囲
Ⅰ　「倒産」等により離職した者
　①　倒産（破産、民事再生、会社更生等の各倒産手続の申立て又は手形取引の停止等）に伴い離職した者
　②　事業所において大量雇用変動の場合（1か月に30人以上の離職を予定）の届出がされたため離職した者（※）及び当該事業主に雇用される被保険者の3

分の１を超える者が離職したため離職した者
（※）事業所において、30人以上の離職者が生じることが予定されている場合
　　は、再就職援助計画の作成義務があり、再就職援助計画の申請をした場合
　　も、当該基準に該当します。
　　　また、事業所で30人以上の離職者がいないため、再就職援助計画の作成
　　義務がない場合でも、事業所が事業規模の縮小等に伴い離職を余儀なくされ
　　る者に関し、再就職援助計画を作成・提出し、公共職業安定所長の認定を受
　　けた場合、大量雇用変動の届出がされたこととなるため、当該基準に該当し
　　ます。
③　事業所の廃止（事業活動停止後再開の見込みのない場合を含む。）に伴い離
　職した者
④　事業所の移転により、通勤することが困難となったため離職した者
Ⅱ　「解雇」等により離職した者
①　解雇（自己の責めに帰すべき重大な理由による解雇を除く。）により離職し
　た者
②　労働契約の締結に際し明示された労働条件が事実と著しく相違したことに
　より離職した者
③　賃金（退職手当を除く。）の額の３分の１を超える額が支払期日までに支払
　われなかったことにより離職した者
④　賃金が、当該労働者に支払われていた賃金に比べて85％未満に低下した
　（又は低下することとなった）ため離職した者（当該労働者が低下の事実につ
　いて予見し得なかった場合に限る。）
⑤　離職の直前６か月間のうちに［１］いずれか連続する３か月で45時間、
　［２］いずれか１か月で100時間、又は［３］いずれか連続する２か月以上
　の期間の時間外労働を平均して１か月で80時間を超える時間外労働が行わ
　れたため離職した者。事業主が危険若しくは健康障害の生ずるおそれがある
　旨を行政機関から指摘されたにもかかわらず、事業所において当該危険若し
　くは健康障害を防止するために必要な措置を講じなかったため離職した者
⑥　事業主が法令に違反し、妊娠中若しくは出産後の労働者又は子の養育若し
　くは家族の介護を行う労働者を就業させ、若しくはそれらの者の雇用の継続
　等を図るための制度の利用を不当に制限したこと又は妊娠したこと、出産し
　たこと若しくはそれらの制度の利用の申出をし、若しくは利用をしたこと等
　を理由として不利益な取扱いをしたため離職した者
⑦　事業主が労働者の職種転換等に際して、当該労働者の職業生活の継続のた
　めに必要な配慮を行っていないため離職した者
⑧　期間の定めのある労働契約の更新により３年以上引き続き雇用されるに至
　った場合において当該労働契約が更新されないこととなったことにより離職
　した者
⑨　期間の定めのある労働契約の締結に際し当該労働契約が更新されることが
　明示された場合において当該労働契約が更新されないこととなったことによ
　り離職した者（上記⑧に該当する者を除く。）
⑩　上司、同僚等からの故意の排斥又は著しい冷遇若しくは嫌がらせを受けた

ことによって離職した者

⑪　事業主から直接若しくは間接に退職するよう勧奨を受けたことにより離職した者（従来から恒常的に設けられている「早期退職優遇制度」等に応募して離職した場合は、これに該当しない。）

⑫　事業所において使用者の責めに帰すべき事由により行われた休業が引き続き３か月以上となったことにより離職した者

⑬　事業所の業務が法令に違反したため離職した者

●特定理由離職者の範囲

Ⅰ　期間の定めのある労働契約の期間が満了し、かつ、当該労働契約の更新がないことにより離職した者（その者が当該更新を希望したにもかかわらず、当該更新についての合意が成立するに至らなかった場合に限る。）（上記「特定受給資格者の範囲」のⅡの⑧又は⑨に該当する場合を除く。）（※）

（※）労働契約において、契約更新条項が「契約を更新する場合がある」とされている場合など、契約の更新について明示はあるが契約更新の確約まではない場合がこの基準に該当します。

Ⅱ　以下の正当な理由のある自己都合により離職した者（※）

①　体力の不足、心身の障害、疾病、負傷、視力の減退、聴力の減退、触覚の減退等により離職した者

②　妊娠、出産、育児等により離職し、雇用保険法第20条第１項の受給期間延長措置を受けた者

③　父若しくは母の死亡、疾病、負傷等のため、父若しくは母を扶養するために離職を余儀なくされた場合又は常時本人の看護を必要とする親族の疾病、負傷等のために離職を余儀なくされた場合のように、家庭の事情が急変したことにより離職した者

④　配偶者又は扶養すべき親族と別居生活を続けることが困難となったことにより離職した者

⑤　次の理由により、通勤不可能又は困難となったことにより離職した者
　ⓐ　結婚に伴う住所の変更
　ⓑ　育児に伴う保育所その他これに準ずる施設の利用又は親族等への保育の依頼
　ⓒ　事業所の通勤困難な地への移転
　ⓓ　自己の意思に反しての住所又は居所の移転を余儀なくされたこと
　ⓔ　鉄道、軌道、バスその他運輸機関の廃止又は運行時間の変更等
　ⓕ　事業主の命による転勤又は出向に伴う別居の回避
　ⓖ　配偶者の事業主の命による転勤若しくは出向又は配偶者の再就職に伴う別居の回避

⑥　その他、上記「特定受給資格者の範囲」のⅡの⑪に該当しない企業整備による人員整理等で希望退職者の募集に応じて離職した者等

（※）給付制限を行う場合の「正当な理由」に係る認定基準と同様に判断されます。

セーフティネット機能強化のための制度

　雇用保険制度のセーフティネット機能および失業者に対する再就職支援機能を強化するため、雇用保険の加入条件の緩和をはじめ、適用範囲が拡大されるなどの改正が、平成21年度に行われましたが、その後、暫定措置の期間が延長されています。

1　基本手当の受給資格要件

　特定受給資格者および特定理由離職者（それぞれの範囲はP50～ P52参照）については、離職の日以前1年間に被保険者期間が通算して6カ月以上で基本手当の受給資格が得られます。

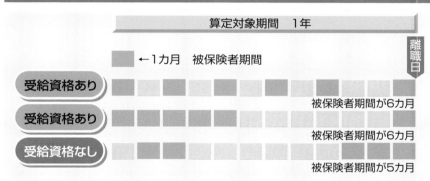

特定受給者資格者および特定理由離職者の被保険者期間の算定

2　基本手当の支給に関する暫定措置

　受給資格に係る離職の日が平成21年4月1日から令和7年3月31日までの間である一部の特定理由離職者（特定理由離職者の範囲はP52参照）については、当該受給資格者（身体障害者等の就職困難者を除く）を特定受給資格者とみなして基本手当を支給する。

3　給付日数の延長（個別延長給付）に関する暫定措置

⑴受給資格に係る離職の日または所定給付日数に相当する日数分の基本手当の支給を受け終わる日が平成21年4月1日から令和7年3月31日までの間である受給資格者（身体障害者等の就職困難者以外の受給資格者のうち特定理由離職者である者および特定受給資格者に限る）であって、次のイまたはロに該当するものについては、受給期間内の失業している日について所定給付日数を超えて基本手当を支給することができる。

　イ　受給資格に係る離職の日において45歳未満である一定の者または厚生

53

労働省令で定める基準に照らして雇用機会が不足していると認められる地域として厚生労働大臣が指定する地域内に居住する者であって、公共職業安定所長が厚生労働省令で定める基準に照らして就職が困難であると認めたもの。

ロ　公共職業安定所長が厚生労働省令で定める基準に照らして当該受給資格者の知識、技能、職業経験その他の実情を勘案して再就職のための支援を計画的に行う必要があると認めた者。

(2) (1)の場合において、所定給付日数を超えて基本手当を支給する日数は、60日（所定給付日数について、受給資格に係る離職の日において35歳以上60歳未満である特定受給資格者の区分に該当し、かつ、算定基礎期間が20年以上である区分に該当する者（2により、特定受給資格者とみなされる者を含む）にあっては、30日）を限度とするものとすること。

4　就職促進給付

(1) 再就職手当

イ　平成23年8月1日以降に安定した職業に就いた場合の再就職手当については、当該職業に就いた日の前日における基本手当の支給残日数が所定給付日数の3分の1以上である者に対して支給するものとすること。

ロ　イの再就職手当の額については、基本手当日額に、支給残日数に相当する数に10分の6（支給残日数が所定給付日数の3分の2以上である者にあっては、10分の7）を乗じて得た数を乗じて得た額を支給する。

基本手当日額の上限は6,290円（60歳以上65歳未満は5,085円）となる。

なお、再就職手当の支給対象とならない常用雇用等以外の形態で就業した場合で、一定の要件に該当する場合には、就業手当が支給される（P65参照）。

(2) 就業促進定着手当

再就職手当の支給を受けた人が、引き続きその再就職先に6カ月以上雇用され、かつ再就職先で6カ月の間に支払われた賃金の1日分の額が雇用保険の給付を受ける離職前の賃金の1日分の額（賃金日額）に比べて低下している場合は、就業促進定着手当が支給されます。支給額は、基本手当の支給残日数の40％（再就職手当の給付率が70％の場合は30％）相当額が上限となります。

(3) 常用就職支度手当

基本手当等の受給資格がある人で、障害のある人など一定要件を満たす就職が困難な人が、安定した職業に就いた場合には、常用就職支度手当が支給されます。

給与明細書を確認しよう

ほとんどの企業では給料が振り込みとなっていることもあり、毎月の給与明細書をきちんと保管している人は少なくなっています。ほとんどの人が手取額を見るだけで捨ててしまっているのではないでしょうか。

退職準備のためだけではなく、普段からきちんと給与明細書を保管する習慣をつけておきましょう。給与明細書は情報の宝庫です。『消えた年金』探しでも貴重な資料となります（P160～参照）。

給与明細書からこんなことまでわかる

給与明細書には基本給、各種手当だけではなく、所得税、健康保険、厚生年金、住民税などの控除額のほか、勤務日数、残業時間などが記載されており、これを見れば勤務状況まで把握することができます。社会保険からの給付を受けるときに算定の基準となるのは手取額ではなく、基本給をはじめ各種手当や通勤手当も含めた給与総額（※総支給額合計）です。退職後の基本手当の計算では、退職直前6カ月間の給与総額を1日当たりの額に換算して、その日額の一定割合（45～80％）を基本手当日額として決定されます。

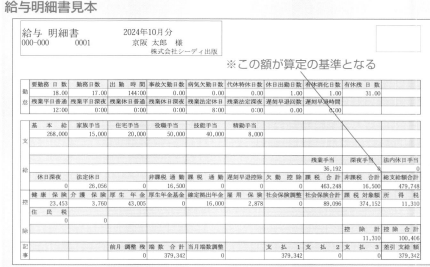

給与明細書見本

給与 明細書　　　2024年10月分
000-000　　0001　　京阪 太郎 様
　　　　　　　　　　　株式会社シーディ出版

※この額が算定の基準となる

	要勤務 日 数	勤務日数	出 勤 時 間	事故欠勤日数	病気欠勤日数	代休特休日数	休日出勤日数	有休消化日数	有休残 日 数
勤怠	18.00	17.00	144:00	0.00	0.00	0.00	1.00	1.00	31.00
	残業平日普通	残業平日深夜	残業休日普通	残業休日深夜	残業法定休日	休業法定休日	遅刻早退回数	遅刻早退時間	
	12:00	0:00	0:00	0:00	8:00	0:00	0.00	0:00	

	基 本 給	家族手当	住宅手当	役職手当	技能手当	精勤手当			
支給	268,000	15,000	20,000	50,000	40,000	8,000			
							残業手当	深夜手当	法内休日手当
							36,192		
	休日深夜	法定休日		非課税 通 勤	課 税 通 勤	遅刻早退控除	欠 勤 控 除	課 税 合 計	非課税 合 計	総支給額合計
	0	26,056		16,500				463,248	16,500	479,748

	健 康 保 険	介 護 保 険	厚 生 年 金	厚生年金基金	確定拠出年金	雇 用 保 険	社会保険調整	社会保険合計	課 税 対象額	所 得 税
控除	23,453	3,760	43,005		16,000	2,878		89,096	374,152	11,310
	住 民 税									
	0									
									控 除 計	控 除 合 計
									11,310	100,406
記事		前月 調整 残	端 数 合 計	当月端数調整		支 払 1	支 払 2	支 払 3	差引 支給 額	
		0	379,342	0		379,342	0	0	379,342	

（注）上記明細書は、扶養者1名、本人年齢50歳、会社所在地は東京都の例。令和6年度の定額減税は考慮していない。

基本手当はいつまで受けられるか

雇用保険

基本手当の受給期間

　基本手当を受けられる期間は、離職した日の翌日から起算して原則として1年間（受給期間）となっており、この期間内に所定給付日数を限度として受給することになります。

　したがって、離職後、相当期間を経過した後に受給の手続きをした場合は、受給期間満了日以降、所定給付日数が残っていても、受給できなくなります。

　ただし、病気やケガなどの一定の要件に該当する場合（P42、P57参照）は、本人の申し出によりこの受給期間を延長することもできます。かりにこの受給期間の延長が認められたとしても、基本手当の所定給付日数が増えるわけではなく、単に受給期間が延びるだけです。

······ 受給期間の具体例 ······

離職 8月 31日	離職 日の翌日 9月 1日	基本手当はこの受給期間中の失業している日について、所定給付日数を限度に支給される	受給 期間満了日 翌年 8月 31日

（例）勤続10年の自己都合退職者の所定給付日数は120日

受給期間　1年

求職の申込みが大幅に遅れると基本手当がもらえない

　退職してから相当期間、求職の申込みが遅れると、所定給付日数分の基本手当がもらえなくなることがあります。特に、自己都合で退職して3カ月の

給付制限がある人は注意が必要です。下記の例は、自己都合退職をして、所定給付日数120日の人が退職日からかなり遅れて求職の申込みをした場合です。

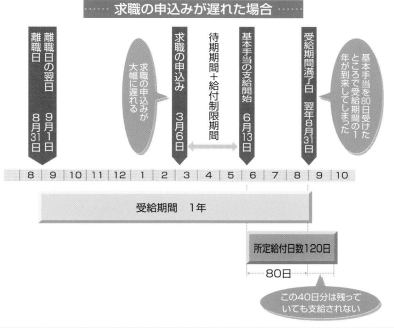

出産・介護・傷病等で退職した場合

　本人の病気やケガ、妊娠、出産・育児、親族等の看護等のために退職後、引き続き30日以上職業に就くことができない状態にあるときは、基本手当を受給できないまま受給期間が経過していくことになります。そこで、このような場合には働くことのできなかった日数だけ、受給期間の満了日を先に延ばすことができます（給付日数が増えるのではありません）。

　延長の手続きは、職業に就けない状態が継続30日を超えた日の翌日から、延長後の受給期間の最後の日までの間に、受給資格者証と受給期間延長申請書をハローワークに提出して行います。

　この手続きをすれば、本来の受給期間（1年）に働くことができない日数分（最大3年を限度）を加えた期間が受給期間となるので、1年を過ぎても働ける状態になってから基本手当を受給することができます。

延長できる場合	病気などの理由で職業に就くことができない状態が継続して30日以上続く場合
延長できる期間	その理由で職業に就くことができなかった日数（最大3年間）。
延長の手続き	職業に就けない状態の31日目から延長後の受給期間の最後の日までに、受給資格者証と受給期間延長申請書を提出する

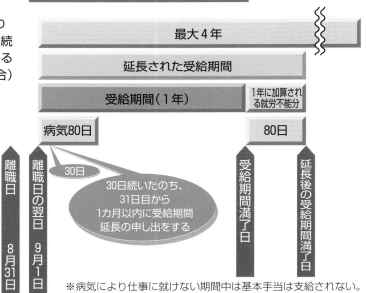

受給期間が延長される場合

病気・ケガにより就労不能日が継続して30日以上ある（例＝80日の場合）

最大4年

延長された受給期間

受給期間（1年）

1年に加算される就労不能分

病気80日

80日

離職日 8月31日

離職日の翌日 9月1日

30日

30日続いたのち、31日目から1カ月以内に受給期間延長の申し出をする

受給期間満了日

延長後の受給期間満了日

※病気により仕事に就けない期間中は基本手当は支給されない。

60歳以上の定年退職者には特別措置と特典がある

　基本手当の受給期間は原則1年ですが、60歳以上の定年等退職者には特例として、離職日の翌日から2カ月以内に就職を希望しない期間（1年を限度）を申し出ることにより、その期間分が原則1年に加算され、受給期間が延長されます。この制度の利用は、離職日の翌日から起算して2カ月以内に「受給期間延長申請書」と「離職票」を住所地のハローワークに提出します。

　また、高年齢雇用継続基本給付金の受給資格者が被保険者資格を喪失した後、次の理由で基本手当（通常の失業給付）に係る受給期間の延長申請を行

う場合は、通常の「受給期間延長申請書」と同時に、「高年齢雇用継続給付延長申請書」を住所または居所を管轄するハローワークに提出します。

①病気、ケガの理由により引き続き30日以上職業に就くことができないとき

②60歳以上の定年等の理由により退職した者が、1年以内の間の一定期間安定した雇用に就くことを希望しないとき

・・・・・・ 特典 ・・・・・・

1 基本手当の受給期間が延長された場合には、基本手当を受けず、かつ、延長された期間中に再就職して被保険者資格を取得すれば、その後、高年齢雇用継続給付金の支給を引き続き受けることができる。

2 基本手当を受け、受給期間中に再就職した場合であって、一定の要件を満たしていれば、高年齢再就職給付金の支給を受けることができる。

受給期間延長申請書

理由は具体的に書く

期間が決まっていない場合は、空白でもよい

5のイの理由が疾病または負傷の場合、傷病の名称を記入する

※延長申請書には、離職票と延長理由を証明する書類を添付します。

失業中に病気やケガで就労できないときには傷病手当がある

POINT
◆2〜3日の休養程度なら失業の認定はされる
◆継続して15日以上就労不能だと基本手当は支給されない
◆求職の申込みの前からの病気やケガは傷病手当の対象外

継続15日以上の病気・ケガのため就労できないとき

　求職の申込みをした後、受給期間中に病気やケガになったときは、就職できる状態ではないので、失業の状態にはあたりません。しかし、かぜなどで2〜3日休養したような場合は、一時的な病気ですから失業の認定はされますが、継続15日以上にもわたって就労不能な状態が続くと失業と認められず、基本手当に代えて同額の傷病手当が支給されます。

　就労不能が14日以内の場合は、基本手当が受給できますから、本人の病気・ケガなどのやむを得ない理由により認定日にハローワークに行けないときは、認定日を変更してもらうことができるほか、医師の診断書等によって次の認定日にまとめて認定を受けることもできます。また、30日以上続く場合は、受給期間の延長か傷病手当の受給のどちらかを選ぶことができます。

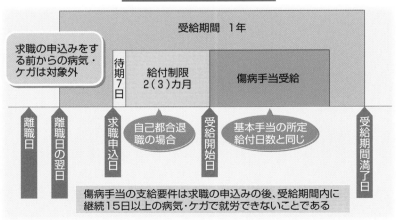

傷病手当の支給

傷病手当の支給要件は求職の申込みの後、受給期間内に継続15日以上の病気・ケガで就労できないことである

傷病手当は受給期間内において何日分支給されるのか

傷病手当の支給日数は、基本手当の所定給付日数からすでに支給された基本手当の日数を差し引いた残りの日数です。

たとえば、所定給付日数150日の人が基本手当を100日もらってから傷病手当に該当すれば、受給期間内にあと50日分受けられます（例1）。

また、基本手当を受けることなく、最初から傷病手当を受けるとすれば、最高日数は基本手当の所定給付日数と同じになります（例2）。

したがって、傷病手当を受けたときは基本手当をもらったものとみなされますので、傷病手当の最高日数は所定給付日数と同じになります。

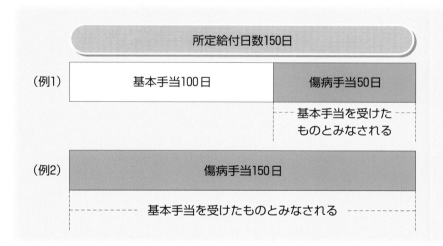

····· 傷病手当の支給日数の例 ·····

所定給付日数150日

（例1） 基本手当100日 / 傷病手当50日
基本手当を受けたものとみなされる

（例2） 傷病手当150日
基本手当を受けたものとみなされる

他の社会保険から給付が受けられるときは支給されない

傷病手当を受けられる人が同一の事由により、次の給付が受けられるときには、傷病手当は支給されません。

1 健康保険の傷病手当金

2 労災保険の休業補償給付（業務災害）

3 労災保険の休業給付（通勤災害）

4 労働基準法の休業補償

基本手当はどれくらいもらえるのか

POINT

◆基本手当の額は退職前の賃金の5〜8割が目安

◆賃金日額、基本手当日額には上限額と下限額がある

◆基本手当の給付率は賃金の高かった人は低くなる

1日当たりの受給額を基本手当日額という

失業期間中に受けられる基本手当の総額は、失業1日当たりの額（基本手当日額）に最高日数（所定給付日数）を掛ければ算出されます。失業1日あたりの額、つまり基本手当日額は、その人の退職前6カ月間の賃金総額を180で割って得た額（賃金日額）の50〜80％（60歳以上で給与の高い人は45％もある）になります。この基本手当日額に30を掛ければ約1カ月にもらえる失業給付（基本手当）が算出されます。

この退職前6カ月間の賃金総額には、基本給や諸手当、通勤手当は含まれますが、退職金や臨時の賃金、年3回までの賞与は含まれません。

また、雇用保険は社会保険ですから「能力に応じて負担し、必要に応じて受給する」という原則に立っています。そして、「失業中の生活を保障する」という性質から、生活できないほどの少額ではないように最低限度が、高額すぎるのも適当ではないことから最高限度が、それぞれ定められています。

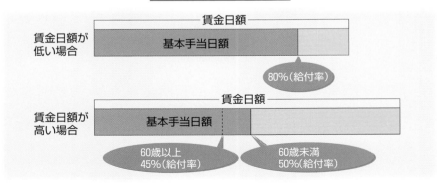

······ 基本手当日額 ······

（注）一般的に賃金日額が高いほど給付率は低くなり、賃金日額が低くなるほど給付率は高くなる。

あなたが失業したら基本手当日額はいくらになるか

あなたが失業した場合、基本手当日額はいくらぐらいになるのか、参考までに下の目安表でみてみましょう。

基本手当日額の目安（令和5年8月1日〜令和6年7月31日まで）

単位（円）

賃金日額	基本手当日額				
	65歳以上	60歳〜64歳	45歳〜59歳	30歳〜44歳	29歳以下
2,746	2,196	2,196	2,196	2,196	2,196
3,000	2,400	2,400	2,400	2,400	2,400
5,110	4,088	4,088	4,088	4,088	4,088
5,000	4,000	4,000	4,000	4,000	4,000
6,000	4,585	4,498	4,585	4,585	4,585
7,000	5,068	4,851	5,068	5,068	5,068
8,000	5,471	4,920	5,471	5,471	5,471
9,000	5,793	4,970	5,793	5,793	5,793
9,500	5,925	4,955	5,925	5,925	5,925
10,000	6,036	5,020	6,036	6,036	6,036
11,300	6,230	5,085	6,230	6,230	6,230
12,000	6,279	5,400	6,279	6,279	6,279
12,580	6,290	5,661	6,290	6,290	6,290
13,000	6,500	5,850	6,500	6,500	6,500
13,890	6,945	6,250	6,945	6,945	6,945
13,000	↓ 6,945	5,850	6,500	6,500	↓ 6,945
15,430		6,943	7,715	7,715	
16,210		7,294	8,150	↓ 7,715	
16,000		↓ 7,294	8,000		
16,980			8,490		
			↓ 8,490		

（毎年8月1日改定）

※年齢は離職日における満年齢。→の金額はそれぞれの年齢での上限額。

早期に再就職したら、就業促進手当がもらえる

◆就業促進手当には 3 種類の手当がある
◆安定した職業に就けば再就職手当が支給
◆常用雇用以外でも就業手当の対象になる

常用雇用等の場合には再就職手当が支給される

　失業保険には受給申請後に 3 か月の給付制限期間がありますが、この制限期間中や受給開始後に新しい就職先が決まった場合には、就職の前日で失業保険の給付は打ち切りになります。

　再就職手当は、基本手当の支給残日数が所定給付日数の 3 分の 1 以上である基本手当の受給資格者が、雇用保険の被保険者となるなど安定した職業に就いた場合に支給されるものです。支給額は、所定給付日数の支給残日数によって異なるほか、一定の支給上限額があります（P54参照）。

　また、事業を開始した場合にも一定の要件を満たせば再就職手当が支給されます。この他、障害者等の就職困難者が安定した職業に就いた場合には、常用就職支度手当が支給されます。

再就職手当のその他の支給要件

⑴就職日の前日まで失業の認定を受けていること。
⑵雇用期間が 1 年を超えること。
⑶雇用保険適用事業所に、雇用されたものであること。
⑷離職前の事業主等への再就職でないこと。
⑸就職日前 3 年以内に再就職手当および常用就職支度手当の受給がないこと。

再就職手当がもらえなくても就業手当の対象となる

　就業手当は、再就職手当の支給対象とならない常用雇用等以外の形態で就業した場合に、一定の要件を満たしていれば支給されるものです。対象となるのは、基本手当の支給残日数が所定給付日数の3分の1以上、かつ、45日以上である基本手当の受給資格者となります。支給額は、基本手当日額の30％に相当する額を就業日ごとに支給されます（1日当たりの支給額の上限は1,887円、60歳以上65歳未満の場合は1,525円。就業手当の支給を受けた日については、基本手当を支給したものとみなされる）。

　支給手続は、原則として、失業の認定に合わせて4週間に1回、前回の認定日から今回の認定日の前日までの各日について「就業手当支給申請書」に、受給資格者証と就業した事実を証明する資料（給与明細書など）を添付してハローワークに申請します。

⋯⋯⋯ 就業手当のその他の支給要件 ⋯⋯⋯

⑴通算7日間の待期期間が経過した後に就業したものであること。

⑵離職前の事業主（関連事業主を含む）に再び雇用されたものでないこと。

⑶離職理由による給付制限を受けた場合に、待期満了後1カ月間については、安定所または職業紹介事業者の紹介により再就職したこと。

⑷安定所に求職の申込みをした日前に雇用予約をしていた事業主に雇用されたものでないこと。

再就職が決まったときは

　再就職が決まった場合は、ハローワークに行き、就職日の前日までの失業の認定を受けます。この認定日変更には、確認書類として事業主の証明を受けた採用証明書（受給資格者のしおりに添付）が必要となります。

　再就職の手続きは、まず、ハローワークに就職の申告をしますが、その際「再就職手当支給申請書」を受け取り、再就職先の事業主の証明を受けます。

　この申請書に受給資格者証を添えて、就職日の翌日から起算して1カ月以内に住所地のハローワークに提出します。

　申請書を提出後、約1カ月の調査期間を経て、支給・不支給の決定が文書で通知された後、支給されることになります。

再就職したものの、すぐに辞めてしまったらどうする

雇用保険

POINT
◆再離職が倒産・解雇等の場合は 6 カ月以上で受給資格が発生
◆短期間での再離職であっても受給できることがある
◆自己都合での再就職には給付制限がある

再就職後、すぐに再離職した場合

基本手当の受給期間中に再就職できた受給資格者が、期間をおくことなく再び離職した場合にも、再就職前の受給資格に基づいて基本手当が引き続き受けられることがあります。個々のケースにもよりますが、
⑴再就職時に基本手当の支給残日数があること
⑵受給期間の 1 年がまだ過ぎていないこと
⑶新たな受給資格が発生しないこと
⑷再離職にかかる離職票を提出すること
などといった要件が満たされていれば再受給できます。

再就職後 6 カ月以上経って会社都合で再離職した場合

再就職して雇用保険の被保険者期間を 6 カ月以上満たしてから会社都合で再離職すると前の受給資格は消えて、その代わりに新しい受給資格が発生します。この場合は、通常の離職者と同様の手続きを最初からやり直すことになります。

······ **会社都合で再離職した場合の新しい受給資格** ······

再就職	被保険者期間 6カ月以上	再離職	前の受給資格はなくなる
			新しい受給資格が発生
			新しい受給資格に基づく基本手当受給

再就職後12カ月たたないうちに再離職した場合

　再就職して、雇用保険の加入期間が12カ月たたないうちに再離職すると、前の受給期間および支給残日数が残っていれば、前の受給資格に基づいて基本手当が受けられることがあります。

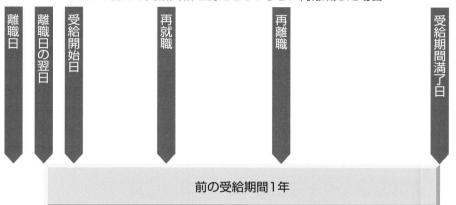

再離職後の基本手当の例

所定給付日数が180日で、基本手当を60日受けて再就職したが、新たな受給資格を満たさないうちに再離職した場合

離職日　離職日の翌日　受給開始日　再就職　再離職　受給期間満了日

前の受給期間1年

新たな受給資格期間なし　前の受給資格でもらえる

再就職手当受給後に再離職した場合の受給期間の延長

　再就職手当の支給を受けた者であって、この手当の支給を受けた後の最初の離職（新たに受給資格等を取得した場合における離職を除く。以下「再離職」といいます）の日が受給期間内にあり、かつ、再離職が倒産等に伴うものである者として厚生労働省令で定めるものまたは解雇その他の厚生労働省令で定める理由により再離職したものについて、一定の期間、受給期間が延長されます。

雇用保険

不正受給すると受け取った金額の3倍額を支払うケースも

POINT

◆不正受給にはペナルティがある
◆失業認定日に代理人を行かせることも不正受給となる
◆悪質な不正受給者は受給額の3倍返しとなる

不正受給にはくれぐれも注意しよう

不正受給をすると、その受け取った額を返還するのはもちろん、以後の失業等給付は支給されなくなります。

また、悪質な不正受給者にはさらに、返還額の2倍の額の納付、つまり3倍返しが命ぜられることもあります。不正受給となるのは離職票の記載内容を書き換えた場合や事業主に頼んで偽って作成してもらった場合、あるいは提出すべき書類を提出しなかった場合、労働による収入があったにもかかわらず、そのことを失業認定申告書に書かなかった場合などがあげられます。

不正受給のケースとは

不正受給になるのは次のようなケースが考えられます。

(1)離職票の内容を書き換えた場合、特に賃金の数字を書き換えた場合など

(2)離職票の交付にあたり、虚偽の内容を事業主に記入してもらった場合、賃金を多めに記入してもらった場合や離職事由を会社都合にしてもらった場合など

(3)失業認定申告書の申告内容に虚偽があった場合、内職的な収入があったにもかかわらず申告しなかった場合

(4)就職したにもかかわらず、失業中であると偽って基本手当を受給した場合

(5)提出すべき書類を全部提出しなかった場合、求職の申込み時にはすべての離職票を提出しなければならないが、一部しか提出しなかった場合など

(6)代理人による失業認定申告の場合、失業認定日には本人が出頭しなければならないのに、代理人をハローワークに行かせた場合

不正受給が見つかると、以後支給されない

　不正受給が見つかると、以後の失業等給付は受けられなくなり、同時に不正に受け取った分は返還しなければなりません。

・・・・・・ 不正受給の処分例 ・・・・・・

就職したにもかかわらず、申告せず不正に基本手当を受給した場合、不正行為になるとは知らなかったとしても、処分はまぬがれない。

認定日　　不正発覚　　認定日

失業	就職	失業

基本手当の既受給

返還不要	返還する	支給されない

悪質な不正受給者は3倍返しになる

　悪質な不正受給者に対しては受け取った額を返還し、さらに不正受給額の2倍の額を納付しなければなりません。いわゆる3倍返しになります。

・・・・・・ 悪質と認められる不正行為の例 ・・・・・・

1　偽造もしくは虚偽記載の離職票の使用、または他人の離職票の使用

2　安定した職業に就いたにもかかわらず、その事実を秘匿した失業認定申告書の提出

3　再就職手当の支給に関する虚偽の就職の届け出など

雇用保険

公共職業訓練を受けるメリットはこんなにある

POINT

◆職業訓練の期間中は基本手当が延長される
◆基本手当にさまざまな手当がプラスされる
◆職業訓練の科目には多くの種類がある

ハロートレーニングには離職者訓練と求職者支援訓練がある

　国では、求職者を対象に、就職に必要な職業スキルや知識を習得するためハロートレーニングを原則として無料（テキスト代等の実費は自己負担）で実施しています。訓練を受けることで、キャリアアップや希望する就職を実現するために必要な職業スキルや知識を習得することができます。

　ハロートレーニングには、雇用保険を受給している離職者、在職者、学卒者、障害者向けの公共職業訓練（離職者訓練）と、雇用保険被保険者や雇用保険受給資格者ではなく雇用保険を受給していない方向けの求職者支援訓練（求職者支援制度に基づく認定職業訓練）があります。ハロートレーニングを受講する方には、ハローワークや訓練実施機関が、積極的に就職支援を行います。訓練期間はおおむね３月〜２年間で、主な訓練コースには、独立行政法人高齢・障害・求職者雇用支援機構が実施するものと都道府県が実施するものがあります。

　ハロートレーニング（離職者訓練・求職者支援訓練）を受講するには、訓練の必要性等をハローワークが認めて、「受講あっせん」を受けることが必要です。具体的には、①ハローワークで求職申込み・職業相談、②訓練の受講申込み、③面接・筆記試験等を受験、④合格したら、受講あっせんを受けて受講開始となります。

　制度の詳細は、ハローワークまたは厚生労働省HPで調べることができます。

要件を満たした訓練受講生には給付金が支給される

　公共職業訓練の訓練生には、受講期間中に雇用保険の基本手当、受講手当、通所手当、寄宿手当が、支給されます。また、求職者支援訓練の訓練生

には、無料の訓練に加え、一定の支給要件を満たす場合には、訓練期間中、月額10万円の職業訓練受講給付金が支給されます。この支給要件には、①本人収入が月8万円以下、②世帯全体の収入が月40万円以下、③訓練の8割以上に出席していることなどがあります。職業訓練受講給付金の支給対象とならない場合でも、職業訓練などの支援を行う必要があるとハローワークが認めた場合には、無料の訓練のみ受講することもできます。

公共職業訓練を受ける間は基本手当が延長支給される

公共職業訓練を受講する場合、所定給付日数内で受講が終了しない場合には、受講期間内であれば基本手当が延長支給されます。

基本手当の延長

基本手当の所定給付日数分を受給しても、公共職業訓練受講中は引き続き支給される

受給期間1年	延長期間
所定給付日数	基本手当の延長
	訓練延長給付
技能習得手当・寄宿手当
公共職業訓練受講

基本手当にプラスされる諸手当

令和6年4月現在

技能習得手当	受　講　手　当	全　受　講　者	定額　　500円※／1日
	通　所　手　当 自宅から職業訓練校まで2km以上離れていない場合は支給されない。	交通機関利用者	最高　　42,500円／月
		自動車等利用者	2km以上10km未満 3,690円／月
			2km以上10km未満 5,850円／月
			15km以上離れた特定地域 8,010円／月
寄宿手当	寄宿手当は扶養家族と別居して公共職業訓練を受講する人が対象		定額　　10,700円／月

※40日分を限度とする。

再就職を希望する人の訓練科目には、昼間2カ月、3カ月、6カ月、1年、2年コースなどがあります。例えば東京都の場合には、昼間の6カ月コースでは、入校希望者に対して数学と国語の簡単な筆記試験が行われますが、出題範囲は、おおむね中学校3年生から高校1年生までに学んだ範囲です。

公共職業訓練の訓練コース・関連資格の例

訓練コース（例）	関連資格（例）
介護サービス科	介護職員初任者研修、介護事務管理士、実務者研修
OA事務科	簿記検定、表計算検定、ワープロ検定、計算実務検定、社会人常識マナー検定
医療事務科	医療事務認定実務者試験、表計算検定、ワープロ検定
電気設備技術科	第二種電気工事士、第一種電気工事士、消防設備士
生産設備メンテナンス科	技能検定（電気職種）、第二種電気工事士
工場管理技術科（電気保全）	第二種電気工事士、消防設備士、品質管理検定（QC検定）、中小企業診断士（経営管理）
組込みソフトウェア科	ITパスポート、基本情報技術者、LinuCレベル1、LPICレベル1
スマート情報システム科	基本情報技術者、ウェブデザイン技能検定、CCNA、OSS-DB Silver
ICTエンジニア科	ITパスポート、基本情報技術者、LPICレベル1、CCNA

※資格の受験は任意です。訓練では資格関連知識を習得します。

求職者支援訓練の訓練コースの例

訓練コース（例）	訓練コースの内容（例）
基礎	ビジネスパソコン科、オフィスワーク科など
IT	WEBアプリ開発科、Android/JAVAプログラマ育成科など
営業・販売・事務	OA経理事務科、営業販売科など
医療事務	医療・介護事務科、調剤事務科など
介護福祉	介護職員実務者研修科、保育スタッフ養成科など
デザイン	広告・DTPクリエーター科、WEBデザイナー科など
その他	3次元CAD活用科、ネイリスト養成科など

（令和5年4月生・都立職業能力開発センター入校選考筆記試験問題から抜粋）

（国語）

問題1　次の＿＿＿＿線部の漢字の読みを**ひらがな**で書きなさい。

(1) 君臨

(2) 注視

(3) 奮起

(4) 厳守

(5) 繁雑

問題2　次の＿＿＿＿線部のカタカナを**漢字**で書きなさい。

(1) 賞状を<u>ジュヨ</u>する

(2) 選手を<u>コブ</u>する

(3) <u>ムジュン</u>した発言

(4) <u>ソウゲイ</u>バスに乗る

(5) <u>ブンゴウ</u>夏目漱石

（数学）

問題1　次の計算をしなさい。ただし，(1)は小数で，(2)は分数で求めなさい。

(1) $2.8 \times 3.6 =$

(2) $\dfrac{1}{3} + \dfrac{3}{8} =$

(3) $\sqrt{3} \times 2\sqrt{15} =$

(4) $6a^2b^3 \times 7a^2bc^3 \div 14a^3b^2 =$

(5) $x^2 - 4x - 32 = 0$ のとき，$x\,(x \geqq 0)$ の値を求めなさい。

問題2　次の問いに答えなさい。

(1) ある数の5倍から4をひいた数は，ある数の3倍に8たした数と等しくなります。このとき，ある数はいくつですか。

(2) 2つのサイコロを同時に投げるとき，2つの目の積が偶数になる確率を分数で求めなさい。

(3) 右図のような，1辺の長さが10cmの正方形ABCDがあります。点PはAを，点QはBを同時に出発して，毎秒1cmの速さで正方形の辺上をそれぞれB，Cまで移動します。最も早く△PBQの面積が12cm²になるのは，点P，Qが出発してから何秒後ですか。

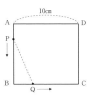

●解答例

国語

1	(1)	くんりん
	(2)	ちゅうし
	(3)	ふんき
	(4)	げんしゅ
	(5)	はんざつ

2	(1)	授与
	(2)	鼓舞
	(3)	矛盾
	(4)	送迎
	(5)	文豪

数学

1	(1)	10.08
	(2)	$\dfrac{17}{24}$
	(3)	$6\sqrt{5}$
	(4)	$3ab^2c^3$
	(5)	$x = 8$

2	(1)	6
	(2)	$\dfrac{3}{4}$
	(3)	4秒後

雇用保険にはスキルアップに役立つ制度もある

POINT

◆入学金や受講料の40％で、最高48万円まで支給される

◆離職後１年未満の人にも受給資格がある

◆給付金の支給は厚生労働大臣の指定講座に限られる

教育訓練給付制度とは

　雇用保険には失業給付ばかりでなく、勤労者のスキルアップを図るための「教育訓練給付制度」があります。この制度は、働く人の自主的な能力開発、いわゆる自己啓発の取り組みを支援し、勤労者のスキルアップと同時に失業者を出さないように雇用を安定させ、再就職の促進を図ることを目的とした雇用保険の給付制度です。

　教育訓練給付の指定講座には、社会保険労務士、中小企業診断士、情報処理技術者などの国家資格取得講座や、簿記検定、ビジネスキャリア制度の認定を受けている事務系の専門的知識・能力の向上に役立つ講座など、勤労者の職業能力アップを支援するたくさんの講座があります。

教育訓練給付が拡充された

　令和元年10月１日から特定一般教育訓練給付金制度が開始されました。これは、速やかな再就職および早期のキャリア形成に資する教育訓練（特定一般教育訓練の指定講座）を受講した場合には、受講費用の４割、上限額20万円までが訓練修了後に支給されるものです。ただし、この特定一般教育訓練を受講するには、講座の受講開始１カ月前までに、訓練前キャリアコンサルティングを受け、ジョブ・カードを作成し、ハローワークにおいて受給資格確認を行うことが必要です。

　従来の一般教育訓練給付金の支給額は、一般教育訓練給付の指定講座の教育訓練経費の20％に相当する額が支給されます。ただし、その額が10万円を超える場合は10万円となり、４千円を超えない場合には支給されません。

　また、厚生労働大臣の指定する専門実践教育訓練の指定講座を受講した場合には、教育訓練経費の50％に相当する額が６カ月ごとに支給されます。た

だし、その額が1年間で40万円を超える場合の支給額は40万円（最大で3年間、120万円が上限）となり、4千円を超えない場合は支給されません。

さらに、専門実践教育訓練受講者が、資格取得等をし、かつ訓練修了後1年以内に雇用保険の被保険者として雇用された場合には、受講費用の20%（年間上限16万円）が追加で支給されます。

この他、特に労働者の中長期的キャリア形成に資する教育訓練を対象とした専門実践教育訓練もあります。

······ **教育訓練給付の支給対象者** ······

1
一般教育訓練給付金 特定一般教育訓練給付金
受講開始日現在で雇用保険の被保険者であった期間が3年以上（初めて支給を受ける場合は1年以上）、前回の教育訓練給付金受給から今回まで3年以上経過することなど。

2
専門実践教育訓練給付金
受講開始日現在で雇用保険の被保険者であった期間が3年以上（初めて支給を受ける場合は、2年以上）、前回の教育訓練給付金受給から今回まで3年以上経過することなど。

受講開始日とは
★受講開始日とは、通学制の場合は教育訓練の所定の開講日、通信制の場合は教材などの発送日であって、いずれも教育訓練施設の長が証明する日です。

支給要件期間とは
★支給要件期間とは、受講開始日までの間に同一の事業主の適用事業に引き続いて被保険者として雇用された期間をいいます。
★過去の受講開始日以降の支給要件期間が3年以上とならないと、新たな資格が得られません。

支給要件が明らかでない人
★「教育訓練給付金支給要件照会票」によって、支給要件を満たすことを確認できます。（注意）雇用保険の基本手当受給中の人の失業認定日は、教育訓練講座（昼間の通学制の場合など）の受講日と重なった場合でも、他の日に変更されません。

受給時報告の提出
★専門実践教育訓練を受講する、または既に受講中の場合は、「専門実践教育訓練給付最終受給時報告・追加給付申請時報告」または「専門実践教育訓練給付再受給時報告」の提出が必要です。

教育訓練給付金の申請

　教育訓練給付金の支給を受けようとする場合、受講修了後において、一定の支給申請手続きが必要です。

······ 教育訓練給付金の申請手続き ······

申　請　先

教育訓練給付金の支給申請手続きは、教育訓練を受講した本人が受講修了後、本人の住所を管轄するハローワークに対して、下記の書類を提出することよって行います。
やむを得ない理由があると認められない限り、代理人や郵送によって申請書類を提出することはできません。

提出書類

⑴教育訓練給付金支給申請書　⑵教育訓練修了証明書　⑶領収書
⑷本人・住所確認書類　⑸雇用保険被保険者証　など

申請の時期

教育訓練の受講修了日の翌日から起算して1カ月以内に支給申請手続きを行ってください。これを過ぎると申請が受け付けられません。なお、複数の教育訓練講座を受講した場合であっても、支給申請はひとつの講座だけとなります。

教育訓練給付制度の指定講座

　指定講座は、「教育訓練講座検索システム」（https://www.kyufu.mhlw.go.jp/kensaku/）で検索することができます。

······ 一般教育訓練指定講座の例 ······

情報関係＝基本情報技術者、CAD利用技術者試験、CGクリエイター検定、DTPエキスパート認証試験、Webクリエイター能力認定試験、Webデザイナー検定、Word文章処理技能認定試験、オラクル認定資格（OCJ－P等）、ウェブデザイン技能検定、建築CAD検定、ICTプロフィシエンシー検定試験（P検）、その他

事務関係＝HSK漢語水平考試、TOEIC、実用イタリア語技能検定試験、実用英語技能検定（英検）、実用フランス語技能検定試験、スペイン語検定試験D.E.L.E.、中国語検定試験、日本語教育能力検定試験、「ハングル」能力検定、BATIC（国際会計検定）、簿記検定試験（日商簿記）、行政書士、その他

専門的サービス関係=AFP資格審査試験、CFP資格審査試験、技能検定　ファイナンシャル・プランニング、公認会計士、公認内部監査人認定試験、司法書士、証券アナリスト、税理士、通関士、米国公認会計士（USCPA）、弁理士、社会保険労務士試験、中小企業診断士試験、土地家屋調査士、ビル経営管理士試験、不動産鑑定士・鑑定士補、マンション管理士試験、司書・司書補、幼稚園教諭免許状、その他

営業・販売・サービス関係=ソムリエ呼称資格認定試験、調理師、カラーコーディネーター検定試験、きものコンサルタント、色彩検定、インテリアコーディネーター、旅行業務取扱管理者試験、消費生活アドバイザー試験、その他

社会福祉・保健衛生関係=看護師、救急救命士、きゅう師、言語聴覚士、歯科技工士、柔道整復師、はり師、理学療法士、臨床工学技士、介護支援専門員、介護福祉士実務者養成研修、介護福祉士、移動支援従事者、居宅介護従業者養成研修、社会福祉士、精神保健福祉士、福祉用具専門相談員、保育士、介護職員初任者研修、衛生管理者、栄養士、管理栄養士、建築物環境衛生管理技術者、診療報酬請求事務能力認定試験、調剤事務管理士技能認定試験、その他

自動車免許・技能講習関係=大型自動車第一種免許、大型自動車第二種免許、大型特殊自動車免許、普通自動車第二種免許、中型自動車第一種免許、けん引免許、海技士、小型移動式クレーン技能講習、床上操作式クレーン技能講習、玉掛技能講習、フォークリフト運転技能講習、車両系建設機械運転技能講習、高所作業車運転技能講習、ボイラー技士免許試験、その他

技術関係=建築士、電気工事士、電気主任技術者、電気通信工事担任者、土木施工管理技士、エネルギー管理士、気象予報士、危険物取扱者、技術士、その他

製造関係=技能検定試験、パン製造（パン製造作業）、自動車整備士、製菓衛生師、その他

その他=博士・修士、その他

特定一般教育訓練指定講座の例

業務独占・名称独占資格・必置資格=介護職員初任者研修、税理士、大型自動車第一種免許、介護支援専門員、中型自動車第一種免許、大型自動車第二種免許、介護福祉士（実務者養成研修）、その他

IT資格取得目標講座=情報処理技術者試験、Project Management Professional（PMP）

短時間のキャリア形成促進プログラム及び職業実践力育成プログラム=職業実践力育成プログラム

専門実践教育訓練指定講座の例

業務独占・名称独占資格=介護福祉士、製菓衛生師、美容師、理容師、調理師、その他

専門職学位課程=国際企業戦略研究科経営講座、工学マネジメント研究科工学マネジメント専攻講座、経営研究科経営専攻講座、産業技術研究科情報アーキテクチャ専攻講座、その他

part 2 ⑭

出産退職は今や昔。退職せずに育児休業給付をもらおう

雇用保険

POINT

◆育児休業は申し出をすれば男女を問わず取得できる
◆離職を予定している人には支給されない
◆産後パパ育休は育児休業との併用もできる

育児休業の申し出をすれば、会社は断れない

　雇用保険では、育児のために休業すると、休業前の賃金の一定割合が育児休業給付として支給され、育児休業取得者の健康保険料や厚生年金保険料は労使とも免除になります。

　育児休業は、「育児休業、介護休業等育児又は家族介護を行う労働者の福祉に関する法律」（以下、「育児休業法」）で定めているもので、子が1歳になるまで、または保育所における保育の実施が行われない等の場合は、1歳6カ月（2歳）までの間、申し出をすれば男女を問わず取得できるというものです。

　厚生労働省の「令和4年度雇用均等基本調査」によれば、令和2年10月1日から令和3年9月30日までの1年間に、在職中に出産した女性がいた事業所に占める女性の育児休業者がいた事業所の割合は86.7％となり、前年度から2.8ポイント低下しました。また、同じ時期に、配偶者が出産した男性がいた事業所に占める男性の育児休業者がいた事業所の割合は24.2％と、前年度から5.3ポイント上昇しました。

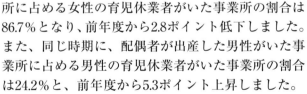

育児休業

育児休業をすると雇用保険から所得補てんが行われる

　雇用保険では、育児休業期間中（子が1歳になるまで、または、保育所における保育の実施が行われない等、一定の場合は、2歳まで）に、育児休業給付金が支給されます。平成29年1月より、育児休業等の対象となる子の範

囲が拡大されて、養子縁組里親、養育里親等も対象となりました。
○受給するための要件

　育児休業給付は、雇用保険の一般被保険者が1歳または1歳2カ月（支給対象期間の延長に該当する場合は1歳6カ月・2歳）未満の子を養育するために育児休業を取得した場合に、休業開始前の2年間に賃金支払基礎日数が11日以上ある月（過去に基本手当の受給資格決定を受けたことがある方については、その後のものに限ります）が12カ月以上あれば、受給資格の確認を受けることができます。この受給資格の確認を受けた上で、次の要件を満たす場合には、育児休業給付金が支給されます。

　⑴育児休業期間中の各1カ月ごとに、休業開始前の1カ月当たりの賃金の8割以上の賃金が支払われていないこと。

　⑵就業している日数が各支給単位期間ごとに10日以下であること。（10日を超える場合は、就業した時間数が80時間以下。また、休業終了日が含まれる支給単位期間は、就業日数が10日以下であり、かつ、休業日が1日以上であること）

○受給方法および支給額

　育児休業給付金の支給額は、支給対象期間（1か月）当たり、原則として休業開始時賃金日額×支給日数の67％（育児休業の開始から6か月経過後は50％）相当額となります。

　賃金日額とは、事業主の提出する「休業開始時賃金月額証明書（票）」に示された額により、原則として育児休業開始前6か月の賃金を180で除した額となります。これに支給日数の30日を乗じることによって算定した賃金月額が、462,900円を超える場合の賃金月額は462,900円となりますが、賃金月額が82,380円を下回る場合の賃金月額は82,380円となります（この額は毎年8月1日に変更されます）。

　以上から、1支給対象期間（1か月）あたりの育児休業給付金の支給額（原則、休業開始時賃金日額×支給日数の67％）の上限額は310,143円、支給日数の50％の場合の上限額は231,450円となります。

○支給対象期間

　被保険者が、その1歳に満たない子、または保育所における保育の実施が行われない等の場合は1歳6カ月（一定の場合は2歳）に満たない子を養育する期間で、子が1歳に達する日の前日まで、または保育所における保育の実施が行われない等の場合は1歳6カ月（一定の場合は2歳）に達する日の前日までの期間。

退職時　雇用保険　健康保険　年金　税金　やむを得ない退職　再就職

パパ・ママ育休プラスで父親も育児に参加

パパ・ママ育休プラスとは、両親ともに育児休業を取得する場合の特例です。「父母ともに育児休業を取得する場合の育児休業取得期間の延長いわゆるパパママ育休プラス制度」を利用して育児休業を取得する場合には、次の①～③のすべてに該当する場合に、一定の要件を満たせば、子が1歳2カ月に達する日の前日まで、最大1年間育児休業給付金が支給されます。

①育児休業開始日が、当該子が1歳に達する日の翌日以前である場合。

②育児休業開始日が、当該子に係る配偶者（事実上婚姻関係と同様の事情にある当該者を含む。以下同じ）が取得している育児休業期間の初日以後である場合。

③配偶者が当該子の1歳に達する日以前に育児休業を取得していること。

育児休業が取得しやすくなった

令和4年4月1日から、企業には、育児休業を取得しやすい雇用環境の整備が義務付けられました。これには、令和4年10月1日から施行された育児休業とは別に取得できる産後パパ育休とともに、同日から改正された育児休業制度に関する整備も含まれます。

産後パパ育休では、子の出生後8週間以内に4週間まで取得でき、2回に分割取得や通常の育児休業との併用も可能となりました。また、労使協定を締結することで休業中の就業も可能です。

	産後パパ育休※ （育休とは別に取得可能）	育児休業制度
対象期間 取得可能日数	子の出生後8週間以内に4週間まで取得可能	原則子が1歳 （最長2歳）まで
申出期限	原則休業の2週間前まで	原則1か月前まで
分割取得	分割して2回取得可能（初めにまとめて申し出ることが必要）	分割して2回取得可能（取得の際にそれぞれ申出）
休業中の就業	労使協定を締結している場合に限り、労働者が合意した範囲で休業中に就業することが可能	原則就業不可
1歳以降の延長		育休開始日を柔軟化
1歳以降の再取得		特別な事情がある場合に限り再取得可能

※出生時育児休業給付金の上限は、28日分、289,466円となる。

育児休業給付金等の手続き

○受給資格確認の手続き

　女性の被保険者の場合、育児をしている子についての産後休業8週間については、育児休業期間には含まれません。

　事業主が育児休業給付金の支給申請を被保険者に代わって行う場合には、初回の支給申請書と同時に受給資格確認の手続きに関する書類を提出することができます（女性の被保険者の場合は産後休業に引き続いて育児休業するときの「育児休業を開始した日」は、出産日の翌日から起算して8週間経過した日（出産日の翌日から起算して57日目）となります）。

提出者	事業主
提出書類	雇用保険被保険者休業開始時賃金月額証明書 育児休業給付受給資格確認票
添付書類	賃金台帳・出勤簿や母子手帳など、育児を行っている事実や上記書類の記載内容が確認できる書類
提出先	事業所の所在地を管轄するハローワーク
提出期限	支給対象期間の初日から起算して4カ月を経過する日の属する月の末日まで

○育児休業給付金の支給申請手続き

　原則として2カ月に1回ずつ、支給申請をすること。

提出者	被保険者本人または事業主（事業主が提出する場合は「育児休業給付の支給申請に係る協定書」を労使間で締結し、初回に「育児休業給付の支給申請に係る承諾書」を提出する）
提出書類	育児休業給付金支給申請書
添付書類	賃金台帳・出勤簿など、支給申請書の記載内容を確認できる書類 （事業主が提出する場合は適用事業所台帳）
提出先	事業所の所在地を管轄するハローワーク
提出期限	支給対象期間の終了後、その支給対象期間の初日から4カ月を経過する日の属する月の末日まで

○子の看護休暇制度

　子（小学校就学の始期に達するまで）の看護休暇制度とは、負傷または疾病にかかった子の世話を行ったり、子に予防接種、健康診断を受けさせる場合に、子が1人の場合は年5日、2人以上の場合は年10日の休暇を取得できるものです（有給か無給かは会社によります）（P85参照）。

両親の看病や介護であれば退職しなくても介護休業給付がある

雇用保険

POINT

◆介護休業の取得は法律で定められている

◆離職を予定している人には給付金は支給されない

◆支給対象期間に20日以上の介護休業日が必要

申し出をすれば、介護休業は当然認められる

　介護保険でのサービスは、介護認定が必要な人に対して他人が介護をするもので、現金が支給されることはありません。

　これに対して、雇用保険における介護休業給付は、両親など一定の親族を介護するために雇用保険の一般被保険者及び高年齢被保険者（男女は問わない）が休業したときに適用されて、介護休業給付金として現金が支給されるものです。

　介護休業は、「育児休業、介護休業等育児または家族介護を行う労働者の福祉に関する法律」により、一定の労働者が申し出をして取得するものです。

　厚生労働省の「令和４年度雇用均等基本調査」によれば、介護休業制度の規定がある事業所の割合は、事業所規模５人以上では72.8%（令和元年度74.0%）、事業所規模30人以上では90.0%（同89.0%）となっており、前回調査に比べ、５人以上で1.2ポイント低下、30人以上では1.0ポイント上昇しました。

　また、同調査によれば、介護休暇制度の規定がある事業所の割合は、事業所規模５人以上では69.9%（平成30年度60.8%）、事業所規模30人以上では86.5%（同81.0%）となっており、前回調査に比べ、それぞれ9.1ポイントと5.5ポイント上昇しました。

介護休業給付金を受給するための３つの要件

⑴介護休業開始前２年間に、賃金支払基礎日数が11日以上ある月が12カ月以上あること。

⑵介護休業開始前２年間に、疾病、負傷等により引き続き30日以上賃金の支払いを受けることができなかった場合はその日数を２年に加算できる（休業開始日前４年を超えるときは４年を限度とする）。

⑶介護休業を開始する時点で、介護休業終了後に離職することが予定されて

いる人は支給対象者とならない。

介護休業給付金の支給対象となる介護とは

介護休業給付金は、次の要件に該当する介護休業に対して、支給対象となる同じ家族について93日を限度に3回までに限り支給されます。

介護休業は、産前・産後休業中に開始することはできず、介護休業の期間中に他の家族に対する介護休業、産前・産後休業、育児休業が開始された場合、それらの新たな休業の開始日の前日をもって当初の介護休業は終了し、その日以降の分は介護休業給付金の支給対象とはなりません。

●支給対象となる介護の要件

負傷、疾病または身体上もしくは精神上の障害により、2週間以上にわたり常時介護（歩行、排泄、食事などの日常生活に必要な便宜を供与すること）を必要とする状態にある家族を介護するものであること。

被保険者が、その期間の初日および末日を明らかにして事業主に申し出を行い、これによって実際に取得した介護休業であること。

●対象となる子の範囲

一般被保険者の「配偶者（内縁を含む）」、「父母（養父母を含む）」、「子（養子を含む）」、「配偶者の父母（養父母を含む）」、「祖父母」、「兄弟姉妹」、「孫」が対象となります。

······ 介護休業給付の手続きの流れ（例）······

介護休業開始（介護給付スタート）

↓

介護休業終了（最長3ヵ月＝93日）

↓

事業主からハローワークに受給資格確認申請と支給申請を提出
（全期間分一括申請）

↓

支給（不支給）を決定、支給決定通知書を交付

↓

支給決定日から約1週間後に指定金融機関に振り込み

介護休業給付金の支給額

　介護休業給付金の支給額は、原則として、支給対象期間（１ヵ月）ごとに、休業開始時賃金日額×支給日数×67％です。支給日数とは、休業終了日の属する支給対象期間については当該支給対象期間の日数、この期間以外の支給対象期間については30日となります。

　賃金日額は、事業主の提出する「休業開始時賃金月額証明書（票）」によって、原則、介護休業開始前６ヵ月の賃金を180で除した額です。これに支給日数の30日を乗じることによって算定した賃金月額が509,400円を超える場合は、賃金月額は、509,400円となります。支給対象期間（１ヵ月）あたりの介護休業給付金の上限額は、341,298円となります。

　また、この賃金月額が82,380円を下回る場合は82,380円となります。これらの額は毎年８月１日に変更されます。

　各支給対象期間中の賃金の額と「賃金日額×支給日数」の67％相当額の合計額が、「賃金日額×支給日数」の80％を超えるときには、超えた額が減額されて支給されます。

●休業期間中に賃金が支払われない場合

支給単位期間が１ヵ月ある場合（最後の支給単位期間を除く）

休業開始時賃金月額（賃金日額×30）×0.67×月数

最後の支給単位期間（職場復帰）**１ヵ月未満の場合**

休業開始時賃金日額×0.67×休業日数（暦日数）

●介護休業中に賃金を受けている場合

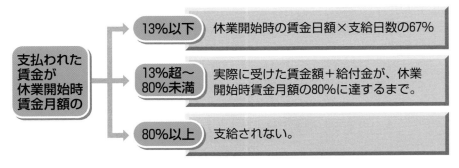

支払われた賃金が休業開始時賃金月額の	13％以下	休業開始時の賃金日額×支給日数の67％
	13％超〜80％未満	実際に受けた賃金額＋給付金が、休業開始時賃金月額の80％に達するまで。
	80％以上	支給されない。

「看護・介護休暇」は年5日

育児や介護を行う労働者の仕事と家庭との両立をより一層推進するために、さまざまな制度が設けられています。

○子育て中の短時間勤務制度・残業免除の義務化

3歳までの子を養育する労働者が利用できる短時間勤務制度（1日原則6時間）を設けることが事業主の義務となりました。そして、3歳までの子を養育する労働者は、請求すれば所定外労働（残業）が免除されます。

○子の看護休暇制度

小学校就学前の子を養育する労働者が申し出ることによって、病気・けがをした子の看護のために1年に5日まで、2人以上であれば年10日まで休暇を取得（半日単位での取得も可能。また、令和3年1月1日より時間単位の取得もできるようになりました）できる「子の看護休暇制度」が設けられています。この申し出は口頭でも認められ、事業主は、この申し出を拒むことはできません。ただし、勤続6カ月未満の労働者および週の所定労働日数が2日以下の労働者については、労使協定により対象外とすることができます。

○介護休暇

労働者が申し出ることにより、要介護状態の対象家族が1人であれば年5日、2人以上であれば年10日、介護休暇を取得（半日単位の取得も可）できます。この介護休暇のほか、要介護状態にある対象家族1人につき、通算して93日まで介護休業を取得できます。制度の対象となる、要介護状態とは、2週間以上常時介護を必要とする状態であり、対象家族には、配偶者（婚姻の届け出をしていないが、事実上の婚姻関係と同様の者も含む）、父母、子、配偶者の父母、同居して扶養している祖父母、兄弟姉妹、孫が含まれます。介護休暇を取得できる労働者は、次のすべてに該当する労働者です。

※上記、子の看護・介護休暇ともに、有給か無給かは会社によります。

介護休暇を取得できる労働者とは

①要介護状態にある対象家族の介護その他の厚生労働省令で定める世話を行う労働者であること。②日々雇用される者（日雇労働者）でないこと。③労使協定により適用除外とされた労働者でないこと。

（注）「適用除外とされた労働者」とは、当該事業主に引き続き雇用された期間が6カ月に満たない労働者、1週間の所定労働日数が2日以下の労働者について、労使協定により介護休暇の対象外とすることができるとされています。

 part 2 ⑯

事業主にはマイナンバーの収集と報告義務

POINT
◆マイナンバーは国内在住の外国籍の人にも割り振られる
◆マイナンバーカードであれば他の身元確認書類は不要
◆マイナポータルで透明性が担保される

将来は預金情報もマイナンバーに紐付け？

　マイナンバーとは、社会保障・税番号のことであり、住民票のある外国籍の人を含む全国民に12桁の番号を割り当てて、氏名、生年月日、性別、税金、年金、災害対策などの個人情報を、一元的に管理する番号のことです。また、法人等に対しては、13桁の法人番号が振られます。法人番号の対象には、株式会社などの設立登記法人以外にも、国の機関や地方公共団体も含まれます。

　マイナンバー制度は、平成28年1月1日から社会保障・税・災害対策の手続等に使用されましたが、それに先立ち、平成27年10月1日から住民票の住所に、個人番号の通知カードが郵送されました。さらに、本人が希望すれば、顔写真の入ったマイナンバーカード（個人番号カード）が交付されます。このカードは、運転免許証と同様に公的身分証明書となりますが、従来の身分証明書にはないさまざまな利用方法ができるようになります。マイナンバーは、原則として、一度振られた番号は、変更されることはありません。

　日本では、現在、基礎年金番号、健康保険被保険者番号、パスポートの番号、納税者番号、運転免許証番号、住民票コード、雇用保険被保険者番号など各行政機関が個別に番号をつけているため、国民の個人情報管理に関して縦割り行政で個別に管理をしてきました。

　マイナンバー制度の導入によって、複数ある個人情報を一括管理することができ、関係官庁等からの照会・利用が可能となるため、手続が簡素化されます。将来的には預金情報もマイナンバーに紐付けが義務化されて、脱税やマネーロンダリングなどの不正防止にも利用されます。令和3年10月から、マイナンバーカードが健康保険証として利用できるようになりました。現在では、マイナンバーカードの保有者は、マイナポータルアプリから、スマートフォンにスマホ用電子証明書を搭載することができます。

マイナンバーカードにはICチップがある

マイナンバーカードには、大きく分けて3つの利用箇所があります。

(1)カード券面の利用（個人番号）

個人番号の提示が必要な場面で、通知カードであれば、運転免許証や旅券等、他の本人確認書類が必要となりますが、マイナンバーカードであれば、他の本人確認書類はなくとも番号確認と本人確認が可能となります。

(2)ICチップの空き領域の利用

マイナンバーカードのICチップには空き領域があり、市町村・都道府県等は、条例で定めるところ、また国の機関等は総務大臣の定めるところにより、それぞれの独自サービスが可能となります。たとえば、市区町村では、印鑑登録証、コンビニ交付、証明書自動交付機。都道府県では、都道府県立図書館の利用者カード。国の行政機関では、国家公務員の身分証明機能などの利用が考えられています。

(3)電子証明書の利用

マイナンバーカードには、ICチップに、「署名用電子証明書」と「利用者証明用電子証明書」という、公的個人認証サービスによる2つの電子証明書が標準的に搭載されています。

「署名用電子証明書」は、氏名、住所、生年月日、性別の4情報が記載され、e-Taxの確定申告など電子文書を送信する際に使用できます。

注：令和2年5月25日以降、通知カードは廃止され、「個人番号通知書」の送付に変更されています。

「利用者証明用電子証明書」は、マイナポータルやコンビニ交付の利用時等、本人であることを証明する際にその手段として使用することができます。

これら2つの電子証明書については、平成28年1月から総務大臣が認める民間事業者も使用可能となりました。

行政の持つ個人情報をパソコンから確認できる

平成29年1月からは、情報提供等記録開示システムとしてマイナポータルのサービスが開始されました。これまでも文書による情報開示請求は可能でしたが、マイナポータルによって、行政機関が自分の情報をいつ、どことやりとりしたのかを確認できるほか、行政機関が保有する自分に関する情報、行政機関から自分に対してのお知らせ情報等を、自宅のパソコン等から確認できます。例えば、各種社会保険料の支払金額や確定申告等の情報を入手できるようになることから、行政機関が実施するサービスの透明化が期待されます。

また、引越しなどの際に必要となる行政や電気・ガスなどの民間サービス手続のワンストップ化や、納税などの決済を、ネットバンキングを通じてキャッシュレスで電子的に行うサービスも行われます。

なお、マイナポータルの利用では、個人番号カードに格納された電子情報とパスワードを組み合わせて確認する公的個人認証システムを採用することで、なりすましの防止や情報セキュリティに配慮するとしています。

マイナポータルで可能なサービス

1 自らの特定個人情報の閲覧

2 特定個人情報の提供等記録の閲覧

3 予防接種、年金、介護などの連絡情報の表示

4 引っ越しなどの際の手続きのワンストップ化

5 電子私書箱

6 電子決済サービス

(注)ねんきんネットやe-Taxとの連携も行われています。

PART
3

退職前後の
健康保険

退職後の健康保険の選び方を考えよう

健康保険

退職後の健康保険はどう選ぶか

　会社に在籍していた時にはいつでも会社の健康保険証を利用していましたが、いったん退職してしまうと、健康保険の被保険者資格は、退職した日の翌日に喪失することになります。退職後に健康保険の手続きをしないでいると、一時的とはいえ治療費を全額自費で負担することになるかもしれません。

　退職後、すぐに再就職しない場合は、自分の状況に適した健康保険に加入するために、事前に健康保険の加入条件やしくみなどを理解しておいたほうがいいでしょう。加入方法はいくつかありますが、手続き期限が非常に短い制度もありますので、退職後はスムーズに手続きがとれるようにしてください。

再就職すれば健康保険に加入する

　適用事業所に再就職、もしくは転職する人は、本人の意思とは関係なく、すべて健康保険に加入することになっています。また、パートの人も勤務時間と勤務日数が一般従業員の4分の3以上（従業員501人以上の企業の場合は、1週間20時間以上勤務）あれば、被保険者となります。

　保険料は事業主と被保険者で折半負担（右表参照）。40歳以上の人は、健康保険料と併せて介護保険料も負担することになります（P128参照）。

　中小企業等で働く従業員や、その家族が加入する健康保険（旧・政府管掌健康保険）は、従来、国（旧・社会保険庁）が運営していましたが、平成20年10月1日からは、全国健康保険協会（協会けんぽ）によって運営されています。主に大企業等で働く従業員やその家族が加入している組合管掌健康保険（組合健保）のしくみは、従来と変わりません。

　ただし、医療機関で受診した場合の自己負担の割合や高額医療費の負担限度額、傷病手当金などの金額や要件など、健康保険の給付の内容は、従来の

政府管掌健康保険と変わりません。

健康保険の保険料率（令和 6 年 4 月現在）

被保険者の種別			健康保険料率
健康保険	協会けんぽ（東京都）	40歳未満・介護保険料なし	1,000分の99.8
		40歳以上・介護保険料あり	1,000分の115.8
	組合健保	40歳未満・介護保険料なし	1,000分の30〜1,000分の95の間で、各健康保険組合によって異なります。
		40歳以上・介護保険料あり	

※協会けんぽの健康保険料率は、各都道府県ごとに決定される。保険料率は、40歳未満は93.5（新潟県）〜104.2（佐賀県）、40歳以上は109.5（新潟県）〜120.2（佐賀県）であり、全国平均は100.0となっている。
健康保険料＝標準報酬月額×保険料率

退職後の健康保険

1 健康保険のある会社に再就職する⇨再就職先の健康保険に加入
〈保険料（事業主と従業員が折半）〉＝標準報酬月額×保険料率
〈自己負担割合〉本人、被扶養者⇨通院·入院3割

2 2カ月以上健康保険に加入していた⇨任意継続被保険者になる（P92）
〈保険料〉全額自己負担（上限あり）
〈自己負担割合〉本人、被扶養者⇨通院·入院3割

3 特例退職被保険者制度があった⇨特例退職被保険者になる（P98）
〈保険料〉組合ごとに異なる
〈自己負担割合〉本人、被扶養者⇨通院·入院3割

4 収入が一定額未満⇨家族の健康保険の被扶養者となる（P100）
〈保険料（事業主と従業員が折半）〉＝標準報酬月額×保険料率
〈自己負担割合〉被扶養者⇨通院·入院3割

5 1〜4のいずれにも加入できない⇨国民健康保険に加入（P96）
〈保険料〉市区町村ごとに異なる
〈自己負担割合〉世帯員（本人も）⇨通院·入院3割

健康保険

健康保険の任意継続被保険者制度を利用する

POINT

◆任意継続被保険者の保険料は全額自己負担となる

◆離職日の翌日から20日を過ぎると任意継続の手続きはできない

◆在職中の給料が高い人は、通常、任意継続の方が得である

任意継続被保険者とは？

　退職すると他の健康保険に変わるのが原則ですが、加入期間が退職日まで2カ月以上あった人は継続して2年間、任意継続被保険者として、退職後も同一の健康保険を使うことができます（保険証は変わります）。

　在職中は会社が保険料を半分負担していますが、任意継続被保険者になると、保険料は全額自己負担となります。しかし、保険料に上限があることによって、全額自己負担となっても、在職中に差し引かれていた金額と変わらない人や、国民健康保険に加入した場合の保険料より安くなる人もいるなど、在職中の給料などによっても異なります。国民健康保険の保険料は前年の所得などに応じて世帯主に対して課税されます。

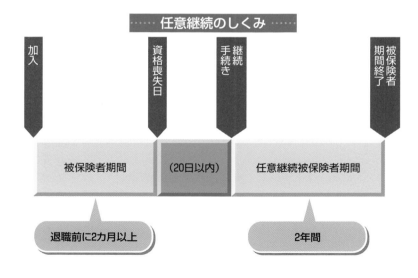

任意継続のしくみ

加入		資格喪失日	継続手続き		被保険者期間終了
	被保険者期間		（20日以内）	任意継続被保険者期間	
	退職前に2カ月以上			2年間	

手続きは離職日の翌日から20日以内

　全国健康保険協会が運営する健康保険（協会けんぽ）の任意継続被保険者制度に加入する手続きは、住所地の全国健康保険協会の都道府県支部（年金事務所に窓口が設けられている場合もある）に、組合管掌健康保険の場合は健康保険組合に、資格喪失日（離職日の翌日）から20日以内に必要に応じた証明書等の書類を提出します。被扶養者がいる人は、「被扶養者届」と証明書を併せて提出することになります。

　書類の提出が20日を超えると手続きができなくなりますので、注意してください。

······ 任意継続被保険者の手続き ······

健康保険加入期間 （継続して2カ月以上）	離職日 翌日	20日以内に手続き （原則2年間加入できる）

・「健康保険任意継続被保険者資格取得申出書」等の必要書類を、自分の住所地を管轄する協会けんぽの都道府県支部または健康保険組合へ提出する。
・保険料は毎月の口座振替えか納付書により、振込み期日までに納付する（期日までに納付しないと資格が喪失する）。

要　　件		資格喪失日の前日までに、継続して2カ月以上の被保険者期間があること
手続き	誰　が	被保険者であった本人が
	い　つ	資格喪失日（離職日の翌日）から20日以内に
	どこに	協会けんぽまたは健康保険組合（国民健康保険組合は除く）へ
	何　を	「健康保険任意継続被保険者資格取得申出書」を提出する。被扶養者がいる場合は、「被扶養者届」、「住民票」、「課税証明書」等が必要となる。
保　険　料		資格喪失前に加入していた健康保険に個人で引き続き加入でき、保険料は全額自己負担となる
加　入　期　間		2年間
自己負担割合		本人3割 家族3割

保険料は一般的に在職中のほぼ2倍

　退職すると、在職中に会社が半分負担していた保険料は全額自己負担となりますので、会社を辞めた後の保険料は今までの金額のほぼ2倍となります。しかし、保険料には上限額が定められていますので、給料が多かった人はそれよりもかなり安くなる場合があります。

　在職中の健康保険を退職後も同じように使える任意継続被保険者となった場合の保険料は、次のようになります。

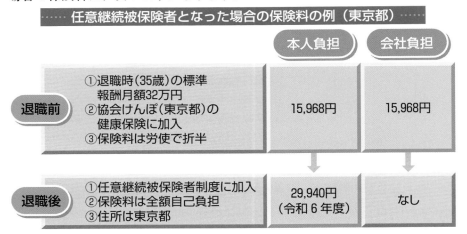

任意継続被保険者となった場合の保険料の例（東京都）

		本人負担	会社負担
退職前	①退職時(35歳)の標準報酬月額32万円 ②協会けんぽ（東京都）の健康保険に加入 ③保険料は労使で折半	15,968円	15,968円
退職後	①任意継続被保険者制度に加入 ②保険料は全額自己負担 ③住所は東京都	29,940円 （令和6年度）	なし

　任意継続被保険者の保険料は退職時の自己負担分の倍額が原則ですが、全国健康保険協会（協会けんぽ）では、退職時の標準報酬月額が30万円を超える人は、30万円（令和6年度）を上限額として計算された額になります。40歳以上の人は、このほかに介護保険料（上限4,800円）も必要になります。

保険料は毎月10日までに納付しないと資格を喪失する

　任意継続被保険者の保険料は、当月分を当月10日までに納めることになっています。もし当月10日までに保険料を納めなかったときは、原則、その翌日の11日に自動的に任意継続被保険者としての資格が喪失してしまいます。

1月10日 (1月分の納期限)	2月10日 (2月分の納期限)	3月10日 (3月分の納期限)
1月	2月	3月

（注）納期限までに保険料を納付しなかったときは翌日の11日に資格を喪失する。

このように、再就職によって健康保険組合に加入するか、任意継続被保険者の保険料を納付しなかった場合には任意継続被保険者の資格を喪失することになりますが、自ら選択して資格を喪失することもできます。

任意継続被保険者の保険料の前納制度とは？

任意継続被保険者の保険料は毎月10日までに納めるのが通常ですが、申し出をすれば、原則として6カ月間、または1年間を単位として前納することができます。この6カ月間の単位としては4月～9月、10月～翌3月までの各期間となりますが、1年間の単位は4月～翌3月までの期間です。

前納期間の途中で任意継続被保険者になった人は、その翌月分から各期間の最後までの期間を単位として前納できます。さらに、保険料の前納には、割引が適用されます。前納期間は半年または1年間となり、途中で再就職をして他の健康保険に加入した場合には、納めすぎた保険料は返還されます。

任意継続か国民健康保険か比較しよう

国民健康保険の保険料は、前年の所得などから算出されます。一方で、任意継続被保険者制度の保険料は、会社退職時の標準報酬月額（月給を基に決められた保険料算出の基準となる額）と、上限の標準報酬月額のいずれか低い方の額に保険料率をかけた金額となります（都道府県ごとに異なる）。

このような方法で算出された保険料は、国民健康保険に比べて安くなる場合もありますから、会社退職前に前年の所得から算出される国民健康保険料と標準報酬月額を確認して、比較しておくとよいでしょう。

非自発的失業者に係る国民健康保険の保険料軽減措置

平成22年4月より、非自発的な失業のため職場の健康保険を脱退し、国民健康保険に加入した人に対する保険料の軽減措置が始まりました。軽減措置の対象となるのは、平成21年3月31日以降に非自発的理由により失業した65歳未満の雇用保険の特定受給資格者、または特定理由離職者となります。

軽減措置の内容は、保険料の所得割を算定する際に、失業した日の翌日からその翌年度末までの間は、給与所得を30／100として算定されます。また、高額療養費などの所得区分判定についても、給与所得を30／100として算定します。申請には、雇用保険の受給資格者証が必要です。

軽減措置については、市区町村の国民健康保険の窓口で確認してください。

国民健康保険に加入する

POINT

◆日本に在住する人はすべて何らかの公的医療保険に加入する

◆国民健康保険の保険料は市区町村で異なる

◆国保も任意継続も自己負担は3割

国民健康保険への加入手続き

　会社を退職した後に健康保険の任意継続被保険者にならない人や、すぐに就職しない人は、国民健康保険に加入することになります。

　国民健康保険への加入手続きは、住所地の市区町村役場で離職した翌日から14日以内に行います。その際に会社の健康保険の資格を喪失したことを証明する書類として被保険者資格喪失証明書などを添付する必要があります。また、家族のいる人は併せて国民健康保険の加入手続きをしてください。

　国民健康保険に加入後再就職をした場合には、まず、会社の健康保険に加入した後、市区町村役場に自らその旨を届け出ることになります。

国民健康保険（一般被保険者）の加入手続き	誰　　が	被保険者の属する世帯の世帯主（または家族）が
	い　つ	健康保険被保険者資格喪失日（通常の離職日の翌日）から14日以内に
	ど こ に	保険者（市区町村役場）へ
	何　　を	「国民健康保険被保険者資格取得届」を提出
	添付書類	健康保険被保険者資格喪失証明書

······ **国民は皆何らかの保険に加入しなければならない** ······

健康保険被保険者（協会けんぽ・組合管掌・共済組合）

健康保険被扶養者

任意継続被保険者・特例退職被保険者

船員保険被保険者

国民健康保険被保険者　等

保険料の額は市区町村によって異なる

　国民健康保険は各市区町村によって運営され、その財政状況に応じた保険料の計算方法がとられているため、保険料は、その人の収入などが同じでも住んでいる市区町村によって異なります。

　保険料の賦課方式は所得割、資産割、被保険者均等割、世帯別平等割の4つの方式で行っている市区町村がほとんどですが、大都市部では資産割を課さない3方式をとっているところや、東京都のように世帯別平等割も課さず、所得割と被保険者均等割の2方式をとっているところもあります。

　また、国民健康保険の保険料（保険税）の最高限度額が市区町村によって定められています。

国民健康保険と任意継続被保険者制度の違い

	任意継続被保険者制度	国民健康保険
加入要件	離職日までに健康保険の加入期間が継続2カ月以上あった人	会社に勤務しない人、または任意継続被保険者・特例退職被保険者にならない人
加入手続き	離職日の翌日から20日以内に年金事務所または健康保険組合に申請書を提出	住民となった日または離職日の翌日から14日以内に、市区町村役場に資格取得届を提出
自己負担	本人・家族とも3割 ※薬剤負担有り	本人・家族とも3割 ※薬剤負担有り
保険料 （介護保険料を除く）	退職時の標準報酬月額に定められた率を乗じて得た額（一般的に、在職中に負担していた額の2倍相当額） ただし上限は協会けんぽ（東京都）の場合は月額29,940円（介護保険を除く、令和6年4月現在の東京都の例）、健康保険組合の場合は各健康保険組合で定められた額	市区町村の実状に応じて保険料の賦課方式を所得割、資産割、被保険者均等割、世帯別平等割の4方式で行う市区町村がほとんど。大都市部では、そのうち資産割のない3方式か、世帯別平等割もない2方式で計算した額
保険給付	高額療養費 出産育児一時金等	高額療養費 出産育児一時金等
加入期間	2年間または、再就職して会社の健康保険に加入するまでの間、その他	その市区町村に住んでいる間、または再就職して会社の健康保険に加入するまでの間

健康保険

特例退職被保険者制度を利用する

POINT

◆特例退職被保険者は現役被保険者と同様の保険給付となる

◆保険料は健康保険組合によって違う

◆後期高齢者医療制度が適用される75歳までが加入期間

健康保険組合が独自に行う特例退職被保険者制度

特例退職被保険者制度は、市区町村に代わり厚生労働大臣の認可を受けた特定健康保険組合（全国で約60組合）が運営する退職者医療制度です。この制度を利用して特例退職被保険者（特定健保の被保険者）になると、国民健康保険の被保険者ではなく、現役被保険者と同様の保険給付及び保健事業を引き続き受けることができます。

加入の要件は、①当該健保組合における被保険者期間が退職日まで20年以上、または40歳以降10年以上あること、②老齢厚生年金の受給権者であることです。健保組合によっては、このほか「国内に居住（住民登録）をしている」という要件が加わる場合もあります。

加入期間は、一般的に、年金の受給権を得た時から後期高齢者医療制度が適用される75歳になるまでとなります。この特例退職被保険者になるには、退職時に加入していた健康保険組合（上記の特定健康保険組合に限る）に「特例退職被保険者資格取得申請書」を提出することになります。

特定健康保険組合の特徴

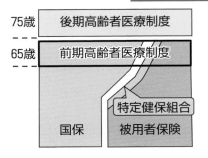

75歳	後期高齢者医療制度
65歳	前期高齢者医療制度
	特定健保組合
	国保　　被用者保険

①特例退職被保険者（特定健保の被保険者）は、現役被保険者と同様の保険給付及び保健事業を引き続き受けることができる。

②特例退職被保険者の保険料は、全額自己負担。保険料算定の基礎となる標準報酬月額は、当該組合の標準報酬月額の平均と標準賞与額の平均の12分の1を合算した額の2分の1の範囲内で組合が規約で定める。

特例退職被保険者制度のメリット

特例退職被保険者制度は、特定健康保険組合が独自に運営していますので、医療機関の窓口で支払う自己負担額（3割）が一定額を超えると後で戻ってくる一部負担還元金などの付加給付があります。また、保険料は組合が独自に設定していますが、退職直後の国民健康保険料に比べて一般的に安くなるといえます。

しかし、退職後2〜3年後には本人の収入も減り、国民健康保険料の方が安くなることもありますので、他制度への移行も選択肢の一つとなります。なお、2021年1月の法改正により、任意での資格喪失も可能となりました。

保険料は各特定健康保険組合で決定される

市区町村の退職被保険者であれば国民健康保険に加入しているので、保険料はその人の前年の所得や均等割等で決められます。しかし、特例退職被保険者の場合は健康保険組合が独自に保険料を決定し、家族の分は特に支払う必要がないので一般的には有利です。

ただし、退職後数年経つと、必ずしも国民健康保険料より安くなるという保障はありません。

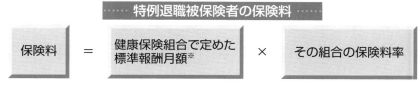

※各健康保険組合が定めた額であり、本人の年収とは無関係。

健康保険の扶養家族に入れてもらう

POINT
◆家族の被扶養者として健康保険に加入する方法もある
◆3親等以内の親族が扶養家族として認められる
◆年収要件は60歳未満130万円、60歳以上180万円未満となる

扶養家族認定には一定基準がある

　退職後の健康保険の選び方の一つに、家族の被扶養者に入る方法もあります。退職後、働くことができず、年金などの収入も少なく、自分の収入では生計がまかなえなくて、家族の収入で生活を維持せざるを得ない人は、扶養される立場にあるので、一定条件に該当すれば健康保険の被扶養者となります。

　家族の加入している健康保険によって、扶養されている事実の認定（被扶養者認定）の書類が異なることもありますので、詳しくは年金事務所、または健康保険組合で確認して必要書類を揃えるようにしましょう。

　家族の健康保険等の被扶養者になれるのは、当人の3親等以内の親族で、主としてその人によって生計を維持されている人のうち、収入が一定額未満の人です。75歳以上は後期高齢者医療制度に加入することとなり、後期高齢者医療制度の被保険者は健康保険の被保険者および被扶養者とはなりません。

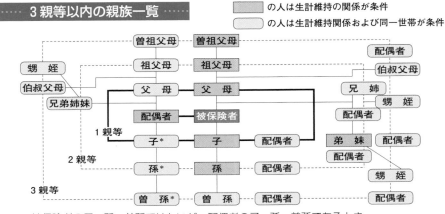

3親等以内の親族一覧

　　の人は生計維持の関係が条件
　　の人は生計維持関係および同一世帯が条件

＊被保険者の子・孫・曽孫ではないが、配偶者の子・孫・曽孫であるとき

収 入 の 額

同居の場合	認定される人の年収が130万円未満 （60歳以上または一定の障害者の場合は180万円未満）で、 その家族の年収の2分の1未満であること
別居の場合	認定される人の年収が130万円未満 （60歳以上または一定の障害者の場合は180万円未満）で、 その家族からの援助（仕送り額）より低いこと

※夫婦共働きの場合は、年収の高い方の被扶養者となる。

健康保険の被扶養者となる手続き

　被保険者の事業所を管轄する年金事務所、または健康保険組合等に会社を通じて「被扶養者届」を提出します。

······ 用意する書類 ······

(1)被扶養者届
(2)扶養される人の収入を確認できる証明書（課税証明書など）
(3)住民票などの証明書（同一世帯

に住んでいるという条件が必要な場合は、確認できるもの）
(4)マイナンバー（本人、被扶養者）
(5)仕送り証明書　(6)その他

※これらの書類は、被保険者との関係によって異なりますので、届出の際にはきちんと管轄の年金事務所、もしくは健康保険組合に確認することが必要となります。

健康保険

窓口負担が大きいときは高額療養費として一部戻ってくる

POINT

◆ 自己負担の限度額は所得によって3つの区分がある
◆ 高額医療費で困った時には、無利子の貸付制度もある
◆ 同一世帯で同じ月にかかった医療費は合算される

高額療養費制度は医療費がかさんだときの助っ人

手術や長期の入院などの場合には高額の窓口負担が考えられます。

同一の医療機関での窓口負担額が1カ月間に一定額を超えてしまった人に、その超過額が後から返還されるというのが高額療養費制度です。

被保険者や被扶養者が長期入院したり病気にかかったりして、高額の自己負担を余儀なくされた場合、負担を軽減するために一定の要件のもとで被保険者に高額療養費が支給されます。

また、高額療養費は請求後数カ月経過してから戻ってきますが、患者は一時的に高額の窓口負担を余儀なくされます。そこで、事前に限度額適用認定証の交付を受け、医療機関に提出するか、高額医療費貸付という制度を利用する方法があります。高額療養費制度は、どの健康保険の制度にもありますが、いずれも「高額療養費支給申請書」を保険者(協会けんぽ、健康保険組合、市区町村)へ提出します。(P105参照)

(注) 令和5年12月までは、高額療養費の支給を受けるには該当月ごとに申請が必要でしたが、令和6年1月申請分(令和5年10月診療分)からは「国民健康保険高額療養費支給申請手続簡素化申出書兼同意書」を提出することで、翌月以降の申請が不要となりました。申請後には、該当月ごとの申請は不要となり、登録した口座に自動的に振り込まれます。

高額療養費制度

1カ月に自己負担限度額を超える額を医療機関に支払ったときは、自己負担限度額を超える部分が高額療養費となり後日戻ってきます。

1カ月にかかった自己負担の医療費	
医療費の自己負担限度額	高額療養費給付分

自己負担限度額は69歳以下は5段階

　高額療養費の支給基準となる自己負担限度額は、年齢および所得により異なり、年齢では、「69歳以下」と「70歳以上」に、また、所得区分については、「69歳以下」は5段階となります。「70歳以上」の場合は、6段階に分かれます。

······ 69歳以下の自己負担限度額 ······

	適用区分（標報＝標準報酬月額）	1カ月の上限額（世帯ごと）
ア	年収約1,160万円～（標報83万円以上）	252,600円＋（医療費－842,000）×1%
イ	年収約770～約1,160万円 （標報53～79万円）	167,400円＋（医療費－558,000）×1%
ウ	年収約370～約770万円 （標報28～50万円）	80,100円＋（医療費－267,000）×1%
エ	年収　～約370万円（標報26万円以下）	57,600円
オ	住民税非課税者	35,400円

（注）１つの医療機関等での自己負担（院外処方代を含む）では上限額を超えないときでも、同じ月の別の医療機関等での自己負担（69歳以下の場合は21,000円以上であること）を合算することができる。この合算額が上限額を超えれば、高額療養費の支給対象となる。

······ 70歳以上の自己負担限度額 ······

適用区分（標報＝標準報酬月額）		1カ月の上限額（世帯ごと）	
		外来（個人ごと）	
現役並み 所得者	年収約1,160万円～ （標報83万円以上）	252,600円＋（医療費－842,000）×1%	
	年収約770～約1,160万円 （標報53万円以上）	167,400円＋（医療費－558,000）×1%	
	年収約370～約770万円 （標報28万円以上）	80,100円＋（医療費－267,000）×1%	
一般 所得者	年収156～約370万円 （標報26万円以下）	18,000円 （年間上限144,000円）	57,600円
住民税 非課税等	Ⅱ　住民税非課税世帯	8,000円	24,600円
	Ⅰ　住民税非課税世帯 （年金収入80万円以下など）		15,000円

（注）１つの医療機関等での自己負担（院外処方代を含む）では上限額を超えないときでも、同じ月の別の医療機関等での自己負担を合算することができる。この合算額が上限額を超えれば、高額療養費の支給対象となる。

世帯合算の高額療養費について

　一人では上限額を超えない場合であっても、複数回の受診や同一世帯の方の受診について、それぞれの自己負担額を１カ月単位で合算して、その合算額が一定額を超えた場合には、超えた分が高額療養費として支給されます。ただし、69歳以下の方の受診については、１回あたりの支払額が21,000円以上の自己負担のみ合算されます。

◎合算させた場合の例

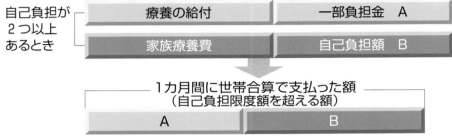

※A・Bの合算額が自己負担限度額を超えたときは高額療養費の対象となります。

多数回該当の高額療養費について

　一般の被保険者は１年間に高額療養費の支給が４回以上になったとき、４回目から自己負担額44,400円（住民税非課税者は24,600円、上位所得者は93,000円、または140,100円）を超えた額が、支給されます（下図参照）。

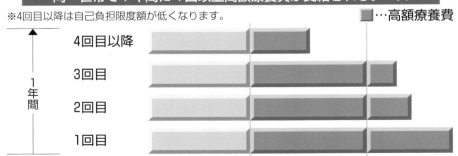

同一世帯で１年間に４回以上高額療養費が支給されるケース

※4回目以降は自己負担限度額が低くなります。　■…高額療養費

44,400円（一般）自己負担限度額
24,600円（住民税非課税者）
93,000円（標準報酬月額53〜79万円）
140,100円（標準報酬月額83万円以上）

窓口負担が高額になるとき

　高額療養費制度は、医療費の窓口負担額を被保険者が医療機関の窓口で一旦全額を支払い、その後、申請により自己負担限度額を超えた分が払い戻されるものです。後で払い戻されるとはいえ、高額の支払いは経済的にも大きな負担になります。そこで、この医療機関での窓口負担を軽減するために、事前に協会けんぽの認定を受けることによって、同一の月にそれぞれ一つの医療機関での受診等を受けた場合、所得区分に応じて、窓口での一部負担金等の支払いを高額療養費の自己負担限度額までとすることができます。

　この認定を受けるには、所得区分が上位所得者または一般に該当する場合は「健康保険限度額適用認定申請書」を、所得区分が低所得者は「健康保険限度額適用・標準負担額減額認定申請書」を管轄の協会けんぽに提出します。

　70歳未満の場合は、医療機関等を受診する際に、「限度額適用認定証」を保険証と併せて窓口に提示することで、月ごと（1日から月末まで）の窓口の支払いが自己負担限度額までで済み、原則として、高額療養費の申請が不要となります。70歳以上の場合は、「高齢受給者証」を保険証と併せて提示することにより、窓口では自己負担限度額までの支払いとなります。なお、現在は、マイナンバーカードによる健康保険証の提示により、この手続きも行わなくてもよくなっています。

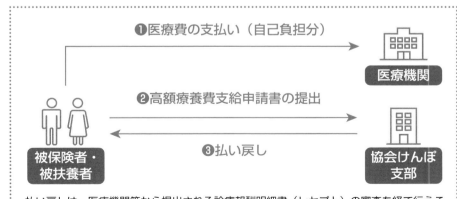

高額療養費の元々の支払い方

❶医療費の支払い（自己負担分）

医療機関

❷高額療養費支給申請書の提出

❸払い戻し

被保険者・被扶養者

協会けんぽ支部

払い戻しは、医療機関等から提出される診療報酬明細書（レセプト）の審査を経て行うことから、診療月から3カ月以上かかる場合もあります。払い戻しまで時間を要するため、医療費の支払いに充てる資金として、高額療養費支給見込額の8割相当額を無利子で貸付する「高額医療費貸付制度」があります（P107参照）。

健康保険 限度額適用認定 申請書 ㊒

入院等で医療費が自己負担限度額を超えそうな場合にご使用ください。なお、記入方法および添付書類等については「記入の手引き」をご確認ください。

被保険者情報

	記号（左づめ）	番号（左づめ）	生年月日
被保険者証			1.昭和 2.平成 3.令和 ☐ 年 ☐ 月 ☐ 日

氏名（カタカナ）	
	姓と名の間は1マス空けてご記入ください。濁点（ ゛）、半濁点（ ゜）は1字としてご記入ください。

氏名	

郵便番号（ハイフン除く）		電話番号（左づめハイフン除く）	

住所	都道府県

認定対象者欄

氏名（カタカナ）	
	姓と名の間は1マス空けてご記入ください。濁点（ ゛）、半濁点（ ゜）は1字としてご記入ください。

生年月日	1.昭和 2.平成 3.令和 ☐ 年 ☐ 月 ☐ 日

送付希望先欄

上記被保険者情報に記入した住所と別の住所に送付を希望する場合にご記入ください。

郵便番号（ハイフン除く）		電話番号（左づめハイフン除く）	

住所	都道府県

宛名	

申請代行者欄

被保険者以外の方が申請する場合にご記入ください。

氏名		被保険者との関係	

電話番号（左づめハイフン除く）		申請代行の理由	1. 被保険者本人が入院中で外出できないため 2. その他（ ）

備考	

被保険者証の記号番号が不明の場合は、被保険者のマイナンバーをご記入ください。
（記入した場合は、本人確認書類等の添付が必要となります。） ▶

社会保険労務士の提出代行者名記入欄	

―――― 以下は、協会使用欄のため、記入しないでください。 ――――

受付日付印

MN確認（被保険者）	☐ 1. 記入有（添付有） 2. 記入有（添付なし） 3. 記入無（添付あり）	同時申請	☐ 1. 資格取得	☐ 1. 被扶養者異動届	☐ 1. 被保険者変更訂正
2 3 0 1 1 1 0 1		その他	☐ 1. その他 2. 処理票	（理由）	枚数 ☐

全国健康保険協会
協会けんぽ

(2022.12)

(1/1)

医療費の貸付制度は各健康保険にある

　医療費が思いがけず高額になり支払いに困ったときには、高額医療費貸付制度を利用する方法もあります。高額医療費は請求から支払いまでにある程度の期間がかかります。そこで、高額医療費の支給を受けることが見込まれる人に対して、高額療養費の支給を受けるまでの間、被保険者および被扶養者の生活費や医療費の窓口負担に充てるために、資金の貸付を行う制度です。

　全国健康保険協会（協会けんぽ）では高額な医療費の支払いに充てるための費用が必要である場合や出産に要する費用が必要である場合に、高額療養費または出産育児一時金が支給されるまでの間、無利子の貸付制度があります。この貸付制度は、協会けんぽ以外にも各健康保険をはじめ市町村にも同様の制度がありますので、加入する健康保険組合や自治体に問い合わせてください。

······ 高額医療費貸付制度 ······

手続き	高額医療費貸付金貸付申込書に必要事項を記入する ↓ 必要書類とともに健康保険へ提出する
添付書類	①医療機関等からの請求書または領収書（いずれも内訳のあるもの） ②被保険者が市町村民税非課税世帯、または生活保護法の要保護者であるときはそれを証明する書類 ③被保険者証
貸付限度額	高額療養費支給見込み額の８割相当額
貸付利息	無利子

（注）添付書類など制度の詳細は各健康保険により異なる場合があります。

······ 健康保険の種類別申請窓口 ······

健康保険の種類	申請窓口
国民健康保険	市町村の国民健康保険係
協会けんぽ・船員保険	協会けんぽの支部窓口
組合健康保険	各健康保険組合
共済組合健康保険	各共済組合

健康保険

70歳以上の医療費・高額療養費

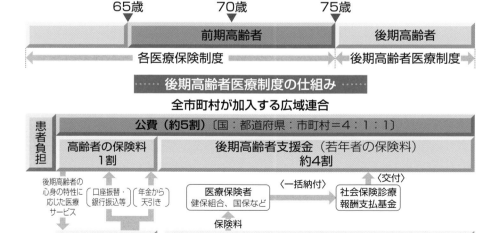

POINT

◆高齢者は前期高齢者と後期高齢者に分かれる
◆75歳以上の人は自動的に「後期高齢者医療制度」に加入する
◆75歳以上の被扶養者も保険料を年金から徴収される

70歳以上の人の窓口負担は原則2割である

　70歳以上の人の窓口負担は原則2割（ただし収入の多い人は3割）負担ですが、高額療養費は現役並み所得者、一般所得者、低所得者Ⅱ、低所得者Ⅰの4段階に分けて自己負担限度額が設けられています。

　国の医療制度改革により、平成20年4月1日から、75歳以上のすべての人（一定の障害者で65歳以上の人を含む）を対象とする独立した高齢者医療制度として、新たに「後期高齢者医療制度」が施行されました。

　後期高齢者医療制度は、都道府県単位で設立された「後期高齢者医療広域連合」が運営主体となる保険制度です。

前期高齢者と後期高齢者

65歳　　70歳　　75歳

	前期高齢者	後期高齢者
各医療保険制度		後期高齢者医療制度

後期高齢者医療制度の仕組み

全市町村が加入する広域連合

患者負担	公費（約5割）〔国：都道府県：市町村＝4：1：1〕	
	高齢者の保険料 1割	後期高齢者支援金（若年者の保険料） 約4割

後期高齢者の心身の特性に応じた医療サービス

口座振替・銀行振込等 / 年金から天引き

〈一括納付〉　〈交付〉

医療保険者 健保組合、国保など → 社会保険診療報酬支払基金

保険料

被保険者（75歳以上の者）	各医療保険（健保、国保等）の被保険者（0〜74歳）

後期高齢者医療制度の保険料は所得に応じて負担する

　後期高齢者医療制度では、高齢者の負担を公平にするという考え方の下、後期高齢者全員が、それぞれの負担能力に応じて、保険料を負担することとされています。保険料は、都道府県内で同じ所得であれば、原則として同じ保険料となります。75歳前に国民健康保険に加入している場合や、サラリーマンで健康保険や共済組合の被保険者は、75歳まで加入していた制度での保険料が、後期高齢者医療制度の保険料に切り替わります。

　健康保険や共済組合の被保険者の被扶養者であった人は、新たに保険料を負担することになりますが、当面は所得割額は賦課されず、均等割額は、2年間一定割合が軽減されます。保険料は、各都道府県の広域連合において決定されますが、その額は、年金のほか、事業所得など他の所得があればそれも合算した所得額をもとに、全体的な負担能力に応じて決定されます。

後期高齢者医療保険料の仕組み

| 1人当たり保険料額 | = | 被保険者均等割額（※） | + | 1人当たり所得割額 |

被保険者本人の基礎控除後の総所得金額等（旧ただし書所得）×所得割率（※）

※被保険者均等割額および所得割率（保険料率）は、都道府県毎に異なり、2年ごとに各広域連合で、都道府県内では同じ率で設定されます。

保険料の算定方法（東京都の例）

　保険料の額は、被保険者一人ひとりに均等に賦課される「均等割額」と、所得に応じて決められる「所得割額」の合計額となります。令和6・7年度の保険料（注1）は、均等割額47,300円、所得割率9.67％（※）ですが、保険料の賦課限度額は被保険者一人につき80万円（注2）となります。

　なお、保険料率は2年ごとに見直しが行われています。

保険料

所得割額
賦課のもととなる所得金額×9.67％（※）
＋
均等割額
被保険者1人あたり47,300円

（注1）所得割率9.67％は、旧ただし書所得58万円超の場合、所得割率8.78％は旧ただし書所得58万円以下の場合。令和7年度の保険料率は所得割率9.67％に統一される。旧ただし書所得とは、所得額から基礎控除額を引いた額のことである。
（注2）昭和24年3月31日以前に生まれた方等は、令和6年度に限り激変緩和措置により、賦課限度額が73万円となる。

妻の年金額が135万円以下の夫婦2人世帯の場合、夫の年金額により保険料のうちの被保険者均等割部分は軽減（被保険者均等割軽減制度）されます。また、医療機関での窓口負担は、原則1割（現役並み所得者は3割）となります。

　75歳からは現在加入している国民健康保険または被用者保険（被扶養者を含む）から脱退し、すべて後期高齢者医療制度に加入（被保険者になる）することになります。したがって保険料も別建てで徴収（年金からの天引きが原則）されることになります。

被用者保険の被扶養者であった人も保険料を負担する

　後期高齢者医療制度の保険料は原則として年金から天引きで徴収されますが、保険料の額は「被保険者の所得に応じて負担する所得割」の部分と「被保険者が等しく負担する均等割」の合計額となります。

　ただし、所得割の額には上限が定められるとともに、所得の低い世帯には均等割の額が所得に応じて7割、5割、2割のいずれかの割合で軽減されます。

　後期高齢者医療制度では、これまで被扶養者として保険料を支払う必要のなかった人も、保険料を支払うことになりますが、これまで保険料を負担していなかったという観点から、一定期間は保険料のうちの所得割額がかからず、均等割額が軽減されます。

⋯⋯ 均等割額の軽減基準 ⋯⋯

　同じ世帯の後期高齢者医療制度の被保険者全員と世帯主の「総所得金額等を合計した額」をもとに、均等割額を7割・5割・2割軽減しています。

均等割額軽減の基準 総所得金額等の合計が下記に該当する世帯	軽減割合
43万円＋（公的年金または給与所得者の合計数※－1）×10万円　以下	7割
43万円＋（公的年金または給与所得者の合計数※－1）×10万円＋29.5万円 ×（被保険者の数）　以下	5割
43万円＋（公的年金または給与所得者の合計数※－1）×10万円＋54.5万円 ×（被保険者の数）　以下	2割

※公的年金または給与所得者の合計数とは、同じ世帯にいる公的年金等収入が65歳未満の方は60万円、65歳以上の方は125万円または給与収入が55万円を超える被保険者及び世帯主の合計人数です。合計人数が2人以上いる場合に適用します。

後期高齢者医療制度は広域連合が実施する

75歳以上の人が医療機関で治療を受けるには「後期高齢者医療被保険者証」を窓口に提示します。制度の実施主体は各都道府県の後期高齢者医療広域連合であり、後期高齢者医療の財源は、後期高齢者（被保険者）の保険料や自己負担のほか、国民健康保険や被用者保険などに加入する現役世代からの支援金と、国や都道府県、区市町村が負担する公費によってまかなわれます。

70歳以上75歳未満の人が医療機関で支払う窓口負担は、2割（平成26年4月1日までに70歳の誕生日を迎えた人は1割）、また、現役並みの所得者は3割、後期高齢者医療制度対象者（原則75歳以上）の窓口負担は原則1割（現役並みの所得者は3割、一定以上所得者は2割）となります。

令和4年10月1日から、75歳以上の方が医療機関等の窓口で支払う医療費の自己負担割合は、「1割」「2割」「3割」の3区分となりました。

また、外来・入院それぞれに自己負担限度額が設けられており、外来で自己負担限度額を超えた場合は、払い戻しの対象となります。入院で自己負担限度額を超えた場合には、超過分を窓口で支払う必要はありません。

75歳以上高齢者の自己負担限度額

75歳以上高齢者の自己負担限度額は次の通りとなります。自己負担の合計額とは、医療保険の高額療養費および介護保険の高額介護サービス費の適用を受けたうえでの自己負担の合計額です。

適用区分		1カ月の上限額（世帯ごと）	
		外来（個人ごと）	
現役並み所得者	Ⅲ 課税所得690万円以上	252,600円＋（医療費−842,000）×1％	
	Ⅱ 課税所得380万円以上	167,400円＋（医療費−558,000）×1％	
	Ⅰ 課税所得145万円以上	80,100円＋（医療費−267,000）×1％	
一定以上所得者	課税所得28万円以上	18,000円 （年間上限144,000円）	57,600円
一般所得者	課税所得28万円未満		
住民税非課税等	Ⅱ 住民税非課税世帯	8,000円	24,600円
	Ⅰ 住民税非課税世帯 （年金収入80万円以下など）		15,000円

（注）1つの医療機関等での自己負担（院外処方代を含む）では上限額を超えないときでも、同じ月の別の医療機関等での自己負担を合算することができる。この合算額が上限額を超えれば、高額療養費の支給対象となる。

高額医療・高額介護合算制度

　医療保険と介護保険には、それぞれ自己負担限度額が設定されています
が、高額医療・高額介護合算制度は、医療保険加入世帯に介護保険の受給者
がいる世帯で、後期高齢者医療費と介護保険サービスの自己負担額を合算し
た額が、1年（毎年8月1日〜翌年7月31日）ごとの自己負担限度額を超え
た場合に、被保険者からの申請に基づき、自己負担限度額を超える額を支給
（高額介護合算療養費）するものです。

　世帯内で医療および介護の自己負担額の合計額が高額となった場合には、
一定額を超えた分が支給される「高額医療・高額介護合算制度」があります。

　医療保険と介護保険の年間（前年8月1日から7月31日まで）の自己負担
合計額が下表の限度額を超えたときは、その超えた分が後から支給されます。

⋯⋯ 高額合算制度における世帯の負担限度額 ⋯⋯

適用区分		負担限度額(注2)	
		70歳以上	70歳未満
現役並み所得者	標準報酬月額83万円以上 課税所得690万円以上	212万円	212万円
	標準報酬月額53〜79万円 課税所得380万円以上	141万円	141万円
	標準報酬月額28〜50万円 課税所得145万円以上	67万円	67万円
一般所得者	健保　標準報酬月額26万円以下 国保・後期　課税所得145万円未満(注1)	56万円	60万円
住民税非課税等	市町村民税世帯非課税	31万円	34万円
	市町村民税世帯非課税 （所得が一定以下）	19万円(注3)	

（注1）収入の合計額が520万円未満（1人世帯の場合は383万円未満）の場合及び「旧ただし書
　　　所得」の合計額が210万円以下の場合も含む。
（注2）対象世帯に70〜74歳と70歳未満が混在する場合、まず70〜74歳の自己負担合算額に限度
　　　額を適用した後、残る負担額と70歳未満の自己負担合算額を合わせた額に限度額を適用する。
（注3）介護サービス利用者が世帯内に複数いる場合は31万円。

PART

4

年金のしくみ

退職後すぐに国民年金に加入しよう

POINT

◆国民年金への「種別変更届」は離職日の翌日から14日以内
◆第3号被保険者の届け出は会社が行うようになった
◆保険料の納付が困難な人には免除制度がある

退職したら国民年金への加入も忘れずに！

国民年金は、日本に在住する20歳以上60歳未満の人たち（国会議員を含む）の全員加入が基本です。個人に選択権はなく強制加入ですから、日本に在住していれば（国籍を問わず）法律上自動的に加入することになるので、保険料を納付する義務が発生します。

会社に勤務している（20歳以上の）人は被用者保険である国民年金の第2号被保険者ですが、60歳になるまでに退職すると、国民年金の第1号被保険者となるので、退職時は第1号被保険者への種別変更が必要となります。厚生年金保険については、就職時の加入手続きや退職時の被保険者資格喪失の手続きは会社が行ってくれますが、国民年金への加入手続きは、被保険者であった本人が行うことになります。

この届け出を怠ると年金額が減ったり、年金の受給権に重大な影響を与えることがありますので注意してください。

また、届出期限は退職日の翌日から14日以内ですが、保険料支払いの時効は2年間ですので、遅れても2年以内に必ず手続きおよび納付をしてください。時効が来ると、後で払いたくても払えなくなります。そして、その期間は保険料滞納期間となり、年金をもらう際に不利益を被ることになります。

国民年金への加入手続き	誰　　が	被保険者であった本人が
	い　　つ	離職日の翌日から14日以内に
	ど こ に	住所地の市区町村役場
	何　　を	国民年金被保険者資格取得届・種別変更届
	添付書類	年金手帳または基礎年金番号通知書
	保 険 料	16,980円（月額、令和6年度）

いざというとき頼れるのは公的年金

国民年金と厚生年金保険を中心とした公的年金の制度は、少子高齢社会が到来するということで、何回も改定を重ねてきたことにより、制度が複雑化してきています。これが、年金を理解するのが難しいといわれる理由です。

年金といえば老後の老齢給付だけを考えがちですが、年金制度には、万が一、障害の状態になったときの障害給付や、遺族になったときの遺族給付もあり、民間の保険にはない非営利であることなど大変役に立つ制度です。

公的年金制度は社会保障の一環として存在するものであり、強制加入を前提として成り立っています。もし加入するかしないかを自由にするのなら、民間の生命保険や損害保険でもよいはずです。しかし、新型コロナウイルスの感染拡大やロシアによるウクライナ侵攻による景気低迷は続いており、個人年金の大幅カットなど思いもよらない事態が起きています。やはり老後資金の基本は公的年金だと再認識した人も多いでしょう。

再就職日までに空白期間があれば絶対加入

退職しても、すぐに再就職するからと国民年金の第1号被保険者への切り替えをしないで保険料を未納のままにしておくと、後でさまざまな不都合が生じます。障害給付をもらうには、一定の保険料納付要件（P141）を満たしていることが必要ですが、令和8年3月31日までは直前1年間に滞納期間がないことという納付要件の特例（P141）もあります。滞納期間の多い人が直前の1年間に空白期間があると、この特例納付要件を満たさず、障害給付が支給されないことにもなりかねません。

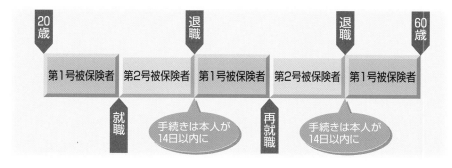

60歳未満で退職し、その後再就職した人の例

被扶養配偶者の種別変更はどうなるの？

　夫が会社で厚生年金保険や共済組合に加入していて、妻が専業主婦であれば、妻は夫の被扶養配偶者となります。このような場合、妻は夫の会社の健康保険証の被扶養者欄に妻として記載され、同時に国民年金の第3号被保険者となっています。そして、夫が会社に勤務している間は、保険料を払わなくても保険料納付済期間とされます。

　しかし、夫が退職した場合に妻が60歳未満であれば、夫同様に妻も国民年金の第1号被保険者となり、保険料を払わなくてはなりません。

　60歳以上で退職した人は、自分が国民年金に加入する必要がないので国民年金には関係ないと思っている人がいますが、退職時に妻が60歳未満の被扶養者であった場合には、妻が60歳になるまでは今までの第3号被保険者（保険料を納めなくても年金権が得られる人）から第1号被保険者（自営業者などと同じように保険料を支払っていく人）への種別変更が必要です。

　もし、この手続きを怠り放置しておくと、後になって妻の年金額が減ったり、年金の受給権を得られなくなったりしますので注意してください。

※上記の夫を妻に、妻を夫に入れ替えても同じです。

（例）妻が専業主婦の場合には

夫が会社で厚生年金保険に加入	妻は第3号被保険者
夫が自営業者（第1号被保険者）	妻は第1号被保険者
妻が就職する	妻は第2号被保険者
夫が退職して再就職していない	妻は第1号被保険者

第3号被保険者の届け出は転職ごとに会社へ提出する

　会社に勤務していて第2号被保険者であった女性が、結婚等によって退職して、会社員である夫の被扶養配偶者になる場合には、国民年金の第3号被保険者に変わるための届け出が必要となります。

　手続きは、退職後14日以内（実際には健康保険の被扶養者届と同時に行う）に「第3号被保険者関係届」を健康保険の被扶養者の届出と一緒にマイナンバー及び必要書類を添えて、夫の勤務先または共済組合に提出します。第3号被保険者になった場合には、国民年金の保険料を納める必要はありません。

※上記の女性と男性を入れ替えても同じです。また、平成17年4月1日から第3号被保険者の届出がやむをえない理由により遅れていた方も、特例として2年以上遡って認められるようになりました。

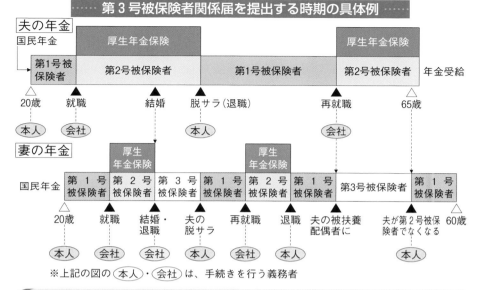

国民年金保険料の免除制度、学生納付特例と保険料納付猶予制度

　生活が苦しくて保険料の納付が困難な人には保険料免除制度があります。免除には生活保護を受けている人や、障害年金1、2級の受給者のための法定免除と、所得が少なくて生活が困難な人のための申請免除（全額・半額・4分の3・4分の1免除）、そして、学生納付特例の制度があります。

　免除が承認されると、その期間は老齢基礎年金を受給するための資格期間としては算入されますが、年金額は、全額免除期間分は通常の3分の1の額、半額免除期間分は通常の3分の2の額、4分の1免除期間分は6分の5の額、4分の3免除期間分は2分の1の額となります。免除された後、10年以内に免除額を追納することで通常の年金額として計算されます（P135参照）。

　学生納付特例制度とは、申請（毎年行う）が承認されれば在学（夜間、通信教育課程を含む）期間中の保険料の納付が猶予されるものです。特例期間中の障害や死亡といった不慮の事態には満額の障害基礎年金、遺族基礎年金が支給されます。この特例期間は、老齢基礎年金の受給資格要件には算入されますが、年金額には反映されません。ただし、10年以内であれば保険料を追納することで年金額を増やすことができます。また、保険料納付猶予制度とは、20歳～50歳未満で、本人（配偶者を含む）の所得が一定額以下や失業等の場合、申請により月々の国民年金の保険料納付が猶予される制度です。

国民年金のしくみ

POINT
◆サラリーマンも国民年金に加入している
◆国民年金の加入者とは3種類の被保険者のこと
◆公的年金の給付には大別すると3種類がある

サラリーマンも自動的に国民年金に加入している

　サラリーマンや公務員は、厚生年金や共済組合に加入するとともに国民年金の第2号被保険者となりますから、二重加入の方式となります。このことを2階建て年金と呼んでいます。国民年金が、土台となる1階部分の基礎を担い、厚生年金や共済年金が、上乗せとなる2階部分を担っているのです。

　国民年金には、全国民共通の基礎年金、つまり老齢基礎年金、障害基礎年金、遺族基礎年金のほか、国民年金などだけに加入している人が受け取れる、付加年金、寡婦年金、死亡一時金などがあります。

　公的年金は昭和61年に大幅な見直しが行われ、国民年金は満20歳以上60歳未満の日本に在住するすべての人が強制加入となっています。

　サラリーマンは厚生年金保険にのみ加入していると思いがちですが、厚生年金保険（公務員、教職員はそれぞれの共済組合）に加入すると同時に国民年金の第2号被保険者にもなっています。現在の年金制度は2階建て方式で、1階部分の国民年金からは基礎年金が支給され、2階部分の厚生年金保険または共済組合からは、厚生年金・共済年金が支給されます。つまり、給料から天引きされている厚生年金保険料には、国民年金保険料の部分も含まれているのです。さらに、会社によっては厚生年金基金、確定給付企業年金、企業型確定拠出年金のいずれかに加入しているところもありますから、その場合には、3階部分の年金がさらに上積みされることになります。

　また、公務員などの共済組合員であった人についても、年金給付には職域加算という3階部分が上積みされています。

　平成22年1月に設立された日本年金機構は、廃止された社会保険庁に代わって公的年金に係る一連の運営業務（適用・徴収・記録管理・相談・裁定・給付など）を担っています。

公的年金の構造はこのようになる

2階建て方式の公的年金制度を簡単に図示すると次の3種類になります。

2階建て方式の年金制度

〈2階部分〉　厚生年金保険または共済組合

老齢厚生年金 （退職共済年金）	障害厚生年金 （障害共済年金）	遺族厚生年金 （遺族共済年金）

〈1階部分〉　国　民　年　金

老齢基礎年金	障害基礎年金	遺族基礎年金

国民年金の加入者は3種類

国民年金の加入者のことを被保険者といい、第1号被保険者、第2号被保険者、第3号被保険者の3種別に分けられ、各種別の現況をあらわすと次の図のようになります。

国民年金加入者の種別

第1号被保険者	第2号被保険者		第3号被保険者

| フリーランス・自営業者とその配偶者、学生など
1,405万人 | 〈厚生年金保険〉
公務員等
471万人 | 民間サラリーマン
4,157万人 | 第2号被保険者に扶養されている配偶者（妻または夫）
721万人 |

（加入者数は令和5年3月末現在。）

年金保険料の滞納問題

POINT

◆保険料滞納者は３割もいる
◆将来年金がもらえないということはありえない
◆保険料を払っていない人は年金がもらえない

国民年金の３割が未徴収

　国民年金は強制加入ですから、20歳になれば当然加入者となり、基礎年金番号が付されます。また、会社に入社すれば初日から自動的に厚生年金保険に加入となり、事業主には手続をする義務が発生します。

　公的年金制度では、年金に加入する加入しないという選択権は本人、事業主ともになく、当然加入（強制加入）が法律で定められています。つまり、国民年金法、厚生年金保険法、各共済組合法で一定条件に該当すれば、法律上当然に加入者（被保険者）となります。

　しかし、最近でも、国民年金保険料の滞納や厚生年金未加入事業所の問題がクローズアップされています。厚生労働省の発表では、令和４年度分の国民年金保険料の現年度納付率は80.7％でした。令和３年度分の最終納付率は78％、令和２年度分の最終納付率は77.2％でしたが、未納者とは「国民年金第１号被保険者であって24カ月の保険料が未納となっている者」であり、実質的に、被保険者の約３割以上が保険料を滞納していることになります。

　厚生年金保険の適用事業所となるのは、株式会社などの法人の事業所（事業主のみの場合を含む）です。また、従業員が常時５人以上いる個人の事業所についても、農林漁業、サービス業などの場合を除いて厚生年金保険の適用事業所となります。

公的年金は破綻しない

　若い人の間で「将来、自分たちが年をとったときに年金はもらえなくなるのでは」という言葉を耳にします。確かに公的年金制度は、少子高齢社会の到来で財政上の理由から年金の支給開始年齢を遅くし、給付の切り下げと保険料の値上げを繰り返していますので、国民が不信感をつのらせています。

年金がもらえなくなるということ

年金がもらえなくなるとしたら、次の理由があげられます。

1	2	3
日本国が破産したとき	年金を支給しないという法律が国会で議決されたとき	保険料を支払ってこなかったとき

　(1)は、常識的に考えてあり得ないことです。国が破産すれば、年金どころか日常生活のすべてが破壊されます。万が一そうした状況を招いてしまったら、徳政令を出してでも破産を防ぐでしょう。

　また、(2)は、国民に年金を出さないという国会議員が選挙で選ばれたならありえます。ともあれ「年金がもらえなくなる」という言い方は、受け身の人の考え方ではないでしょうか。

　(3)の保険料を支払ってこなかったときに年金がもらえないということは、現在でも、また将来でもありえます。保険料を支払っていない人は、老後の年金どころか、今、障害の状態になったり、遺族になったりしたときでももらえないということです。

老齢年金の受給要件は最低10年の加入期間

　老齢基礎年金を受けるためには、原則として最低25年間（300月）は保険料を納付（免除などを含む）する必要がありましたが、社会保障と税の一体改革の年金関連法のうちの公的年金強化法の成立によって、平成29年8月1日から国民年金の受給資格期間は10年に短縮されました。ただし、10年間だけ納付すればいいというものではありません。

　国民年金の加入年齢は20歳以上60歳未満となっています。つまり、40年間（480月）保険料を納付してはじめて満額の年金が受けられることになります。40年に満たない場合は、その未納期間（滞納期間）に応じて年金額は減額されます。

　こうした納付期間の算定は月数で行われますが、保険料を滞納したまま2年を過ぎると、滞納した保険料を遡って納めることができなくなり、その期間は年金額の算出の対象とならなくなります。つまり、1カ月でも未納期間があると満額の年金が受けられないことになりますから、注意が必要です。

年　金

厚生年金保険のしくみ

P_{OINT}

◆厚生年金保険は事業所単位で加入する
◆厚生年金は「2階建て」の構造になっている
◆社会保険の適用事業所は拡大される

公的年金には国民年金と厚生年金がある

　日本の公的年金制度は、「国民皆年金」という特徴を持っており、①20歳以上のすべての人が共通して加入する国民年金と、②会社員や公務員等が加入する厚生年金（保険）による、いわゆる「2階建て」と呼ばれる構造になっています。これが公的年金です。

　また、公的年金（国民年金、厚生年金）とは別に、保険料を納め、公的年金に上乗せして給付を行う企業年金などは、いわば「3階部分」として、国民の自主的な努力によって高齢期の所得保障を充実させる役割を果たしている私的年金です。

　老後には、すべての人が老齢基礎年金を受けられますが、厚生年金に加入していた人は、それに加えて、老齢厚生年金を受け取ることができます。また、公的年金には、重い障害を負ったときの障害年金や、一家の大黒柱が亡

年金制度の仕組み

（数値は令和5年3月末時点）

くなったときに残された家族に支給される遺族年金があります。

厚生年金は事業所単位で加入する

　自営業者、フリーランス、学生などで、日本国内に住む20歳以上60歳未満の人は、すべて国民年金の第1号被保険者となります。70歳未満の会社員（厚生年金保険の適用事業所で働いている人）、国・地方公共団体の公務員や私立学校の教職員は、厚生年金保険に加入します（加入した人を被保険者といいます）。これらの会社や国・自治体、学校などに雇われている人は、原則として、厚生年金保険に加入すると同時に、国民年金の第2号被保険者となります。

　この厚生年金保険は、個人が単独で加入できる制度ではなく、加入は事業所単位となります。業種には関係なく、常時使用する従業員が1人でもいる法人は、厚生年金保険の適用事業所となります。厚生年金保険及び健康保険の加入が法律で義務づけられている事業所以外の事業所（任意適用事業所）であっても、一定の要件（P126）を満たした場合は、厚生年金保険等へ加入することができます。ただし、現在、任意適用事業所は、個人事業のごく一部となっています。

　厚生年金保険の適用事業所に入社した場合は、強制加入となり、会社や従業員には加入についての選択権はありません。入社した当日に「厚生年金保険被保険者」となります。厚生年金保険への加入手続きは、事業主が「厚生年金保険被保険者資格取得届」を年金事務所に提出します。

厚生年金保険の加入手続き	誰　が	事業主が
	い　つ	資格取得日（最初の就労日）から5日以内に
	どこに	会社所在地の年金事務所
	何　を	厚生年金保険被保険者資格取得届
	添付書類	（すでに持っている）年金手帳、基礎年金番号通知書

社会保険の適用事業所・対象者は拡大される

　従業員が、パート・フリーター・アルバイトといった名称（呼び名）にかかわらず、正社員と変わらず働く場合は、事業主は、この従業員を社会保険に加入させなければなりません。正社員と変わらず働く人とは、通常、雇用契約書で定められた勤務時間や勤務日数がおおむね正社員の4分の3以上の

場合を正社員と変わらず働くという扱いをしています。

　ただし、この基準は１つの目安であって、一律にこの基準を適用するのではなく、本人の実際の就労の形態内容を総合的に勘案し、会社との使用関係が常用的と判断されれば、パートであっても加入させなければなりません。また、勤務時間・勤務日数とは、所定労働時間と労働日数であり、実際の勤務時間・勤務日数ではなく、雇用契約上のものです。

　平成28年10月より、週20時間以上働く短時間労働者で、厚生年金保険の被保険者数が常時501人以上の法人・個人・地方公共団体に属する適用事業所および国に属するすべての適用事業所で働く、一定条件を満たす方も厚生年金保険等の適用対象（特定適用事業所）となり、令和４年10月から、従業員数が101人以上（令和６年10月からは51人以上）の企業に対して一定条件※を満たすパート・アルバイト社員も社会保険に加入させることが義務付けられました。

　加えて、強制適用の対象となる５人以上の個人事業所の適用業種に、弁護士、税理士等の士業が追加されました。

　従業員数とはＡ＋Ｂの合計（＝令和４年９月までの厚生年金保険の適用対象者）となります。

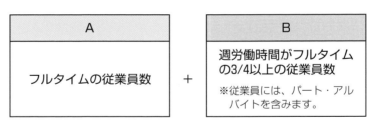

.... **令和４年10月からの新たな加入対象者の条件**※ ....

①週の所定労働時間が20時間以上30時間未満
　※週所定労働時間が40時間の企業の場合
②月額賃金が8.8万円以上
　※基本給及び諸手当を指す。残業代・賞与・臨時的な賃金等は含まれない。
③２ヵ月を超える雇用の見込みがある
④学生ではない
　※休学中や夜間学生は加入対象となる。

厚生年金保険・健康保険に加入する人

正 社 員

●正社員は全員が加入する。

アルバイト

●短期の契約などで、加入しなくてもよい人がいる（P126参照）。

パートタイマー

●1日に働く時間が短く、週2日程度の人で入らなくてもよい人がいる（P126参照）。

試用期間中の人

●見習いでも、社員は社員。

フリーター

●名称がフリーターでも、基本的には加入する。

注　正社員、フリーター、アルバイト、見習いなどの名称（呼び名）を問わず、勤務時間や勤務日数等が正社員と比べてある程度以上なら、加入することが義務づけられている（詳しくは、P123参照）。

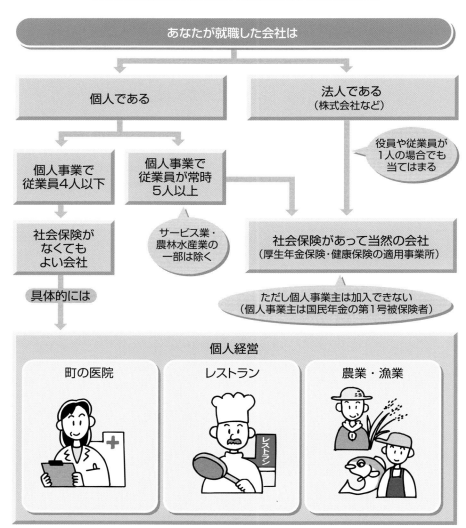

厚生年金保険・健康保険の適用事業所

あなたが就職した会社は

個人である

法人である
（株式会社など）

役員や従業員が
1人の場合でも
当てはまる

**個人事業で
従業員4人以下**

**個人事業で
従業員が常時
5人以上**

**社会保険が
なくても
よい会社**

サービス業・
農林水産業の
一部は除く

社会保険があって当然の会社
（厚生年金保険・健康保険の適用事業所）

具体的には

ただし個人事業主は加入できない
（個人事業主は国民年金の第1号被保険者）

個人経営

町の医院

レストラン

農業・漁業

注1）上記の個人経営で、社会保険がなくてもよい会社または事業所であっても、任意に加入する方法がある。これは「任意加入制度」といって、従業員のうち、被保険者となるべき人の2分の1以上の同意により事業主が認可申請することができる（この場合でも、個人事業主自身は加入できない）。

注2）令和4年10月1日以降、適用の対象となる士業（弁護士、沖縄弁護士、外国法事務弁護士、公認会計士、公証人、司法書士、土地家屋調査士、行政書士、海事代理人、税理士、社会保険労務士、弁理士）に該当する個人事業所のうち、常時5人以上の従業員を雇用している事業所は、健康保険および厚生年金保険の適用事業所となりました。

試用期間中でも社会保険には加入しなければならない

　社会保険（厚生年金保険と健康保険はセットで加入）への加入日は労働契約に基づいた雇い入れ日ですが、一般的には試用期間中の人も含めて、その人が最初に働き始めた日となります。試用期間中は加入させないという会社は法律違反をしているのです。

　それでは、具体的に次の人の社会保険の加入日はいつになるのでしょうか。

　　　　…… 厚生年金保険・健康保険の加入日 ……

a. 3月27日に面接をして、3月28日から採用となった人
　　○厚生年金保険加入日　　3月28日

3/27　3/28

面接　　加入

b. 4月1日に採用されたが、試用期間が3カ月ある人
　　○厚生年金保険加入日　　4月1日

4/1

試用期間（3カ月）

加入

c. 5月1日から見習いという形で雇われた人
　　○厚生年金保険加入日　　5月1日

5/1

見習い

加入

d. 労働日、労働時間の少ないパートが、2月1日から正社員と変わらず働く人と認められる勤務時間、勤務日数に変わったとき（詳細はP124参照）
　　○厚生年金保険加入日　　2月1日

2/1

ごく短時間のパート　　　　正社員の3/4以上の労働

加入

社会保険料の計算方法

　社会保険料は、給与総額（基本給＋諸手当＋残業代など＋通勤費）を元に保険料額表にあてはめて決められています。徴収される社会保険料の計算がどのようになされているのかを次に説明しましょう。

⑴厚生年金保険料

　厚生年金保険の加入者は、下記算式の額の2分の1ずつを会社と従業員で負担しています。

厚生年金保険の保険料

| 厚生年金保険料 | ＝ | 標準報酬月額 | ✕ | 保険料率 $\dfrac{183.00}{1000}$ |

⑵健康保険料と介護保険料

　厚生年金保険料と並んで社会保険料として給与から天引きされる健康保険料は、下記のように計算された額の2分の1ずつを会社と従業員で負担しています。健康保険組合では会社の負担割合が多いところもあります。

健康保険の保険料

| 健康保険料 | ＝ | 標準報酬月額 | ✕ | 保険料率※ $\dfrac{93.5〜104.2}{1000}$ |

※上記保険料率は協会けんぽ（全国健康保険協会）のものであり、市町村国保の保険料・料率は各市町村ごとに決定されている。また、組合管掌健康保険の場合は、各健康保険組合により異なる。

介護保険の保険料

| 介護保険料 | ＝ | 標準報酬月額 | ✕ | 保険料率※ $\dfrac{16.0}{1000}$ |

※この保険料率は令和6年度の協会けんぽ（全国健康保険協会）のものであり、組合管掌健康保険の場合は、各健康保険組合により異なる。

注1　基本的には上記の保険料の2分の1を従業員が負担する（健康保険組合によっては従業員負担が少ないところもある）。
注2　40歳以上65歳未満の加入者は介護保険料も天引きされる。

保険料計算の基準となる標準報酬月額

　健康保険・厚生年金保険・厚生年金基金の各保険料・掛金は「標準報酬月額」（保険料を計算しやすくするための端数のない仮の給与、P164参照）を用いて算出されます。この標準報酬月額は、原則として4月、5月、6月に

支払われる給与総額（賞与は除く）を1カ月平均にし、あらかじめ47等級（厚生年金や厚生年金基金は31等級）に区分されている標準報酬月額の等級のどれに該当するかを毎年決定していくものです。

この決定された標準報酬月額に保険料率をかけることで、厚生年金保険の保険料や健康保険の保険料が算出されます。雇用保険料とは違い、給与総額に多少の変動があっても毎月決まった額が控除されますが、平成15年4月からはボーナスも含めた年収（総報酬制）に対する保険料率となりました。

出産前後および育児休業中の社会保険料は免除される

在職中、産前産後休業・育児休業をした場合、事業主が年金事務所・健組合等に申し出をすることによって、その間の厚生年金保険料は本人負担分及び事業主負担分ともに免除されます。厚生年金保険料のほか、健康保険料・介護保険料・子ども子育て拠出金も同時に免除となります。

免除期間

- ・産前産後休業期間（産前6週間（多胎妊娠の場合14週間）から産後8週間）のうち、妊娠または出産を理由として被保険者が労務に従事しなかった期間。
- ・育児休業等を開始した日が含まれる月から、終了した日の翌日が含まれる月の前月までの期間（ただし、最長、子が3歳に達するまで）。
- ・令和4年10月以降は、上記に加えて、育児休業開始日が含まれる月に14日以上育児休業等を取得した場合にも免除となる。
- ・社会保険料の免除を受けても、健康保険の給付は通常通り受けられる。また、免除された期間分も、将来の年金額に反映される。
- ・賞与・期末手当等に係る保険料についても免除される。ただし、令和4年10月以降は、当該賞与月の末日を含んだ連続した1カ月を超える育児休業等を取得した場合に限り、免除の対象となる。

育児休業期間中の保険料

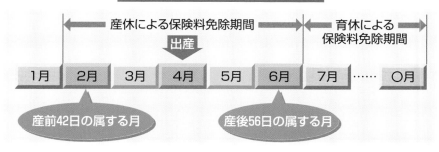

注1　育児休業法の正式名称は「育児休業、介護休業等育児又は家族介護を行う労働者の福祉に関する法律」。
注2　平成31年4月1日からは、退職後、国民年金だけに加入している人でも、出産前後の一定期間（出産予定の前月から4カ月分）、国民年金保険料が免除される制度となっている。

年 金

さまざまな私的年金 （企業年金）

POINT
◆私的年金は公的年金の上積み部分となる
◆企業年金は厚生年金基金から新しい企業年金へ移行している
◆私的年金にはさまざまな種類がある

企業年金は厚生年金基金から私的年金に移行している

　私的年金とは、公的年金の給付と相まって、高齢期の所得確保を支援する制度です。企業や個人は、それぞれのニーズに合わせて制度を活用することができます。

　かつて多くの企業では、法律によって税制面などでも優遇された厚生年金基金を設立していました。これは、国に代わって老齢厚生年金の一部を代行運営をすることで従業員の老後の豊かな年金を確保しようというものです。

　しかし、バブル崩壊などの影響を受けて、資産運用の状況が思わしくない状況が続き、企業にとって基金の維持が大きな負担となったことから、解散する基金が相次ぎ、現存する基金は数少なくなりました。さらに、現在では、厚生年金基金の新規設立も認められていません。

　そこで現在では、厚生年金基金に代わってさまざまな私的年金制度が登場しています。

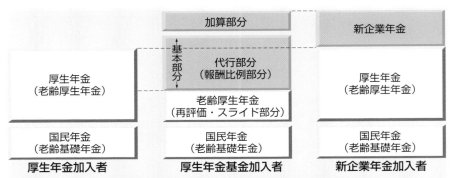

…… 被用者年金のイメージ ……

注：□は国から支給される部分、■は基金または企業から支給される部分である。

私的年金には確定給付型と確定拠出型がある

　私的年金には大きく分けると確定給付型と確定拠出型の2種類がありま
す。確定給付型とは、加入した期間などに基づいてあらかじめ給付額が定め
られている年金制度です。加入者が高齢期の生活設計を立てやすい反面、運
用の低迷などで必要な積立水準が不足した場合には、企業などが追加拠出を
しなければならない仕組みです。

　一方、確定拠出型とは、拠出した掛金額とその運用収益との合計額を基に
給付額を決定する年金制度です。運用の低迷などで受取額が予想を下回った
場合でも、企業が追加拠出をする必要は生じません。加入者は、自らが効果
的な運用を行うことで給付額を確保し、高齢期の生活設計を立てる必要があ
ります。

⋯⋯ 私的年金の種類 ⋯⋯

タイプ		種類	概　要
確定給付型	企業年金	確定給付企業年金（規約型）	労使が合意した年金規約に基づき、企業と信託会社や生命保険会社などが契約を結んで、母体企業の外で年金資産を管理・運用し、老齢厚生年金の上乗せ給付を行う。
		確定給付企業年金（基金型）	母体企業とは別の法人格を有する基金を設立した上で、その基金が年金資産を管理・運用し、老齢厚生年金等の上乗せ給付を行う。
		厚生年金基金	一企業単独、親企業と子企業が共同、または同種同業の多数企業が共同して、厚生年金基金を設立し、老齢厚生年金の一部を代行して給付を行うとともに、独自の上乗せ給付を行う。
確定拠出型		確定拠出年金（企業型）	企業がその従業員のために企業と契約した信託会社や生命保険会社などの資産管理機関に拠出した掛金を、従業員ごとに積み立て、従業員自らが企業と契約した運営管理業務を行う金融機関等を通じて資産管理機関に運用の指図を行い、老齢厚生年金等の上乗せ給付を行う。
	個人年金	確定拠出年金（個人型）愛称：iDeCo	加入者が、自ら国民年金基金連合会に拠出した掛金を、加入者ごとに国民年金基金連合会と契約した信託会社や生命保険会社などの事務委託先金融機関に積み立て、加入者自らが運営管理業務を行う金融機関等を通じて事務委託先金融機関に運用の指図を行い、老齢厚生年金等の上乗せ給付を行う。
確定給付型		国民年金基金	自営業者などが、地域型国民年金基金である全国国民年金基金や、同種の事業・業務に従事する人による職能型国民年金基金に掛金を拠出し、その基金が年金資産を管理・運用し、老齢基礎年金の上乗せ給付を行う。

資料：厚生労働省

自分で積み立てる個人型確定拠出年金

年金

POINT

◆個人型確定拠出年金は、自分で金融商品を選択して運用する

◆60歳以降に、年金だけでなく、一時金としての受取もできる

◆積立、運用、受取のすべての段階で節税できるメリットがある

自分で積み立てる年金

　退職後の生活設計は重要な問題です。生活設計の基本となるのが年金ですが、これまで、自営業者や専業主婦（夫）には、公的な年金の選択肢は限られていました。そこで、多くの人は、民間の金融商品の中から自分で選んで購入していましたが、専門知識の乏しい人にとっては金融商品の購入や運用はとても難しいものです。年金商品は、長期間の運用を前提としており、商品構成が複雑で柔軟性に欠ける傾向があります。こうした商品の特徴を十分に理解できないまま購入して、運用成績が振るわず、思わぬ損失を被るという事例もみられました。国際情勢をはじめ、さまざまな変動要因がからむ金融商品を、年金資金として個人で運用することは、大きなリスクが伴います。

　平成29年1月から、国民年金基金連合会が実施主体となる個人型確定拠出年金（iDeCo：イデコ）には、従来からの自営業者などに加えて、公務員、専業主婦（夫）、企業年金に加入している人など、ほぼすべての人が加入できるようになりました。このiDeCoは、あらかじめ金融機関が用意したさまざまなタイプの金融商品の中から加入者が選択して積み立てるものです。

‥‥‥ すべての人がiDeCoに加入できる ‥‥‥

自営業者等 第1号被保険者	専業主婦（夫） 第3号被保険者	会社員等 第2号被保険者	公務員
国民年金（基礎年金）			
	厚生年金保険		
国民年金 基金		確定給付型年金	年金払い 退職給付
	企業型確定拠出年金		
個人型確定拠出年金			

公的年金等控除が受けられる

　確定拠出年金とは、拠出された掛金を個人ごとに明確に区分して運用され、掛金とその運用収益との合計額をもとに年金給付額が決定される年金制度です（P131参照）。iDeCoは、60歳以降に年金以外にも一時金として受け取ることもできます。ただし、加入期間に応じて受け取り年齢が定められています。また、商品の運用状況によっては元本割れの可能性があるほか、運営管理や口座管理などの手数料が必要なことにも注意が必要です。

●掛け金は加入者個人が負担＝自営業者等は月額68,000円（年額816,000円）、自営業者等及び専業主婦（夫）等は月額23,000円（年額276,000円）といったように積立限度額が定められています。

●運用＝預貯金、投資信託、保険商品など、金融機関が推奨するさまざまな運用商品の中から、加入者自身が選択して運用指図を行います。

●転職した場合等の年金資産の移換＝加入者が転職して国民年金の加入者となった場合等には個人型年金へ、転職した場合は転職先の企業型年金へ資産を移すことができます。

●税制優遇＝積立、運用、受取のすべての段階で節税できます。

積立時	掛金の分は所得税と住民税の課税対象から控除される。
運用時	特別法人税課税が適用（2024年現在、課税は凍結されている）
給付時	年金として受給する場合は、公的年金等控除（標準的な年金額までは非課税）、一時金として受給する場合は、退職所得控除が適用される。

…… 積立と受取のイメージ ……

掛金　加入　運用　収益　掛金　年金資産　原則60歳以降に受取　年金　一時金　※年金と一時金の組合せも可。

　自分で年金の代わりとなる資金を積み立てる方法として、2024年1月から始まった新NISAを利用する方法もあります。新NISAは、旧NISAよりも非課税枠が大きくなり、非課税期間も無期限となりましたから、活用できれば大きなメリットもあります。

part 4 ⑦

年　金

年金受給のしくみ

Ｐoint

◆老後の年金も２階建てになっている
◆年金の受給資格期間は10年以上に短縮された
◆老齢基礎年金を満額受給するには40年間の保険料納付済期間が必要

年金は大きく２階建てになっている

　老齢基礎年金、老齢厚生年金には受給資格期間があり、最低でも10年間（平成29年８月から10年間に短縮された）、保険料を納めていなければなりません。また、昭和16年４月２日以降に生まれた人の老齢基礎年金は、保険料納付済期間が40年あって初めて65歳から満額支給されます。この40年を加入可能年数といいます。昭和16年４月１日以前に生まれた人は経過措置として39年〜25年の加入可能年数のすべての期間が保険料納付済期間である場合は満額支給されることになります。

　年金は、サラリーマンや公務員であれば１階部分が国民年金から全国民共通の老齢基礎年金として支給され、２階部分が報酬比例の老齢厚生年金として上乗せされて支給されます。

······ サラリーマンの年金受給のシステム ······

老齢厚生年金（報酬比例部分）
＋
老齢基礎年金

老齢基礎年金の加入期間と支給金額についての計算方法

　老齢基礎年金が満額支給されるのは、加入可能年数のすべてが保険料納付済期間であることが条件です。老齢基礎年金の満額は、令和６年度年額は、昭和31年４月２日以降生まれの人が816,000円、昭和31年４月１日以前生まれの人が813,700円となっています。

┈┈ 老齢基礎年金の年金額計算 ┈┈

$$816{,}000円 \times \frac{\begin{array}{l}\text{保険料納付済}\\\text{期間の月数}\end{array} + \begin{array}{l}\text{保険料全額免除期間の}\\\text{月数×8分の4}^{※1}\end{array} + \begin{array}{l}\text{保険料4分の1納付期間}\\\text{の月数×8分の5}^{※1}\end{array} + \begin{array}{l}\text{保険料半額納付期間}\\\text{の月数×8分の6}^{※1}\end{array} + \begin{array}{l}\text{保険料4分の3納付期間}\\\text{の月数×8分の7}^{※1}\end{array}}{480月 （40年×12カ月）*}{}^{※2}$$

816,000円×
（昭和31年4月2日
以降生まれの場合）

（＊生年月日による経過措置がある）

※1　平成21年3月分までは、全額免除は6分の2、4分の1納付は6分の3、半額納付は6分
　　の4、4分の3納付は6分の5（480月を超える月数についてはそれぞれ0、6分の1、6
　　分の2、6分の3）で計算する。学生納付特例や若年者納付猶予の免除期間で追納がない期
　　間は、年金額に反映されない。
※2　｛　｝内が1以上になる人は満額支給になる。

老齢厚生年金の加入期間と支給金額についての計算方法

┈┈ 老齢厚生年金（報酬比例部分）の年金額の計算 ┈┈

　平成15年4月から厚生年金保険料の計算方法が変わり、賞与も含めて年金
額に反映される総報酬制が導入されました。

　報酬比例部分の計算方法は、総報酬制導入以前と以後で異なり、平成15年
3月までの平均標準報酬月額と同年4月以後の平均標準報酬額を基礎とし
て、それぞれの被保険者期間を計算します。

ア）総報酬制導入（平成15年4月）以後にのみ被保険者期間がある場合

　平均標準報酬額　×　給付乗率／1000　×　被保険者期間の月数　×　スライド率

イ）被保険者期間が総報酬制導入（平成15年4月）以前にもある場合

A：総報酬制導入以前（平成15年3月31日）以前
B：総報酬制導入以後（平成15年4月1日）以後

A＝　平均標準報酬月額　×　給付乗率／1000　×　Aの被保険者期間の月数

B＝　平均標準報酬額　×　給付乗率／1000　×　Bの被保険者期間の月数

報酬比例部分＝A＋B×スライド率

（注）1．給付乗率は生年月日に応じて平成15年3月31日以前は7.125～9.500、平成15年4月1日以
　　　　　後は5.481～7.308と定められています。
　　　2．平均標準報酬月額とは、平成15年3月までに厚生年金に加入していた各月の標準報酬月
　　　　　額の総額を加入月数で除した額に再評価率を乗じて得た額。
　　　3．平均標準報酬額とは、平成15年以降厚生年金に加入していた各月の標準報酬月額と標準
　　　　　賞与額の総額をその厚生年金に加月数で除した額に再評価率を乗じて得た額。

障害が残ったときの公的年金

> **POINT**
> ◆厚生年金加入者の障害給付は2階建て
> ◆障害給付をもらうためには障害認定が必要
> ◆保険料をきちんと払っていないと障害給付はもらえない

障害給付のしくみ

　公的年金には障害給付がありますが、国民年金と厚生年金保険の被保険者が何らかの病気やケガなどで一定以上の障害状態になった場合に支給されるものです。この障害給付も老齢給付と同じく2階建てになっていて、1階部分は国民年金から障害基礎年金が、2階部分として厚生年金保険加入者には障害厚生年金もあわせて支給されるようになっています。

　公的年金を老齢給付だけと考えがちですが、障害給付は万一障害の状態になったとき、その障害の状態が続いている限り一生支給されるものですから、生活する上で、頼りになるものといえます。

　公的年金から受けられる障害給付の支給額は障害の程度によって異なりますが、その種類は国民年金は2段階、厚生年金保険では4段階に分かれています。

　国民年金からもらえる障害基礎年金には1級と2級があり、原則として加入中の病気、ケガがもとで障害状態になったときに給付されます。国民年金の加入者（第1号被保険者、第2号被保険者、第3号被保険者）で、保険料をきちんと納付（保険料免除も含む）していれば対象となります。

障害給付も2階建て

	障害厚生年金（障害共済年金）1級	加給年金	障害厚生年金（障害共済年金）2級	加給年金	障害厚生年金（障害共済年金）3級	障害手当金（一時金）
2階部分	障害厚生年金（障害共済年金）1級	加給年金	障害厚生年金（障害共済年金）2級	加給年金	障害厚生年金（障害共済年金）3級	障害手当金（一時金）
1階部分	障害基礎年金1級	子の加算	障害基礎年金2級	子の加算		
障害等級	第1級障害		第2級障害		第3級障害	その他の障害

厚生年金保険からは、1級、2級のほか、3級と、一時金として支給される障害手当金に分かれており、国民年金と同様に原則として、加入中の病気、ケガがもとで障害状態になったときに給付されます。

障害等級1級	日常生活にも他人の介護を必要とする程度のもの
障害等級2級	必ずしも他人の介護は必要ではないが、日常生活が困難で、労働して収入を得ることができない程度のもの
障害等級3級	労働するのに著しい困難があり、労働が制限される程度のもの
障害手当金の対象となる障害	障害等級1級から3級には相当しないが、生活が制限される程度のもの

会社を退職してから再就職までの間、何の手続きもせずに放置していると、保険料の滞納となり、障害給付をはじめ遺族給付、そして老齢給付においても不利になります。退職した際には、再就職までに1カ月でも空白期間があれば必ず国民年金の手続きをして、保険料を支払っておいてください。

障害給付は病気やケガの治癒が基礎条件

障害給付は、病気やケガで療養中の人には基本的に支給されず、その傷病の治癒が条件です。つまり、その傷病が治ったか、あるいは症状が固定し、治療の効果が期待できない状態に至ったことが支給条件となります。

病気・ケガ → 治癒・症状固定 → 障害認定 → 障害等級決定 → 障害給付

障害給付をもらうための障害認定

障害給付は、病気や事故で障害状態になったすべての人がもらえるわけではなく、下図のような所定の条件を満たした人だけがもらえる給付です。

公的年金の加入期間中に初診日がある ＋ 保険料支払い条件を満たしている ＋ 治癒または症状固定または初診日から1年6カ月経過した ＋ 障害認定 → 障害給付

137

障害給付を受けるためには障害認定が必要です。障害認定が行われるのは原則として初診日から１年６カ月経過した日ですが、その前に治癒または症状が固定した場合は１年６カ月経っていなくても障害認定が行われます。また、事故で腕を切り落としたというような場合の治癒ははっきりとしていますが、内臓疾患などの病気の場合は治癒の判断が難しくなり、一般的に症状が固定したときに障害の認定が行われます。例えば、人工透析の人は３カ月後に、またペースメーカーや人工肛門は装着日に障害認定が行われます。

障害等級表で障害の状態を把握する

　公的年金の障害給付における障害状態を判断する基準は、政令（国民年金法、厚生年金保険法）により次の「障害等級表」の通り定められています。共済組合の基準も厚生年金保険法に定められた基準と同様です。

…… 障害等級表（１級・２級・３級）……

障害の程度		障 害 の 状 態
1級	1	両眼の視力の和が0.04以下のもの
	2	両耳の聴力レベルが100デシベル以上のもの
	3	両上肢の機能に著しい障害を有するもの
	4	両上肢のすべての指を欠くもの
	5	両上肢のすべての指の機能に著しい障害を有するもの
	6	両下肢の機能に著しい障害を有するもの
	7	両下肢を足関節以上で欠くもの
	8	体幹の機能に座っていることができない程度または立ち上がることができない程度の障害を有するもの
	9	前各号に掲げるもののほか、身体の機能の障害または長期にわたる安静を必要とする病状が前各号と同程度以上と認められる状態であって、日常生活の用を弁ずることを不能ならしめる程度のもの
	10	精神の障害であって、前各号と同程度以上と認められる程度のもの
	11	身体の機能の障害もしくは病状または精神の障害が重複する場合であって、その状態が前各号と同程度以上と認められる程度のもの
2級	1	両眼の視力の和が0.05以上0.08以下のもの
	2	両耳の聴力レベルが90デシベル以上のもの
	3	平衡機能に著しい障害を有するもの
	4	そしゃくの機能を欠くもの
	5	音声または言語機能に著しい障害を有するもの
	6	両上肢の親指および人差し指または中指を欠くもの

2級	7	両上肢の親指および人差し指または中指の機能に著しい障害を有するもの
	8	1上肢の機能に著しい障害を有するもの
	9	1上肢のすべての指を欠くもの
	10	1上肢のすべての指の機能に著しい障害を有するもの
	11	両下肢のすべての指を欠くもの
	12	1下肢の機能に著しい障害を有するもの
	13	1下肢を足関節以上で欠くもの
	14	体幹の機能に歩くことができない程度の障害を有するもの
	15	前各号に掲げるもののほか、身体の機能の障害または長期にわたる安静を必要とする病状が前各号と同程度以上と認められる状態であって、日常生活が著しい制限を受けるか、または日常生活に著しい制限を加えることを必要とする程度のもの
	16	精神の障害であって、前各号と同程度以上と認められる程度のもの
	17	身体の機能の障害もしくは病状または精神の障害が重複する場合であって、その状態が前各号と同程度以上と認められる程度のもの
3級	1	両眼の視力が0.1以下に減じたもの
	2	両耳の聴力が、40センチメートル以上では通常の話し声を解することができない程度に減じたもの
	3	そしゃくまたは言語の機能に相当程度の障害を残すもの
	4	脊柱の機能に著しい障害を残すもの
	5	1上肢の3大関節のうち、2関節の用を廃したもの
	6	1下肢の3大関節のうち、2関節の用を廃したもの
	7	長管状骨に偽関節を残し、運動機能に著しい障害を残すもの
	8	1上肢の親指および人差し指を失ったものまたは親指もしくは人差し指を併せ1上肢の3指以上を失ったもの
	9	親指および人差し指を併せ1上肢の4指の用を廃したもの
	10	1下肢をリスフラン関節以上で失ったもの
	11	両下肢の十趾の用を廃したもの
	12	前各号に掲げるもののほか、身体の機能に、労働が著しい制限を受けるか、または労働に著しい制限を加えることを必要とする程度の障害を残すもの
	13	精神または神経系統に、労働が著しい制限を受けるか、または労働に著しい制限を加えることを必要とする程度の障害を残すもの
	14	傷病が治らないで、身体の機能または精神もしくは神経系統に、労働が制限を受けるか、または労働に制限を加えることを必要とする程度の障害を有するものであって、厚生労働大臣が定めるもの

退職時

雇用保険

健康保険

年金

税金

やむを得ない退職

再就職

障害給付がもらえないのはこんな場合

サラリーマンや公務員（国民年金の第2号被保険者）は給料から社会保険料（共済組合の場合は掛金）が天引きされているので、未届けや保険料滞納という問題は通常ありませんが、自営業者・フリーター・学生・家事手伝いの人（国民年金の第1号被保険者）のなかには、未届者や保険料滞納者が多数みられます。こうした人がもしも障害の状態になったら障害給付はもらえない場合があります。払うべき保険料は払っておくことです。

もし、どうしても経済的な理由で保険料が支払えないときなどは、保険料の免除制度も活用してください。肝心なことは保険料の滞納期間はたとえ1カ月でも残さないようにすることです。病気・ケガをして医療機関にかかった日（初診日）以後にあわてて、滞納保険料を遡って納めても間に合いません。

20歳以上の学生も国民年金に強制加入です。保険料を支払うか、または学生納付特例制度を利用して「保険料滞納」だけは避けるべきです。保険料滞納期間があると障害状態になったとき年金が受けられない場合もあります。

障害基礎年金をもらうための条件

障害基礎年金をもらうには、次の3つの要件すべてを満たすことが必要です。

1 初診日に国民年金の被保険者である（60歳以上65歳未満で日本国内に住所があれば、被保険者でなくなっていても対象となる）。

2 障害認定日（初診日から1年6カ月経過した日）、または、それ以前で治癒した日または病状が固定した日に1級、2級の障害の状態にある。

3 初診日の前日において、初診日の属する月の前々月までの被保険者期間のうち、保険料納付済み期間と保険料免除期間の合計が3分の2以上ある。

※20歳になる前に初診日がある場合には、20歳になった時に1級、2級の障害の状態にあること。

障害給付をもらうためには「保険料納付要件」があります。保険料を空白なくきちんと支払ってきた人（保険料免除・学生納付特例の人も含む）は問題ありません。しかし未届者や保険料滞納期間がある人は、その病気やケガ

の初診日（ケガや病気で初めて医療機関にかかった日。病院が変わっても初診日は変わらない）の前日において、初診日の属する月の前々月までの期間のうち、保険料納付済期間が3分の2以上あるかないかで判断されます。

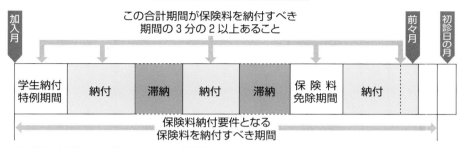

……… 保険料納付要件 ………

この合計期間が保険料を納付すべき
期間の3分の2以上あること

加入月

前々月

初診日の月

| 学生納付特例期間 | 納付 | 滞納 | 納付 | 滞納 | 保険料免除期間 | 納付 | | |

保険料納付要件となる
保険料を納付すべき期間

保険料を納付すべき期間のうち、滞納期間が3分の1を超えていないことが要件である。

「保険料納付要件」の基準月が初診日にあたる月の2カ月前までとなっているのは、保険料の納期が翌月の末日なので、病院に行ったあと、駆け込みで過去の滞納分の保険料を支払って、障害給付を受けるのを防ぐためです。

保険料納付要件の特例

この保険料納付要件には特例があり、令和8年3月31日までに初診日がある場合には、初診日の前日における初診日の属する月の前々月までの1年間に、保険料の滞納期間がなければ障害給付が受けられます（65歳以上の被保険者を除く）。

……… 保険料納付要件の特例 ………

加入月

前々月

初診日の月

| 学生納付特例期間 | 納付 | 滞納 | 納付 | 滞納 | 保険料免除期間 | 納付 | | |

1年間
（この期間に滞納がなければよい）

障害基礎年金の支給金額を計算してみよう

障害基礎年金の額は加入期間の長さには関係なく、障害の等級によりその額が定められています。また、障害基礎年金は18歳未満の子を扶養していれ

ば子の加算額もプラスされるしくみになっています。18歳未満の子とは、18歳に達した後最初に到来する3月31日までにある子、または20歳未満の障害等級1級または2級の子で、現に婚姻していない子を指します。

……… 支給金額の計算例 ………

①1級障害……老齢基礎年金の1.25倍

障害基礎年金1級（定額）
老齢基礎年金額
（816,000円）×1.25＝1,020,000円

②2級障害……老齢基礎年金の満額と同額

障害基礎年金2級（定額）
老齢基礎年金額
（816,000円）×1.00＝816,000円

③子の加算……人数により異なる

2人目まで1人につき　234,800円
3人目から1人につき　　78,300円

子が1人→234,800円	子が4人→626,200円
子が2人→469,600円	子が5人→704,500円
子が3人→547,900円	子が6人→782,800円

（注）上記支給額は、昭和31年4月2日以降生まれの人の令和6年度価額である。

障害基礎年金がもらえなくなる場合

障害基礎年金がもらえなくなるのは、次のようなときです。

1　もっとも軽い障害等級（2級）に該当しなくなったとき（その間支給停止となる。65歳までに再び該当すれば支給が再開される）

2　死亡したとき

3　20歳になるまでの病気、ケガが原因で障害者となった場合は、所得が一定額を超えたとき

障害の程度が悪くなり障害等級が上がれば年金額も高くなりますが、反対によくなり等級が下がれば年金額は低くなるか、支給停止となります。これら障害の程度に変更があったときは、すみやかに手続きをしてください。

学生は滞納しないように注意

　学生の場合、きちんと保険料を支払うか、毎年きちんと学生納付特例の申請をしておくべきです。また、就職してまもなく事故などで障害の状態になってしまった場合、せっかく厚生年金保険に加入していても、学生時代に保険料滞納期間があることで障害給付がもらえないこともありますので、滞納期間を残さないように注意してください（P117参照）。

被扶養配偶者や扶養家族は国民年金に加入する

　国内に住所を有する20歳以上60歳未満の人は、必ず何らかの公的年金に加入しなければなりません。会社を退職した場合には、引き続き新しい会社の厚生年金保険に加入できるような場合を除いて、国民年金に加入することになります。

　会社に勤めるサラリーマンは厚生年金保険の被保険者ですが、20歳以上60歳未満の被扶養配偶者は、国民年金の第3号被保険者となります。したがって、その配偶者が障害状態になったときには国民年金の障害給付が支給されます。配偶者が20歳未満の場合には、まだ国民年金の加入者とはなっていませんので、20歳になったときの障害の状態に応じて、障害給付が支給されます。扶養家族についても同様に、20歳を過ぎてからの支給となります。

年金請求先と支給開始

　障害給付の届出先は、初診日に加入していた制度により決まります。支給開始日は、いずれも障害認定日の翌月からとなります。

初診日に厚生年金保険の被保険者だった人	年金事務所、年金相談センター
初診日に国民年金第3号被保険者だった人など	年金事務所、年金相談センター

　障害給付は、たとえ5年以上前から請求権があったとしても、請求時からさかのぼって5年分しかもらえません。障害になったときは早めに請求しましょう。

part 4 ⑨

サラリーマンがもらえる障害給付

POINT
◆サラリーマンには障害基礎年金と障害厚生年金が支給される
◆障害の認定は原則として初診日の1年6カ月後に行われる
◆3級より軽い障害には障害手当金が支給される

サラリーマンが障害厚生年金をもらうための要件

　障害厚生年金は、サラリーマンが厚生年金保険に加入中の病気やケガが元で、一定の障害状態になった場合に支給されるものです。自営業者の人が障害の状態となったときには国民年金からの障害基礎年金しかもらえませんが、サラリーマンには障害基礎年金に加えて障害厚生年金も支給されます。

　障害厚生年金は報酬比例年金ですから、給与が高い人ほど年金額も多くなるしくみになっています。

　障害厚生年金の支給要件は、次の3点です。

1 初診日に厚生年金保険の被保険者であったこと

2 保険料納付要件を満たしていること

3 障害認定日に厚生年金保険で定める障害等級に該当していること

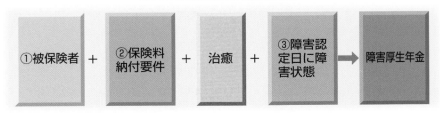

······ 年金支給の流れ ······

①被保険者 ＋ ②保険料納付要件 ＋ 治癒 ＋ ③障害認定日に障害状態 ➡ 障害厚生年金

　障害認定とは、障害基礎年金の支給要件である障害状態を判断することをいいます（P137参照）。障害を認定する日（障害認定日という）は初診日から1年6カ月経過した日が原則ですが、その前に治った場合や症状が固定した場合は、1年6カ月経っていなくてもその日に行われます。

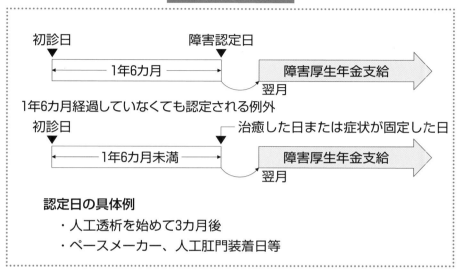

······ 障害認定日 ······

初診日　　　　　　　　　障害認定日
◀――― 1年6カ月 ―――▶　　　障害厚生年金支給
　　　　　　　　　　　　　翌月

1年6カ月経過していなくても認定される例外

初診日　　　　　　　　　治癒した日または症状が固定した日
◀――― 1年6カ月未満 ―――▶　　　障害厚生年金支給
　　　　　　　　　　　　　翌月

認定日の具体例
　・人工透析を始めて3カ月後
　・ペースメーカー、人工肛門装着日等

保険料納付要件

　障害厚生年金の保険料納付要件は、障害基礎年金の納付要件とほぼ同様です。
　つまり、初診日（病気やケガで初めて医療機関にかかった日。後で病院を変えても初診日は変わらない）の前日において、初診日の属する月の前々月までの加入すべき期間のうち、3分の2以上が保険料納付済期間または保険料免除期間であることが必要です（P141参照）。もっとも、厚生年金保険の保険料は給与から天引きされますので、滞納ということはないでしょう。

保険料納付要件の特例

　令和8年3月31日までに初診日がある場合には、初診日の前日において初診日の属する月の前々月までの1年間に保険料の滞納がなければ、障害給付が受けられるという特例があります。
　これも障害基礎年金の保険料納付要件の特例と同じなので、P141を参照してください。

障害厚生年金の支給額の計算

　厚生年金保険料の計算方法に総報酬制が導入された（平成15年4月）ことから、平成15年3月までの平均標準報酬月額と同年4月以後の平均標準報酬額を基礎として障害等級別に、それぞれの被保険者期間を計算します。

　障害厚生年金の1級と2級は必ず障害基礎年金の給付もありますので、1・2級については障害基礎年金の分も同時に記載しておきます。

●等級による障害厚生年金の支給額（昭和31年4月2日以降生まれの人の場合）

①障害等級1級の場合

障害厚生年金1級 (A＋B)×1.25 ※被保険者月数が300月に満たないときは (A＋B)×$\dfrac{300}{全被保険者月数}$ ×1.25	加給 年金

[H15.3までの期間]　A：平均標準報酬月額 　　　　×1000分の7.125×被保険者月数×スライド率 [H15.4以降の期間]　B：平均標準報酬額 　　　　×1000分の5.481×被保険者月数×スライド率 加給年金額（配偶者）　　　　　　234,800円

＋

障害基礎年金1級	子の 加算

障害基礎年金1級（定額）　　　1,020,000円 子の加算 　2人目まで1人につき　　　　234,800円 　3人目から1人につき　　　　 78,300円

（令和6年度価額）
（注）子の加算改定率は、すべて新規裁定者の率を用いる。

②障害等級2級の場合

障害厚生年金2級 A＋B ※被保険者月数が300月に満たないときは (A＋B)×$\dfrac{300}{全被保険者月数}$	加給 年金

[H15.3までの期間]　A：平均標準報酬月額 　　　　×1000分の7.125×被保険者月数×スライド率 [H15.4以降の期間]　B：平均標準報酬額 　　　　×1000分の5.481×被保険者月数×スライド率 加給年金額（配偶者）　　　　　　234,800円

＋

障害基礎年金2級	子の 加算

障害基礎年金の額（定額）　　　 816,000円 子の加算 　2人目まで1人につき　　　　234,800円 　3人目から1人につき　　　　 78,300円

（令和6年度価額）

③障害等級3級の場合

障害厚生年金3級
　A＋B
※被保険者月数が300月に満たないときは

$$(A＋B)×\frac{300}{全被保険者月数}$$

[H15.3までの期間]　A：平均標準報酬月額
　　　　　　　×1000分の7.125×被保険者月数×スライド率
[H15.4以降の期間]　B：平均標準報酬額
　　　　　　　×1000分の5.481×被保険者月数×スライド率

最低保障額……612,000円

（令和6年度価額）

障害厚生年金の額については従前保障が適用されることになっています。その場合は、次のA＋Bの年金額が保障されます。
[H15.3までの期間]　A：（平均標準報酬月額×1000分の7.5×被保険者月数）×1.041
[H15.4以降の期間]　B：（平均標準報酬額×1000分の5.769×被保険者月数）×1.041

　障害等級2級の場合の支給額を100％と考えると、1級は125％、3級は75％となります。

加給年金＋子の加算	加給年金＋子の加算	
125%	100%	75%
1級	2級	3級

　障害厚生年金の1級と2級を受ける人に生計を維持されている、65歳未満の妻（配偶者）や一定の子がいる場合には、加給年金、子の加算がつきます。

> 加給年金額＝234,800円／年　（令和6年度価額）
> 子の加算は、2人まで1人あたり234,800円、3人目から1人あたり78,300円となります。

　なお、平成17年4月1日からは障害等級1級または2級以外の者で障害基礎年金が支給されず、障害厚生年金のみの人にも最低保障額が設けられました。

（注）平成18年度から、障害を持ちながら働いたことが評価される仕組みとして65歳以上の方は、障害基礎年金と老齢厚生年金、障害基礎年金と遺族厚生年金の組み合わせについて併せて受給することができるようになりました。

3級より軽い障害でも障害手当金がもらえる

　障害手当金は、厚生年金保険に加入している間に初診日がある人が対象となり、厚生年金保険の3級よりも軽い一定の障害が残った場合に一時金で支払われるものです。

　障害手当金を受けられる人は、初診日から5年以内にケガや病気が治り、障害等級の3級より軽い障害状態に該当する人で、障害認定日に国民年金や厚生年金保険の給付、そして労災保険の障害補償給付を受けていない人が受給資格者となります。

　もちろん、保険料納付要件（P141参照）は必須条件となります。

障害手当金の支給金額を計算してみよう

　障害手当金の計算は、次のようになります。報酬比例部分は総報酬制導入以前と以後で異なりますが、給付乗率はそれぞれの期間で一定です。

　障害手当金には1,224,000円の最低保証額があります（昭和31年4月2日以後生まれの場合）。

A：総報酬制導入以前（平成15年3月31日以前）の期間

$$\text{平均標準報酬額} \times \frac{7.125}{1000} \times \text{被保険者期間の月数} \times \frac{200}{100}$$

B：総報酬制導入以後（平成15年4月1日以後）の期間

$$\text{平均標準報酬額} \times \frac{5.481}{1000} \times \text{被保険者期間の月数} \times \frac{200}{100}$$

●A、Bの期間にまたがる場合

$$(A+B) \times \frac{300}{\text{全被保険者月数}}$$

（注）障害手当金は、障害認定日から5年を経過すると時効となり、請求できなくなります。

障害手当金の障害の程度

障害手当金の支給要件の一つである「障害等級の3級より軽い一定障害」とは、どの程度の障害をいうのでしょうか。これは政令で定められた障害程度をいい、具体的には次のようになっています。

障害等級表　3級より軽い場合

障害の程度	障　害　の　状　態
1	両眼の視力が0.6以下に減じたもの
2	1眼の視力が0.1以下に減じたもの
3	両眼のまぶたに著しい欠損を残すもの
4	両眼による視野が2分の1以上欠損したものまたは両眼の視野が10度以内のもの
5	両眼の調節機能および輻輳（ふくそう）機能に著しい障害を残すもの
6	1耳の聴力が、耳殻に接しなければ大声による話を解することができない程度に減じたもの
7	そしゃくまたは言語の機能に障害を残すもの
8	鼻を欠損し、その機能に著しい障害を残すもの
9	脊柱の機能に障害を残すもの
10	1上肢の3大関節のうち、1関節に著しい機能障害を残すもの
11	1下肢の3大関節のうち、1関節に著しい機能障害を残すもの
12	1下肢を3センチメートル以上短縮したもの
13	長管状骨に著しい転位変形を残すもの
14	1上肢の2指以上を失ったもの
15	1上肢の人差し指を失ったもの
16	1上肢の3指以上の用を廃したもの
17	人差し指を併せ1上肢の2指の用を廃したもの
18	1上肢の親指の用を廃したもの
19	1下肢の第1趾（し）または他の4趾（し）以上を失ったもの
20	1下趾の5趾の用を廃したもの
21	前各号に掲げるもののほか、身体の機能に、労働が制限を受けるか、または労働に制限を加えることを必要とする程度の障害を残すもの
22	精神または神経系統に、労働が制限を受けるか、または労働に制限を加えることを必要とする程度の障害を残すもの

※障害手当金は、障害認定日から5年経過すると時効となり、請求できなくなります。

家族のために遺族年金を残せますか

◆遺族給付も2階建ての構造になっている

◆死亡した人と遺族によって給付の種類は異なる

◆遺族基礎年金は子どもがいる妻であることが条件

遺族年金の構造はこのようになっている

　国民年金または厚生年金保険の被保険者や被保険者だった人が一定の要件を満たして死亡したときには、一定の遺族に「遺族給付」が支給されます。この遺族給付もやはり障害給付と同様に、1階部分が国民年金からの遺族基礎年金、2階部分が厚生年金保険からの遺族厚生年金（または共済組合からの遺族共済年金）と2階建てになっています。1階部分、2階部分とも各々もらうための要件に違いがあります。

2階部分	遺族厚生年金（遺族共済年金）	厚生年金保険（共済組合）からの給付
1階部分	遺族基礎年金	国民年金からの給付

　国民年金の第1号被保険者の遺族（または、かつて第1号被保険者で要件を満たしている人の遺族）には1階部分が、国民年金の第2号被保険者の遺族には1階部分と2階部分が給付されます。

遺族給付の種類ともらえる遺族について

　遺族給付は、死亡した人と遺族の組み合わせでどんな給付になるか決まります。そのどちらにも要件があります。したがって、第1号被保険者なら必ず1階（国民年金からの支給）、第2号被保険者なら必ず1階（国民年金からの支給）と2階（厚生年金保険または共済組合からの支給）の両方があるというわけではありません。そこが老齢給付や障害給付と異なるところです。

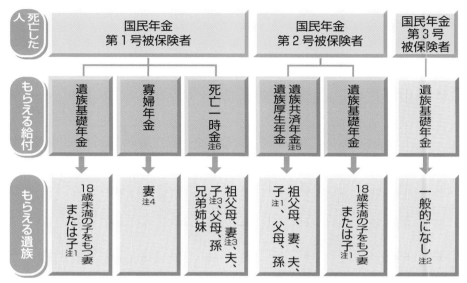

遺族給付の種類

死亡した人	国民年金 第1号被保険者			国民年金 第2号被保険者		国民年金 第3号 被保険者
もらえる給付	遺族基礎年金	寡婦年金	死亡一時金 注6	遺族共済年金 注5 / 遺族厚生年金	遺族基礎年金	遺族基礎年金
もらえる遺族	18歳未満の子をもつ妻 または子 注1	妻 注4	子 注3、父母、孫、祖父母、夫、兄弟姉妹	子 注1、妻、夫、父母、孫、祖父母	18歳未満の子をもつ妻 または子 注1	一般的になし 注2

注1　18歳未満の子とは、18歳に達した後、最初に到来する3月31日までにある子、または20歳未満の障害等級1級または2級（いずれも、現に婚姻していないこと）の子をいう。
注2　昭和61年4月前に国民年金に任意加入していた人で、保険料納付済期間が3年以上ある場合には死亡一時金が支給されることがある。また、18歳未満の子が要件を満たせば、もらえることもある。
注3　遺族基礎年金が受けられないときに限る。
注4　結婚10年以上の妻に限る。
注5　夫、祖父母、父母、孫には年齢要件がある。
注6　死亡した人と生計を同じくしていた人に限る。

遺族給付の年金請求先と支給開始日

　遺族給付の請求先は、次のように死亡日に加入していた制度によって決定されます。支給開始日は、いずれも死亡した日の翌月からとなります。

厚生年金保険の被保険者	最寄りの年金事務所
厚生年金保険の被保険者だった人	最寄りの年金事務所
国民年金の被保険者	住所地の市区町村

151

遺族基礎年金をもらうための条件と支給金額

遺族基礎年金は、被保険者本人が次の期間中に死亡していなければ受給資格がありません。

1	国民年金に加入中の被保険者（サラリーマンも含まれる）が死亡
2	かつて国民年金の被保険者で、日本国内在住の人が60歳以上65歳未満の間に死亡
3	老齢基礎年金の受給権者（受給している人）
4	老齢基礎年金の支給要件（25年以上の保険料納付済期間と免除期間）を満たした人が死亡

死亡時期が上記1、2に該当する場合は、保険料納付要件があります（3、4の場合は問われません）。保険料納付要件は障害給付の場合とほぼ同じで、死亡日の前日において、死亡日の属する月の前々月までの保険料を納付すべき期間のうち、3分の2以上が保険料納付済期間または保険料免除期間であることです。つまり、保険料滞納期間が3分の1を超えないことが要件です。

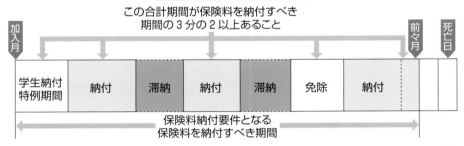

保険料納付要件には特例があり、上記の3分の2以上の保険料納付済要件を満たしていなくても、令和8年3月31日までなら、死亡日の前日における、死亡日の属する月の前々月までの1年間に滞納がなければよいこととなっています（P141参照）。

遺族基礎年金をもらえる遺族の要件

遺族基礎年金をもらえる遺族は、本人の死亡の当時、本人に生計を維持されていた次の要件に該当する子のいる妻（夫）または子です。

妻(夫)	死亡当時、18歳未満（または20歳未満で障害等級1、2級）の子と生計を同じくしていた妻（夫）
子	妻（夫）がいないとき（すでに死亡の場合、または離婚して別居している場合）の18歳未満の子（または20歳未満で障害等級1、2級の子）

（注）18歳未満の子とは、18歳に達した後、最初に到達する3月31日までにある子、または20歳未満で障害等級1級・2級の子で、現に婚姻していない子をいう。また子とは、死亡した人の実子または養子縁組をしている子をいう。いわゆる連れ子で養子縁組をしていない場合は、ここでいう子ではない。妻（夫）とは法律上の妻（夫）および婚姻の届け出を提出していないが、事実上婚姻関係と同様の事情にある人（いわゆる内縁関係や事実婚の人）も含む。

遺族基礎年金の額の具体例

遺族基礎年金の額は、(1)「子のいる妻（夫）と子が遺族の場合」と(2)「子だけが遺族の場合」とで異なります。以下に具体的に説明しましょう。

(1)「子のいる妻（夫）と子が遺族の場合」の遺族基礎年金の合計額

妻と子1人の場合

816,000円+234,800円
=1,050,800円

妻と子2人の場合

816,000円+469,600円
=1,285,600円

妻と子3人の場合

816,000円+547,900円
=1,363,900円

（注）4人目以降の額は、1人増えるごとに78,300円を加算して算出する。

(2)「子だけが遺族の場合」の遺族基礎年金の合計額

子が1人の場合
816,000円

子が2人の場合
816,000円+234,800円
=1,050,800円

子が3人の場合
816,000円+313,100円
=1,129,100円

子が4人の場合
816,000円+391,400円
=1,207,400円

（注）上記支給額は、昭和31年4月2日以降生まれの人の令和6年度価額である。

年　金

厚生年金保険の加入中に死亡した場合

POINT

◆遺族厚生年金には優先順位がある
◆再就職までの間は国民年金への変更手続きが必要
◆中高齢の寡婦加算は40歳から65歳まで行われる

死亡したときに遺族厚生年金をもらうための条件とは

　遺族厚生年金は遺族基礎年金に比べて妻や子に限らず、遺族の範囲が広くなっています。また、年金額は定額ではなく、亡くなった人の全加入期間の平均給与額（平均標準報酬額）と加入月数などで異なります。

　遺族厚生年金をもらうには、一定の遺族であるという要件のほかに、死亡した人が次の①から④に該当していたことも重要な要件となっています。

1　死亡日に厚生年金保険の被保険者であった人

2　被保険者が資格喪失後、被保険者期間中に初診日のある病気やケガで、初診日から5年経過する前に死亡した人

3　障害厚生年金の障害等級1・2級の受給権者（受給している人）

4　老齢厚生年金の受給権者（受給している人）、または支給条件（25年以上の保険料納付済期間と免除期間）を満たして死亡した人

厚生年金保険の加入中に死亡した場合はどうなる

　遺族厚生年金をもらうための保険料納付要件は、遺族基礎年金の保険料納付要件とほぼ同様です（P152参照）。死亡日の前日において死亡日の属する月の前々月までの保険料を支払ってきたか否かで判断されます。

　もっとも、厚生年金保険の保険料は給与から天引きなので、滞納の心配はありません。

　ただし、就職直後に死亡した人で、就職する前の失業期間中に保険料を滞納していた人に関しては、この保険料納付要件を満たさず遺族厚生年金がもらえないケースが出てきます。もちろん遺族基礎年金ももらえません。

したがって、会社を辞めて次の会社に再就職するまでの間は、必ず国民年金の第1号被保険者への変更手続きをして、保険料を支払っておくことが大切です。また障害厚生年金や遺族基礎年金・障害基礎年金と同じように、3分の2以上の納付済要件を満たしていなくても、令和8年3月31日までなら、直近1年間に滞納がなければよいことになっています（P152参照）。

遺族厚生年金がもらえる遺族とは

遺族厚生年金をもらえる遺族は下表で示すように広範囲ですが、誰でももらえるわけではありません。

つまり、遺族厚生年金は遺族の中で最も先順位の人にだけ支給されるのです。遺族厚生年金を受けている人が死亡や結婚などの理由で受給権がなくなっても下位の人に受給権は生じません。

遺族厚生年金が支給される順位

1位	配偶者	妻の場合、年齢は問われないが、夫の場合は55歳以上
	子	18歳に達した後、最初に到達する3月31日までにある子（または障害等級1級・2級の20歳未満の子）で、現に婚姻していない子（注）妻と子の場合は妻に支給されて、子は支給停止。夫と子の場合は子に支給されて、夫は支給停止。
2位	父母	55歳以上
3位	孫	要件は子と同じ
4位	祖父母	55歳以上

注1　夫、父母、祖父母の場合は被保険者の死亡当時55歳以上の人が対象であるが、55〜59歳までの間は支給されず、60歳からの支給となる。この制度を「若年停止」という。夫、父母、祖父母の場合は、本人に生計維持されていた人でも、60歳前なら自分で稼げるだろうという考え方からこのような制度になっている。また、子のいない妻が夫死亡時に30歳未満であれば、5年間の有期年金となる。
注2　生計維持されていた人とは、死亡当時被保険者と生計を同じとし、年収850万円以上を得られないと認められる人のことをいう。

遺族厚生年金と遺族基礎年金

　遺族が「①子のある妻（夫）の場合」と「②子のみの場合」は遺族基礎年金に遺族厚生年金が上積みされて支給されますが、遺族が「③子のない中高齢の妻の場合」と①〜③のいずれでもない場合は、遺族基礎年金は支給されません。

⋯⋯⋯⋯ 遺族による支給される年金の違い ⋯⋯⋯⋯

①子のある妻（夫）の場合	遺族厚生年金 （夫についてはP153参照）	遺族基礎年金	子の加算額
②子のみの場合	遺族厚生年金	遺族基礎年金	子の加算額 （注1）
③子のない中高齢の妻の場合	遺族厚生年金	中高齢の寡婦加算額	
④上記以外の場合 （夫・父母・孫・祖父母）	遺族厚生年金 （注2）		

注1　「②子のみの場合」に子の加算額があるのは、子が2人以上いる場合。
注2　「④上記以外の場合」はP155を参照。

妻が遺族厚生年金をもらえなくなる場合

　妻に支給されている遺族厚生年金がもらえなくなるのは、次の場合です。

1　（妻が）再婚したとき（事実婚も含む）

2　（妻が）死亡したとき

3　（妻が）直系血族及び直系姻族以外の養子となったとき

4　夫死亡時に子のない30歳未満の妻が5年を経過したとき

注　直系血族とは、血のつながりのある父母、祖父母、子、孫をいう。直系姻族とは、自分の配偶者の父母、祖父母、子、孫をいう。

子が遺族厚生年金をもらえなくなる場合

子に支給されている遺族厚生年金がもらえなくなるのは、次の場合です。

1 （子が）18歳に到達した年度の末日（障害等級1級・2級の場合は20歳に到達した年度の末日）に達したとき

2 （子が）死亡したとき

3 （子が）結婚したとき（事実婚も含む）

4 20歳未満の障害のある子が障害等級1級・2級に該当しなくなったとき

5 （子が）直系血族および直系姻族以外の養子となったとき

6 （子が）離縁により、死亡した人との親族関係が終了したとき

中高齢の寡婦加算の額と要件

　厚生年金保険に原則20年以上加入していた夫の死亡当時、40歳以上65歳未満で生計を維持されていた妻には、64歳までの間の遺族厚生年金に中高齢の寡婦加算＝年額596,300円がつきます。

　また、夫の死亡当時40歳未満の妻でも、最年少の子が18歳に到達した年度末になり、遺族基礎年金が打ち切られた時点で40歳以上であれば、同様に中高齢の寡婦加算があります。

　この中高齢の寡婦加算は、妻が65歳になり妻自身の老齢基礎年金がもらえるようになったら支給されなくなります。そうなると、年金額が以前より低くなる人が出てきますので、その不足分を補うため、65歳以降も一定の額を加算する経過的寡婦加算になります。

⋯⋯ 子のいる妻の場合（例）⋯⋯

夫死亡	子が成長したときに妻40歳以上注3		妻65歳	

遺　族　厚　生　年　金注5

遺族基礎年金	中高齢の寡婦加算注2	経過的寡婦加算注1、注2
		老齢基礎年金

⋯⋯ 子のいない妻の場合（例）⋯⋯

夫死亡 妻40歳以上	妻65歳

遺　族　厚　生　年　金注5

中高齢の寡婦加算注2	経過的寡婦加算注1、注2
	老齢基礎年金

⋯⋯ 子のいない中高齢の妻に寡婦加算がつかない場合（例）⋯⋯

夫死亡 妻30歳未満注4	夫死亡 妻30歳以上～40歳未満注4	妻65歳

遺族厚生年金—5年間—	遺　族　厚　生　年　金注5
	老齢基礎年金

注1　昭和31年4月1日以前に生まれた妻。
注2　夫の被保険者期間が原則20年以上。
注3　子が成長したときとは、最年少の子が18歳に到達した年度の末日になったときや、障害等級の1級・2級の子が20歳になったときなど、子が全員、失権したときをいう。
注4　夫死亡時に妻が30歳以上40歳未満の場合は、遺族厚生年金のみ支給される。また、夫死亡時に妻が30歳未満の場合は、5年間の有期年金（遺族厚生年金）となる。
注5　65歳から妻自身の老齢厚生年金が受給できる場合は、優先して支給され、その額が遺族厚生年金に満たない額であるときは、その差額を遺族厚生年金として併給される。

遺族基礎年金がなくても寡婦年金と死亡一時金が

　国民年金の第1号被保険者で、遺族基礎年金などほかに何も受けられないときには、寡婦年金または死亡一時金があります。第1号被保険者の遺族である妻（夫）に幼い子がいない場合は遺族基礎年金が支給されませんし、遺族厚生年金も受けられません。そこで、保険料が掛け捨てにならないように、国民年金独自の給付として死亡一時金が支払われることとなっています。

また、国民年金第1号被保険者には遺族基礎年金をもらえない60歳から65歳の妻で結婚生活が10年以上続いた場合には寡婦年金があります。

寡婦年金をもらうための条件

　寡婦年金をもらうための条件は、次のようになります。

1 60歳以上65歳未満の寡婦（未亡人）であること（60歳未満の場合60歳から支給）

2 死亡した夫に扶養されていた妻で、夫が死亡するまでに10年以上の婚姻期間があること（事実婚含む）

3 老齢基礎年金をもらう資格を満たしている夫が死亡した場合であること

4 死亡した夫が老齢基礎年金を受けていないこと、または障害基礎年金の受給権がないこと

死亡一時金をもらうための条件と優先順位

　遺族の優先順位は、配偶者、子、父母、孫、祖父母、兄弟姉妹となります。

1 死亡した人が国民年金の第1号被保険者として保険料を3年以上納めていたこと

2 死亡した人が老齢基礎年金、障害基礎年金の両方とも支給されたことがないこと

3 遺族の中に子（18歳に達した後最初に到来する3月31日までの子、または20歳未満で障害等級1、2級の子で、現に婚姻していない子）がいないため遺族基礎年金がもらえないこと

part 4 ⑫

年 金

消えた年金は こうして見つけよう

POINT

◆ 自らの記憶を思い出し、消えた記録をつなげていくしかない
◆ 自分史年表を作成しよう
◆ 「ねんきん定期便」が届いたら、職歴・年月日・標準報酬・標準賞与に注意する

自分の年金は自分で守る

　浮いた年金、消えた年金の解決方法は国民が「記憶」をたどり、自分で見つけ出すことしかありません。国が何とかしてくれると期待するのではなく、解決は自らの行動にあることを自覚しましょう。

　「消えた年金」解決への道は、まず、20歳から現在までの自分史年表を作成することです。自分史をつくるときには配偶者の分も作成しましょう。

自分史年表の作成ポイント

- □1　名前（カタカナ）・性別の間違いはないか
- □2　結婚や養子縁組により名字の変更はなかったか
- □3　生年月日に誤りはないか
- □4　倒産や廃業等で現存しない会社の加入期間は消えてしまっているという思い込みはないか
- □5　学生時代に両親が国民年金保険料を支払っていた可能性はないか
- □6　継続勤務していたつもりでも転勤や出向などで空白期間はなかったか
- □7　短期間のアルバイト・パート、保険外務員などの期間はなかったか
- □8　夫（妻）の扶養家族に入っていた期間は、カウントされているか

厚生年金基金についての問い合わせ先

● 加入期間が10年未満で脱退した人
　⇒企業年金連合会（企業年金コールセンター TEL0570－02－2666）
　　ホームページ　pfa.or.jp
● 加入期間が10年以上で脱退した人・現在加入中の人
　⇒勤務先（または当時の勤務先）に確認の上、各厚生年金基金へ問い合わせをしてください。

毎年1回ねんきん定期便が送られてくる

　日本年金機構（旧・社会保険庁）では、年金加入記録や年金見込額などの情報である「ねんきん定期便」を、加入者全員に、毎年1回誕生月に送付しています。現在では、ねんきんネットの利用もできます。

　この「ねんきん定期便」には、「50歳未満の方用」、「50歳以上の方用」、「年金受給者で現役被保険者の方用」があり、35歳、45歳、59歳の年齢の方以外の加入者には、ハガキで送付されています。内容は、「50歳未満の方用」には、年金加入期間、加入実績に応じた年金額、保険料納付額と最近の月別状況、「50歳以上の方用」には、年金加入期間、老齢年金の見込額、保険料納付額と最近の月別状況、「年金受給者で直近1年間に被保険者期間がある方用」には、年金加入期間、保険料納付額と最近の月別状況が記載され、自分の年金加入記録を確認することができます。

　35歳、45歳、59歳の節目となる年齢の方には、ハガキではなく封書で送付されています。

ねんきん定期便にもれや誤りがあったら

　「ねんきん定期便」が届いたら、封書の場合には、まず書類がそろっているか確認をしてください。次に記録を確認して、もれや誤りがあった場合には、封筒に同封されている年金加入記録回答票に記入して返送してください。「ねんきん定期便」がハガキで送られてきた場合には、ねんきん定期便専用ダイヤルで日本年金機構へ連絡をしてください。ただし、前年までの「ねんきん定期便」の回答票や「被保険者記録照会票」などで、すでに記録のもれや誤りを調査中の場合には、送付された「ねんきん定期便」には、調査中の訂正された年金記録が反映されていない場合もありますので注意してください。

「ねんきん定期便」確認の流れ

①記録を確認する
②もれや誤りがある場合
　⇒年金記録回答票に訂正を記入⇒年金記録回答票を返送する
　⇒「ねんきん定期便」がハガキの場合⇒日本年金機構へ連絡する
③もれや誤りがない場合
　⇒年金記録回答票を返送しなくてよい
ねんきん定期便、ねんきんネットに関する問い合わせ先　専用ダイヤルTEL 0570-058-555
日本年金機構ホームページ　nenkin.go.jp

年金時効特例法について

　年金時効特例法が施行される前は、年金記録が訂正されて年金が増額された場合でも、時効消滅により直近の５年間分の年金に限っての遡及払いしか行われませんでした。

　しかし、年金時効特例法の施行（平成19年７月）によって年金記録の訂正による年金の増加分は、時効により消滅した分を含めて、本人、または、本人が死亡している場合は遺族に対して全額を遡及して支払われることになりました（年金特例給付）。たとえば、60歳から年金を受給していた人で、71歳になってから追加すべき年金記録が見つかった場合には、これまでは時効が５年であったため66歳以降の分しか遡及払いされなかったのですが、この法律ができたことで、時効消滅で受け取ることができなかった５年よりも前の全期間分をさかのぼって支払われることになりました。

年金時効特例法のイメージ

●特例法施行前

60歳 ← 全期間	66歳 ← 5年間	71歳
5年を超える分は時効消滅	増額分は5年間さかのぼって支払われる	全額

●特例法施行後
年金時効特例法により、時効消滅により受け取ることができなかった分も
全期間さかのぼって支払われる。

当初から支払われる	全額

厚生年金特例法について

　厚生年金特例法とは、会社が従業員の給料から厚生年金保険料を天引きしていたにもかかわらず、加入期間として記録に反映されていなかった場合に、年金記録が訂正されるものです。その要件は次の通りです。

> １　会社が従業員の給料から厚生年金保険料を天引きしていたこと

> ２　厚生年金保険料を年金事務所（旧・社会保険庁）に納付したことが明らかでないと、年金記録確認第三者委員会が認定したこと

勤め先の名称が記録されていない場合はこの表示となる

空白期間がある場合はその旨表示される

加入月数を確認する

加入期間がつながっていることを確認する

現在加入中の場合は空欄になる

ねんきん定期便のチェックポイント

「年金加入履歴」以外の書類にも注意点があります。

●「標準報酬月額」の一覧表

過去の給与明細や給与振り込みの記録のある預金通帳などを用意して、月ごとに実際の給与額と一覧表の標準報酬月額の間に大きな開きがないかを確認します。大きく違っている場合は、注意が必要です。ただし、標準報酬月額は便宜上、実際の給与額に近い区切りのよい金額になっています。（「標準報酬月額」についてはP164を参照）

●「国民年金保険料」の一覧表

月ごとに国民年金の保険料の納付状況を確認できるので、過去の保険料の領収書などを用意して相違点を確認します。

163

標準報酬月額とは？

　健康保険・厚生年金保険では、毎月の給料などの報酬の月額を区切りのよい幅で区分した標準報酬月額を設定して、保険料の額や保険給付の額を計算します。標準報酬月額は、健康保険は第1級から第50級まで、厚生年金保険は第1級から第32級までに区分され、協会けんぽの保険料は都道府県単位で決定されます。

標準報酬月額表（東京都の例・抜粋）

令和6年4月現在

等級	標準報酬（円）月額	日額	報酬月額（円以上～円未満）	協会けんぽ（東京都）介護保険第2号被保険者に該当しない場合 健康保険料率9.98% 保険料(折半額)	介護保険第2号被保険者に該当する場合 健康保険料率11.58% 保険料(折半額)	厚生年金保険 一般の被保険者 厚生年金保険料率18.300% 保険料(折半額)
13(10)	160,000	5,330	155,000～165,000	7,984.0	9,264.0	14,640.00
14(11)	170,000	5,670	165,000～175,000	8,483.0	9,843.0	15,555.00
15(12)	180,000	6,000	175,000～185,000	8,982.0	10,422.0	16,470.00
16(13)	190,000	6,330	185,000～195,000	9,481.0	11,001.0	17,385.00
17(14)	200,000	6,670	195,000～210,000	9,980.0	11,580.0	18,300.00
18(15)	220,000	7,330	210,000～230,000	10,978.0	12,738.0	20,130.00
19(16)	240,000	8,000	230,000～250,000	11,976.0	13,896.0	21,960.00
20(17)	260,000	8,670	250,000～270,000	12,974.0	15,054.0	23,790.00
21(18)	280,000	9,330	270,000～290,000	13,972.0	16,212.0	25,620.00
22(19)	300,000	10,000	290,000～310,000	14,970.0	17,370.0	27,450.00
23(20)	320,000	10,670	310,000～330,000	15,968.0	18,528.0	29,280.00
24(21)	340,000	11,330	330,000～350,000	16,966.0	19,686.0	31,110.00
25(22)	360,000	12,000	350,000～370,000	17,964.0	20,844.0	32,940.00
26(23)	380,000	12,670	370,000～395,000	18,962.0	22,002.0	34,770.00
27(24)	410,000	13,670	395,000～425,000	20,459.0	23,739.0	37,515.00
28(25)	440,000	14,670	425,000～455,000	21,956.0	25,476.0	40,260.00
29(26)	470,000	15,670	455,000～485,000	23,453.0	27,213.0	43,005.00
30(27)	500,000	16,670	485,000～515,000	24,950.0	28,950.0	45,750.00
31(28)	530,000	17,670	515,000～545,000	26,447.0	30,687.0	48,495.00
32(29)	560,000	18,670	545,000～575,000	27,944.0	32,424.0	51,240.00
33(30)	590,000	19,670	575,000～605,000	29,441.0	34,161.0	53,985.00
34(31)	620,000	20,670	605,000～635,000	30,938.0	35,898.0	56,730.00
35(32)	650,000	21,670	635,000～665,000	32,435.0	37,635.0	59,475.00

（注）等級欄左は健康保険の等級、（　）は厚生年金保険の等級。保険料の単位は円。
（注）賞与も保険料の対象となる。賞与額を1,000円未満に切り捨てた額（標準賞与）とし、表の健康保険料率および厚生年金保険料率を乗じたものが保険料となり、労使で折半する。
（注）厚生年金保険料率は、平成29年9月以降は18.3％に固定された。

PART 5

退職後の税金

退職しても住民税は必ずついてくる

まずは住民税について学んでおこう

　在職中の所得税や住民税は給料から控除される形で納付していましたが、退職後は自ら直接納付しなければなりません。所得税は先取りですから収入がない場合は納付する必要がありませんが、住民税は前年の所得に対する支払いとなりますので、退職後もついてきます。

　住民税とは都道府県民税と市町村民税（東京23区内は特別都民税）の総称をいいます。住民税の納付方法は、在職中であれば、毎月の給与から控除されたものを会社が各市区町村に納付（特別徴収）することになりますが、退職後は自分で直接、通常年4回（6月・8月・10月・翌年の1月）に分けて納める（普通徴収）ことになります。したがって、退職して現在収入がない人でも、前年に所得があった場合は住民税を納付する必要があります。

　このように、住民税は前年の所得に対してかかってくるので、前年の収入が多ければ、翌年は多くの住民税を支払うことになります。また、住民税は前年の所得から割り出された税額を6月から翌年の5月までの毎月の給料から天引きされていますので、退職月によってその納付方法が異なります。

　1月から4月までに退職する場合には、住民税の残額は最後の給与か退職金から一括して差し引かれますので、1月に退職した場合は5月までの5カ月分が一度に差し引かれることになります。5月に退職する場合には、通常通り1カ月分が徴収され、6月以降に退職する場合は、翌月以降特別徴収できなくなった住民税の残額は、普通徴収（市区町村からの納税通知書にしたがって直接納付する）の方法により徴収されます。ただし、離職者が住民税の残額を給与か退職金からまとめて特別徴収されることを申し出た場合は、一括徴収されます。住民税は総所得金額を計算してから次ページ（所得控除の例）の表や計算式をもとに算出していきます。

住民税の計算方法

　住民税の計算は、まず所得金額を算出し、続いてそこから所得控除額を差し引いた課税標準額を出します。そして、課税標準額に住民税の税率をかけたものが所得割の住民税となります。この所得割と所得に関係なく均等に負担する均等割の合計が住民税となります。

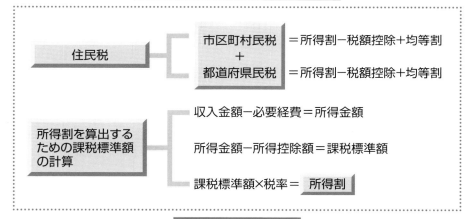

住民税の所得割算出方法

住民税	市区町村民税	＝所得割−税額控除＋均等割
	＋	
	都道府県民税	＝所得割−税額控除＋均等割

所得割を算出するための課税標準額の計算

収入金額−必要経費＝所得金額

所得金額−所得控除額＝課税標準額

課税標準額×税率＝ 所得割

所得割の額

市（区）町村民税 ＝ 課税標準額 × 6％

（都）道府県民税 ＝ 課税標準額 × 4％

（注）政令指定都市については、市民税が8％、道府県民税が2％となる。

均等割の額

森林環境税 ＝ 1,000円（年額）

市（区）町村民税 ＝ 3,500円（年額）

（都）道府県民税 ＝ 1,500円（年額）

（注）均等割の額は自治体により異なる場合があります。森林環境税は令和6年度から新設された。

住民税の所得控除の例

所得控除の種類	内　容	控除の額
基　礎　控　除	合計所得金額による	所得により 最高43万円
配　偶　者　控　除	所得要件あり	最高33万円 70歳以上の配偶者 は最高38万円
配偶者特別控除	所得要件あり	最高33万円
扶養控除（一般）	16歳以上19歳未満、23歳以上70歳未満の 扶養親族があるとき	33万円
扶養控除（特定）	19歳以上23歳未満の扶養親族があるとき	45万円
扶養控除（老人）	70歳以上の扶養親族があるとき	38万円
	70歳以上の同居老親等	45万円
障　害　者　控　除	本人・同一生計配偶者・扶養親族	26万円
	特別障害者	30万円
	同一生計配偶者又は扶養親族が同居の 特別障害者	53万円
社会保険料控除	健康保険・厚生年金保険・国民健康保 険・介護保険の保険料を支払ったとき	実際に支払った 全額
生命保険料控除	一般の生命保険、介護医療保険または個 人年金の保険料を支払ったとき	最高各2万8,000円^{（注）} （適用限度額7万円）
地震保険料控除	地震保険料を支払ったとき	最高2万5,000円
小 規 模 企 業 共 済 等 掛 金 控 除	中小企業基盤整備機構との小規模企業共 済契約に基づき支払った掛金があるとき	全額
寡婦（夫）控除	本人が寡婦（夫）	26万円
ひ と り 親 控 除	納税者がひとり親であるとき	30万円
医　療　費　控　除	本人または生計同一の配偶者などが10 万円もしくは合計所得金額の5%のいず れか少ない額を超える医療費を支払っ たとき	超えた部分の額 （最高200万円）

（注）平成23年12月31日以前に締結した保険契約等については、従前の一般生命保険料控除及び個
人年金保険料控除（適用限度額は各3.5万円）が適用される。

住民税は翌年の6月から徴収される

　住民税は前年の所得から計算して6月から翌年5月までの1年間に毎月の給料から徴収されますが、年の途中で退職すると徴収方法が変わります。

　例えば、1月に退職すると1月から5月までの分がまとめて徴収されることになり、4月に退職すると4月の給与から4〜5月分が徴収されます。5月に退職した場合は、通常通り1カ月分が徴収されます（納付例①参照）。

　6月以降に退職した場合は納付方法が異なります。例えば6月に退職した場合には、退職月に徴収されるのは6月の住民税だけで、翌年5月までについては市区町村からの納税通知書によって納付します（納付例②、③参照）。希望すれば、退職月の給料から翌年5月までの住民税をまとめて納付したり、新しい勤め先の給料から住民税を控除できるよう「特別徴収」の引き継ぎができるケースもありますので、勤め先で確認してください。

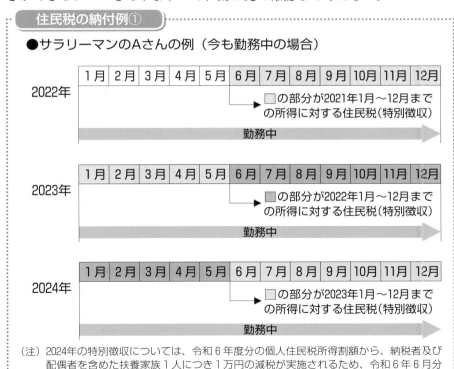

住民税の納付例①

●サラリーマンのAさんの例（今も勤務中の場合）

（注）2024年の特別徴収については、令和6年度分の個人住民税所得割額から、納税者及び配偶者を含めた扶養家族1人につき1万円の減税が実施されるため、令和6年6月分は徴収せず、「定額減税「後」の税額」を令和6年7月分〜令和7年5月分の11カ月で均して徴収するとされている。上図は本来の徴収方法を示したものである。

●サラリーマンのBさん（2024年3月31日に退職した場合）

	1月	2月	3月	4月	5月	6月	7月	8月	9月	10月	11月	12月
2022年												

→ 2021年1月～12月までの所得に対する住民税（特別徴収）

勤務中

	1月	2月	3月	4月	5月	6月	7月	8月	9月	10月	11月	12月
2023年												

→ 2022年1月～12月までの所得に対する住民税（特別徴収）

勤務中

	1月	2月	3月	4月	5月	6月	7月	8月	9月	10月	11月	12月
2024年												

→ 2023年1月～12月までの所得に対する住民税は特別徴収できないので、普通徴収となる

勤務中 ▸ 3/31退職
（4、5月分は一括徴収）

（注1） Bさんは3月31日に退職のため、4月以降の住民税は給与から特別徴収できず、2023年1月～12月までの住民税の残り4月・5月分は、退職時の給与等から一括徴収される。

（注2） Bさんの2023年1月～12月までの住民税（2024年6月以降の分）は普通徴収に切り替わり、納税通知書にしたがって自分で納付する（分割する場合は6月、8月、10月、翌年1月の4期に分けて納付できる）。

●サラリーマンのCさん（2024年8月31日に退職した場合）

	1月	2月	3月	4月	5月	6月	7月	8月	9月	10月	11月	12月
2022年												

→ 2021年1月～12月までの所得に対する住民税（特別徴収）

勤務中

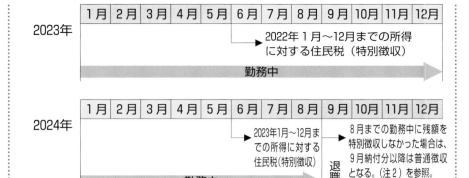

（注１）Cさんの2023年の1月～12月までの所得に対する住民税（2024年9月以降の分）は普通徴収に切り替わり、納税通知書にしたがって自分で納付する（分割する場合は10月、翌年1月の2期に分けて納付できる）。ただし、残額を給与、賞与、退職金などからまとめて特別徴収されることを申し出た場合は、一括徴収される。

（注２）2024年の特別徴収については、令和6年度分の個人住民税所得割額から、納税者及び配偶者を含めた扶養家族1人につき1万円の減税が実施されるため、令和6年6月分は徴収せず、「定額減税『後』の税額」を令和6年7月分～令和7年5月分の11カ月で均して徴収するとされている。上図は本来の徴収方法を示したものである。

国税から地方税への税源移譲と減額措置

　平成19年から、国税（所得税）から地方税（住民税）への税金の移し替えが行われました。この際、住民税と所得税では配偶者控除や扶養控除、基礎控除（所得税38万円、住民税33万円）などの人的控除額に差があるため、その調整のために、人的控除に応じた減額措置（調整控除）が創設されました。減額措置では、次の計算式で算出された額が所得割から控除されます。

課税所得金額が200万円以下の場合

控除額	＝	人的控除額の差の合計額か、課税所得金額のいずれか小さい額の5％

課税所得金額が200万円超の場合

控除額	＝	人的控除額の差の合計額	－	（課税所得金額－200万円）	×	5％

　ただし、この控除額が2,500円未満の場合は2,500円となる。
　※5％の内訳は、いずれも都道府県民税2％、市町村民税3％となる。

納めすぎの税金は確定申告をして取り戻そう

POINT

◆還付申告の提出は2月15日以前でもできる

◆書類提出でなくてもe-Taxで申告できる

◆還付申告の後でも、更正請求によって訂正ができる

確定申告の必要がある人とは

　所得税は毎年1月1日から12月31日までの1年間に生じた所得を対象として課税されます。確定申告では、1年間に生じた所得金額から各種所得控除を控除した課税所得金額に基づき所得税を計算して、すでに給与から控除された源泉所得税や予定納税の総額を比べて不足していれば納付することになりますし、納めすぎであれば還付されることになります。

　サラリーマンなら給与以外の収入はないのが通常ですから、現役のサラリーマンの大部分は確定申告の必要がなく、毎年12月の年末調整で1年分の税額精算ができるようになっています。しかし、年の途中で退職し、年末まで再就職をしなかった人は、会社が行う年末調整を行っていませんので、そのままでは所得税を多く納めていることになります。こうした場合には確定申告をすることによって納め過ぎた税金が戻ってきます。

　ただし、退職金については分離課税の扱いとなりますので、退職時に勤務先に対して「退職所得の受給に関する申告書」を提出していれば、確定申告の必要はありません。また、雇用保険の失業給付や、健康保険の傷病手当金は非課税ですので申告の必要はありません。

納めすぎの税金は1月1日から還付申告できる

　確定申告の義務のない人でも、源泉徴収された税金や予定納税が、年間の所得において、計算した税額より多く納めているときは、確定申告によって納め過ぎた税金を取り戻すことができます。この申告を還付申告といって提出期限は還付申告ができる日（所得のあった年の

忘れずに

税務署

翌年1月1日）から5年間と定められています。したがって、毎年確定申告が始まる2月15日以前であっても還付申告はできます。

　なお、申告後に提出した申告書に誤りが見つかった場合には、更生の請求（期限は提出から5年間）を行うことができます。

　確定申告は、従来の書類による税務署への提出のほかに、インターネット（e-Tax）による提出ができます。マイナンバーカードとスマートフォンを利用して、行政手続のオンライン窓口であるマイナポータルと連携することで、専用画面で確定申告書を作成して、税務署に出向くことなく、24時間（提出期間中）いつでも提出できます。

　国税庁：「マイナポータル連携特設ページ」を参照。

確定申告に必要な書類は申告書のほかにもある

　確定申告に必要な書類は「確定申告書」のほか、源泉徴収票、社会保険料の領収書、生命保険・損害保険料の控除証明書、医療費の領収書などがあります。源泉徴収票は、給与をもらっている人は会社からもらいますが、年金受給者は日本年金機構から郵送されることになります。確定申告をする場合は、この源泉徴収票で確認する必要があります。給与所得者に源泉徴収票が交付される時期は、年末調整時の12月またはそれぞれ各自の退職時で、年金受給者の源泉徴収票の交付される時期は、毎年1月31日までです。

所得税の計算方法

　所得税の計算は、住民税同様にまず所得金額を算出し、続いて所得金額から所得控除額を差し引いて課税所得金額を出します。そしてこれに税率をかけたものが所得税となるのです。計算方法は次のようになっています。

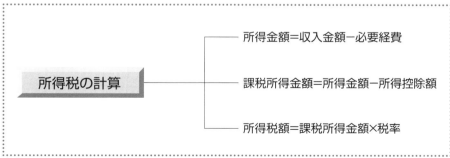

所得税の計算

所得金額＝収入金額－必要経費

課税所得金額＝所得金額－所得控除額

所得税額＝課税所得金額×税率

（注）サラリーマンの場合、必要経費は給与所得控除額となる。

給与所得控除額は給与所得者の経費に相当

サラリーマンには申告による経費という概念がありませんので、給与の収入額に応じて必要経費的な要素を持つ給与所得控除額が設けられています。給与収入から給与所得控除額を差し引いた額が給与所得の金額になります。

簡易給与所得表（抜粋）

〈収入金額－給与所得控除＝所得金額〉

給与等の収入金額の合計額	給与所得の金額
550,999円まで	——
551,000〜1,618,999円以下	給与等の収入金額の合計額から55万円を控除した金額
1,619,000円　〜　1,619,999円	1,069,000円
2,500,000円　〜　2,503,999円	1,670,000円
3,000,000円　〜　3,003,999円	2,020,000円
4,000,000円　〜　4,003,999円	2,760,000円
5,000,000円　〜　5,003,999円	3,560,000円
6,596,000円　〜　6,599,999円	4,836,800円

給与等の収入金額が660万円以上の場合（令和5年分）

給与等の収入金額の合計額	割合	控除額
6,600,000円超　〜　8,500,000円未満	90％	1,100,000円
8,500,000円以上	－	1,950,000円

所得税額の速算表（税率）

課税される所得金額（千円未満切捨て）	税率	控除額
195万円以下	5％	——
195万円超〜330万円以下	10％	97,500円
330万円超〜695万円以下	20％	427,500円
695万円超〜900万円以下	23％	636,000円
900万円超〜1,800万円以下	33％	1,536,000円
1,800万円超〜4,000万円以下	40％	2,796,000円
4,000万円超	45％	4,796,000円

（注）平成25年1月1日から平成49（令和19）年12月31日までの間に生ずる所得に対して、源泉所得税を徴収する際には、復興特別所得税2.1％が併せて源泉徴収される。

所得控除額の一般例

所得控除15種類のうち、ここでは一般的に使われる12種類を挙げます。

所得控除の種類	内　容	控除の額
基 礎 控 除	合計所得金額2,500万円以下の場合	所得により最大48万円
配 偶 者 控 除	本人の所得が1,000万円以下で、生計同一の一定の配偶者に適用される	最大38万円(一般)
配偶者特別控除	本人の所得が1,000万円以下で、生計同一の配偶者の所得が48万円超133万円以下の場合(年収とは給与収入のこと)	最高38万円
扶 養 控 除	扶養親族があるとき(16歳未満の親族を除く)	38万円(一般の控除対象)
障 害 者 控 除	本人または扶養者が障害者であるとき	27万円(特別障害者は40万円、同居特別障害者は75万円)
社会保険料控除	健康保険・厚生年金保険・国民健康保険・介護保険の保険料を支払ったとき	実際に支払った全額
生命保険料控除	一般の生命保険、介護医療保険または個人年金保険の保険料を支払ったとき	最高各4万円(適用限度額12万円)
地震保険料控除	地震保険料を支払ったとき	最高5万円
小 規 模 企 業 共済 等 掛 金 控 除	中小企業基盤整備機構との小規模企業共済契約に基づき支払った掛金があるとき	全額
寡婦(夫)控除(夫の場合は、生計同一の親族である子どもがいること)	ひとり親に該当せず、夫(妻)と死別または離婚してから婚姻していない人、あるいは夫(妻)の生死が不明で扶養親族または生計同一の子があり合計所得金額が500万円以下の人	27万円
ひ と り 親 控 除	納税者がひとり親であるとき	35万円
医 療 費 控 除	本人または生計同一の配偶者等が10万円もしくは総所得金額が200万円未満の場合はその5%のいずれか少ない額を超える医療費を支払ったとき	超えた部分の額(最高200万円)

確定申告書の書き方

　退職後、年内に再就職できなかった場合には勤務先で行う年末調整ができないので自分で確定申告を行うことによって、納めすぎた税金が還付されます。次に申告書の書き方の概略を説明しましょう。

①税務署で『確定申告書』とともに渡される『確定申告の手引き』にしたがって、第一表、第二表に住所、氏名、電話番号などの必要事項を記入する。

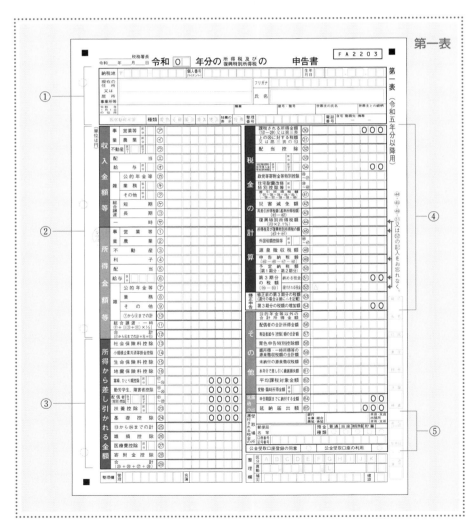

②源泉徴収票から「支払金額」を第一表の「給与①」欄、第二表の「所得の内訳」などの該当欄を、順次記入する。

③基礎控除など所得から差し引かれる金額を記入する。

④『確定申告の手引き』にしたがって「税金の計算」欄などを順次記入していくことで「申告納税額」を計算する。

⑤銀行などの還付金の受取り口座を記入する。

⑥源泉徴収票などの添付書類は添付書類台紙に貼り付ける。

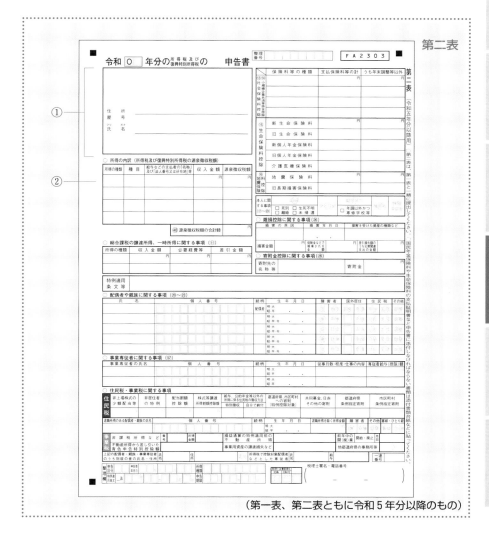

（第一表、第二表ともに令和5年分以降のもの）

退職金にも税金はかかる

税　金

POINT

◆退職金にかかる税金は優遇されている
◆一定額以上の退職金には所得税と住民税がかかる
◆退職金に対する税金は源泉徴収される

退職金の税金は源泉徴収される

　退職したときに受け取る退職金や、厚生年金基金から支払われる退職一時金などには退職所得としての所得税や住民税がかかります。退職所得は分離課税方式がとられていますので、給与所得などの総合課税方式とは違い、他の所得と区分して課税されることになります。

　退職金にかかる所得税は、その年の退職金等の収入金額からその人の勤続年数に応じて計算された退職所得控除額を差し引いて残った額の2分の1を課税対象額として、一定の税率で計算されることになります。勤続年数に応じた退職所得控除額はかなり高く設定してありますので、退職金などにかかる税額は軽くなるよう優遇されているといえます。

　これらの税金は、会社から支払われる段階で源泉徴収されますが、「退職所得の受給に関する申告書」を提出しているかどうかにより、次のような違いがあります。

　「退職所得の受給に関する申告書」は、会社から退職金を受け取るときに会社に直接提出します。この申告書を提出すると退職所得控除額を差し引いた額をもとに税額が計算された後に源泉徴収されるので、確定申告の必要はなくなります。

　しかし、申告書の提出がない場合には、退職金の額そのものに20%×1.021を掛けた額の所得税が源泉徴収されることになるので、余分に支払った所得税を取り戻すためには確定申告が必要となります。

退職日を記入　　　　　住所、氏名、マイナンバー

以前に退職金の支払いを受けたことの
ある人のみこの欄に記入する

勤続年数１年未満の端数は
切り上げて記入

退職時

雇用保険

健康保険

年　金

税　金

やむを得ない退職

再就職

179

「退職所得の受給に関する申告書」を提出した人の場合

$$退職金の所得税 = \frac{退職金等の額 - 退職所得控除額}{2} \times 税率$$

（注）勤務年数5年以下の法人役員等の場合は、2分の1とはならない。

「退職所得の受給に関する申告書」を提出しない人の場合

退職金の所得税 ＝ 退職金の額 × 20% × 1.021

退職所得控除額は勤続年数に応じて計算される

退職所得控除額は、退職金をもらった会社での勤続年数により計算します。勤続年数に1年未満の端数があるときは1年に切り上げて計算します。

勤続年数	退職所得控除額
20年以下	勤続年数×40万円 （80万円未満の場合には80万円）
20年を超える	（勤続年数－20年）×70万円＋800万円

注1　これまでに退職金をもらったことのある人や、一部の役員の退職金、2カ所以上から退職金をもらうときなどは、控除額の計算が違ってくることがある。
注2　障害者となったことが直接の原因で退職した場合の退職所得控除額は、上記の計算額に100万円を加算した額となる。

退職金の税額の計算方法

退職所得の源泉徴収税額（国税＝所得税）は、退職金の額から上記で求めた退職所得控除額を控除した後の金額の2分の1の金額（1,000円未満の端数は切り捨て、以下、課税退職所得金額）を、次ページの速算表の課税退職所得金額（A）の欄に当てはめて、税額計算を行います。ただし、勤続年数5年以下（短期勤続年数）の場合は、退職所得控除後の金額が300万円を超えた部分は全額課税、300万円以下の部分は2分の1課税となります。

なお、平成25年1月1日から令和19年12月31日までの間に生ずる所得に対しては、源泉所得税を徴収する際に、復興特別所得税2.1%が併せて源泉徴収されます。

住民税（地方税）は、課税退職所得金額に税率（市町村民税6%・都道府県民税4%）を乗じて計算します。

······ 退職所得の源泉徴収税額の速算表（令和5年分） ······

課税退職所得金額（A）	税率（B）	控除額（C）	税額＝((A)×(B)−(C))×102.1%
1,950,000円以下	5%	———	((A)×5%)×102.1%
1,950,000円超〜 3,300,000円以下	10%	97,500円	((A)×10%−97,500円)×102.1%
3,300,000円超〜 6,950,000円以下	20%	427,500円	((A)×20%−427,500円)×102.1%
6,950,000円超〜 9,000,000円以下	23%	636,000円	((A)×23%−636,000円)×102.1%
9,000,000円超〜18,000,000円以下	33%	1,536,000円	((A)×33%−1,536,000円)×102.1%
18,000,000円超〜40,000,000円以下	40%	2,796,000円	((A)×40%−2,796,000円)×102.1%
40,000,000円超	45%	4,796,000円	((A)×45%−4,796,000円)×102.1%

（注）求めた税額に1円未満の端数があるときは切り捨てとなる。

具体例で退職金の税額を出してみよう

　会社からもらった退職金の額が、前ページで求めた退職所得控除額以下であれば税金はかかりません。例えば、勤続20年の人なら800万円以下、勤続30年の人なら1,500万円以下、勤続40年の人なら2,200万円以下の退職金であれば、所得税も住民税もかかりません。

　勤続30年で退職金2,000万円をもらって退職したAさんが納めることになる所得税と住民税の税額は次のように計算します。

······ Aさんの税額の計算例 ······

勤続年数30年　退職金2,000万円
「退職所得の受給に関する申告書」は会社に提出済み
1　退職所得控除額
　「退職所得の源泉徴収税額の速算表」から退職所得控除額1,500万円を求める
2　課税退職所得金額
　（20,000,000円−15,000,000円）×1/2＝2,500,000円　（1,000円未満は切り捨て）
3　退職所得に係る所得税額
　（2,500,000円×10%−97,500円）×1.021%＝155,702円
4　退職所得に係る住民税額
　市町村民税　　2,500,000円× 6% ＝150,000円　（100円未満切り捨て）
　都道府県民税　2,500,000円× 4% ＝100,000円　（100円未満切り捨て）
　住民税合計　　150,000円＋100,000円＝250,000円
Aさんの退職金の税額
　155,702円＋250,000円＝405,702円

税　金

生命保険金の賢い清算の しかた

POINT
◆満期保険金には場合によって所得税と贈与税がかかる
◆一度に満期保険金を受け取ると一時所得となる
◆保険料の負担者と保険金の受取人が異なると贈与税がかかる

満期の保険金には所得税と贈与税がかかる

　満期になった保険金は保険契約者と被保険者、保険金の受取人によっても税金の額だけでなく、所得税や贈与税、また相続税の種類までも違ってきます。ちなみに、これらのなかで最も税率が高いのが贈与税で、最も低いのが相続税となります。満期保険金を受け取る場合には最も手取額が増えるように賢い清算をしましょう。

　生命保険金などの満期でもらえる保険金には、保険料の負担者と保険金の受取人の場合によっては、(1)所得税(2)相続税がそれぞれかかります。

(1)**所得税がかかる場合**……これは保険料の負担者と満期保険金の受取人が同一人物、一時所得としての所得税が発生することになります。

(2)**贈与税がかかる場合**……保険料の負担者と満期保険金の受取人が違う場合。

　こうして受け取った満期保険金を一度に受領した場合は、いずれも一時所得となりますが、計算方法は異なってきます。

---

(1)満期保険金が一時所得となる（所得税となる）場合の計算式
　満期の保険金を一度に全額受領した場合は一時所得となります。

$$\left(\;\boxed{満期保険金} \;-\; \boxed{払い込み済 保 険 料} \;-\; \boxed{50万円}\;\right) \times \frac{1}{2} = \boxed{課税所得 金　額}$$

※ここで計算された所得税の課税所得金額を174ページの所得税額の速算表にあてはめる。

(2)満期保険金を一度に受領した（贈与税となる）場合の計算式
　保険料の負担者と保険金の受取人が異なる場合には、贈与税がかかる。

$$\boxed{満期保険金} \;+\; \boxed{その年に贈与を 受けた他の財産} \;-\; \boxed{基礎控除 （110万円）} \;=\; \boxed{贈与税の 課税対象額}$$

※ここで計算された贈与税の課税対象額を183ページの贈与税の速算表にあてはめる。
110万円までが基礎控除として税額から控除される。

死亡した際の保険金にも所得税や相続税がかかる

　満期で受け取る保険金とはまた別の形で発生する死亡した際の保険金には、(1)所得税や(2)贈与税、そして(3)相続税がかかるようになっています。

　このうち所得税がかかるのは保険料の負担者と死亡保険金の受取人が同一人物で被保険者が別の人の場合、贈与税がかかるのは保険料の負担者と被保険者、死亡保険金の受取人が別の人の場合、さらに相続税が発生するのは保険料の負担者と被保険者が同じ人で、死亡保険金の受取人が死亡した際の相続人である場合と決められています。

(1)死亡保険金が一時所得となる場合の計算式（所得税）

$$\left(\boxed{\begin{array}{c}死亡保険金\\金\quad額\end{array}} - \boxed{\begin{array}{c}払い込み済\\保\ 険\ 料\end{array}} - \boxed{50万円} \right) \times \boxed{\frac{1}{2}} = \boxed{\begin{array}{c}課税所得\\金\quad額\end{array}}$$

※ここで計算された所得税の課税所得金額を174ページの所得税額の速算表にあてはめる。

(2)死亡保険金を一度に受領した場合の計算式（贈与税）

$$\boxed{死亡保険金} + \boxed{\begin{array}{c}その年に贈与を\\受けた他の財産\end{array}} - \boxed{\begin{array}{c}基礎控除\\(110万円)\end{array}} = \boxed{\begin{array}{c}贈与税の\\課税対象額\end{array}}$$

※ここで計算された贈与税の課税対象額を下の贈与税の速算表にあてはめる。

(3)死亡保険金が相続の対象となる計算式（相続税）

$$\boxed{相続税の対象} = \boxed{死亡保険金額} - \boxed{法定相続人 \times 500万円}$$

※相続税の計算については、税務署や税理士への相談が適切です。

┈┈ 贈与税の速算表 ┈┈

基礎控除後の課税価格	一般贈与財産		特例贈与財産	
	一般税率	控除額	特例税率	控除額
〜　200万円以下	10%	―	10%	―
200万円超〜　300万円以下	15%	10万円	15%	10万円
300万円超〜　400万円以下	20%	25万円		
400万円超〜　600万円以下	30%	65万円	20%	30万円
600万円超〜1,000万円以下	40%	125万円	30%	90万円
1,000万円超〜1,500万円以下	45%	175万円	40%	190万円
1,500万円超〜3,000万円以下	50%	250万円	45%	265万円
3,000万円超〜4,500万円以下	55%	400万円	50%	415万円
4,500万円超〜			55%	640万円

(注)「特例贈与財産」とは、直系尊属から18歳（令和4年3月31日以前の贈与については「20歳」）以上の直系卑属が贈与により財産を取得した場合、それ以外が「一般贈与財産」となる。

長い間連れ添ってきた夫婦には朗報が

税 金

POINT

◆配偶者控除は2000万円まで贈与税が非課税
◆控除対象は、マイホームかマイホームの購入資金に限る
◆贈与した人の死亡後、３年以内に受けた贈与も控除対象となる

マイホームを妻にプレゼントするには

　法律上において、夫婦は最も関係が強い間柄とされています。PART４で述べた遺族年金の受給権者なども一番目には常に配偶者と決められていることからも理解できるでしょう。

　そこで、結婚期間20年以上の夫婦の間で、土地や建物などの不動産や、不動産取得を目的とした金銭の贈与に関しては、一定の要件にあてはまれば贈与税が2,000万円まで課税されない特別な措置があります。

　それが配偶者控除と呼ばれるもので、基礎控除の110万円と合わせると、2,110万円までが無税となるのです。長い間助け合ってきた夫婦ならではの特例といえるでしょう。

　また、居住用不動産のほかに、現金での贈与も可能となっています。ただし、その場合には翌年の３月15日までに贈与してもらった現金で居住用不動産を購入し、以後居住するなどの前提条件があります。

　ただし、この特例は同一の配偶者からは一度しか受けることができません。場合によっては再婚相手（違う配偶者）からもう一度受けることも可能ですが、20年と20年、合わせて40年という長い期間を経なければいけません。

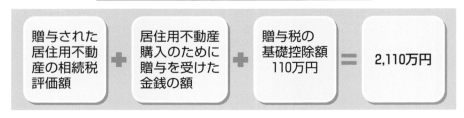

······ 配偶者控除で2,110万円まで非課税に ······

| 贈与された居住用不動産の相続税評価額 | ＋ | 居住用不動産購入のために贈与を受けた金銭の額 | ＋ | 贈与税の基礎控除額110万円 | ＝ | 2,110万円 |

配偶者控除を受けるための3つの要件

　2,000万円までは贈与税がかからない配偶者控除の特例を受けるには、先ほど述べた結婚後20年以上経過していること以外に、下記の要件を満たしていなくてはなりません。

```
……… 配偶者控除を受けるには ………
```

1　家や土地、借地権などの居住用不動産の贈与か、居住用不動産を買うための資金の贈与であること。

2　贈与を受けた翌年の3月15日までに居住用として住んでいること。また現金での贈与も同じように、その資金で翌年の3月15日までに居住用不動産を購入し、住んでいること。またはその後も引き続き住む見込みがあること。

3　贈与を受けた翌年の3月15日までに所轄の税務署に確定申告すること。

　その際に必要な書類は、必要事項を記入した贈与税の申告書をはじめ、受贈後10日を経過した日以後に作成された戸籍謄本（抄本）とその付票の写し、受贈された居住用不動産の登記簿謄本（抄本）、居住後の住民票の写し（居住用不動産に住むという前提で購入したという証明をするため）など。

贈与してくれた人が亡くなった場合には

　生前に贈与を受けた場合は、毎年110万円までは贈与税はかかりません。ただし、亡くなった日から3年以内に受けた贈与については、死後に相続した財産と合算して相続税を納付することとなっています。法改正によって、2027年1月以降、この3年の合算期間が、段階的に延長されて2031年1月に7年となります。延長した4年分については、総額100万円まで相続財産に加算されないこととなります。

脱サラして独立したら
どうなるの？

◆青色申告には税金面で多くの特典がある
◆脱サラをして開業したら税務署へ開廃業届出書を提出する
◆事業所得などの赤字は3年間にわたって繰越控除ができる

青色申告に必要な帳簿の内容

　脱サラして心機一転、事業を始める場合には、開業してから2カ月以内に所轄の税務署へ「個人事業の開廃業届出書」を提出することになります。この際、確定申告をする方法としては、青色申告と白色申告とがありますが、青色申告を行うほうがベストといえるでしょう。なぜならば、青色申告には白色申告では認められていない税金面で多くの特典があるからです。

　青色申告では毎日の帳簿付けを義務づけられています。

　原則としては仕訳帳や総勘定元帳などに複式簿記の形で記帳するのですが、これらにこだわらず現金出納帳を中心とした簡易帳簿をつけてもよいことになっています。ですから独立後間もない人でも簡単に記帳できますし、税務署でも記帳の仕方については教えてくれますので、分からない場合は相談してみるのもいいでしょう。

青色申告のメリットとは?

　青色申告の特典は大きく分けて次の3点があります。

1) 青色申告特別控除

　青色申告をしている人は、10万円を特別に控除することができます。また、事業所得者と事業的規模の不動産所得者が期限内に申告して損益計算書を併せて、貸借対照表を提出し、「正規の簿記の原則」に従って帳簿に記帳をするなどの一定の条件を満たしていれば、最高金額55万円（e-Taxを利用して申告する場合は65万円）までを特別に控除することができます。

2) 青色事業専従者給与

　事業主と生計を共にする親族で、それらの人に対して支払った給料でも、働きに応じた金額であれば、必要経費として全額処理することができます。

ただし、必要経費とするには届出書の提出も必要不可欠となります。

3）欠損金の繰越控除、繰越し還付

　事業所得などに赤字がでたとき、その赤字金額を翌年以降の10年間にわたって順次各年の所得から控除することが可能です。また、赤字の年の前年も青色申告した人は、前年に繰り戻して計算し、すでに納付している前年分の所得税を還付してもらうこともできます。

青色申告の手続き

　青色申告は申告に必要な帳簿に必要事項を記帳するとともに、「所得税の青色申告承認申請書」を青色申告をしようとする年の3月15日までに税務署へ提出してください。また、新たに事業を始めた人は、事業を開始した日から2カ月以内に税務署へ提出しなければなりません。

所得税の青色申告承認申請書

part 5　⑦

財形貯蓄にも税金がかかる場合がある

税　金

POINT

◆住宅・年金財形貯蓄を合わせて550万円までは利子非課税
◆財形貯蓄をしていれば融資が受けられる
◆退職時にすぐに解約してしまうのは損をする

財形貯蓄とは

　財形貯蓄には一般財形貯蓄、住宅財形貯蓄、年金財形貯蓄の３種類があります。このうち、一般財形貯蓄はふつうの貯蓄と同じく利息に対して20パーセントの所得税がかかりますが、住宅・年金財形貯蓄は、合計で550万円まで非課税貯蓄として税金を引かれることなく利息全額が受け取れるメリットがあります。他にも、低利で大型の住宅融資も受けられます。ただし、住宅・年金財形貯蓄はそれぞれ住宅購入（建築）資金、60歳以降の年金としての払い出しが条件ですから、それ以外の目的で払い出すと、過去５年分の税金を徴収される５年遡及課税のペナルティとなります。

一定額を超えると税金がかかることに

　財形貯蓄が非課税の取り扱いを受けられるのは、住宅財形貯蓄では、新築・中古住宅の購入、建築、増改築に使った場合、年金財形貯蓄では60歳以降に年金として受け取る場合です。それぞれ目的外の払い出しをすると、払い出した時から過去５年間分の利息に対して所得税が徴収されることになります。同時に、財形貯蓄としての他のメリットもなくなります。

　財形貯蓄では利息が非課税の扱いを受けられる積立限度額は決められており、住宅・年金財形貯蓄を合わせての元利合計で550万円となっています。たとえば、住宅財形貯蓄に300万円の積立限度額を設定すると年金財形貯蓄に250万円まで、住宅（年金）財形貯蓄だけでは550万円まで非課税で積み立てができることになります。

　この積立限度額を超えると、それ以降の利息に対しては非課税の取り扱いがなくなり、通常の預貯金と同じく利子所得に20%の税金が徴収されますが、財形貯蓄としての積み立ては引き続き可能です。

財形貯蓄の積立限度額（例）

年金財形貯蓄 250万円	住宅財形貯蓄 550万円	年金財形貯蓄 550万円
住宅財形貯蓄 300万円		

※非課税限度額は、住宅・年金財形貯蓄合算で550万円となる。

退職、転職時にはここに注意

　財形貯蓄はほとんどの金融機関で取り扱われていますが、社員は会社が契約を交わした金融機関のなかから自分で貯蓄をする金融機関を選択することになります。転職先でも同じ金融機関が財形貯蓄取扱金融機関として会社と契約を交わしていれば、そのまま積立てを継続できますが、新しい金融機関の場合には注意が必要です。

　財形貯蓄には規定があり、会社を通して積み立てが行われ、なおかつ住宅財形貯蓄と年金財形貯蓄についてはそれぞれ一人一契約しかできないとされています。そのため、新しい金融機関で財形貯蓄を継続するためには以前の金融機関で積み立てていた財形貯蓄は解約しなければなりません。この場合、預け替えをすることで財形貯蓄としては継続できますが、金融機関が替わったために金融商品としては中途解約の扱いとなり、解約手数料が引かれたり、中途解約金利が適用されてしまいます。さらに、転職先が決まらないうちに解約すると預け替えることができませんので、住宅財形、年金財形貯蓄では目的外の払い出しとして5年分の税金が一度に差し引かれてしまいます。

退職時に急いで解約するのは損

　財形貯蓄は退職後一定期間は預け替えることができますから、退職時に急いで解約しなくても、転職後に転職先の財形制度を確認してから預け替えをするほうが金利面でも有利です。

　財形貯蓄にはこの他、会社が財形貯蓄を積み立てている従業員に対して助成金を支給する財形給付金制度があります。この制度を導入していた場合には、転職先にも同じ制度があれば財形貯蓄と同様に預け替えができますので注意してください。

189

年金にも税金がかかる

税　金

POINT

◆公的年金の老齢給付は、課税対象となる

◆65歳以上になると控除額が増える

◆公的年金の控除を受けるには毎年の手続きが必要

年金にかかる所得税はどのくらいか

　給与などの収入がある人はもちろんのこと、年金のみで生活している場合であっても収入が多ければ、税金は原則としてかかります。

　ただし、年金といっても老齢基礎年金・老齢厚生年金などの老齢および退職を支給事由とする年金だけが課税対象となっています。したがって障害年金や遺族年金には税金はかかりません。年金は所得の区分が雑所得として扱われていますので、所得税の対象となります。もちろん住民税もかかってきますが、負担する税額については給与所得者に比べると年金の控除額が大きく設定されているために、税額は少なくなるようになっています。

　また公的年金には「公的年金等控除額」が認められています。65歳以上になれば、この控除額が増えますので、税額も軽くなります。ただし、令和2年分からは高額な年金や年金以外の収入が多額の場合には公的年金等控除の金額が引き下げられました。

課税対象額の算出方法

（各種所得控除）

年金収入　－　公的年金等控除　－　（例）
基礎控除
配偶者控除
配偶者特別控除
扶養控除
障害者控除
社会保険料控除
※P175を参照。　＝　課税対象額

（注）扶養親族等申告書を提出しないときは、上の方法とは異なる。

年金収入に対する所得税は前記で算出された課税対象額の5.105％の額となります。

| 課税対象額 | × | 5.105％ | = | 年金収入に対する所得税額 |

65歳以上になると税額は下がる

公的年金等の支払を受けるときは、原則として収入金額からその年金に応じて定められている一定の控除額を差し引いた額に5.105％を乗じた金額が源泉徴収されます。令和2年からは、公的年金等の収入金額が1,000万円以下、他の所得が1,000万円超2,000万円以下、他の所得が2,000万円超の3つに分けてそれぞれ公的年金等控除額が引き下げられました。

…… 公的年金等に係る雑所得の速算表 ……

（公的年金等に係る雑所得以外の所得に係る合計所得金額が1,000万円以下の場合）

	公的年金等の収入金額の合計額	割合	控除額
65歳未満	公的年金等の収入金額の合計額が60万円までの場合は所得金額はゼロとなる。		
	60万円を超え130万円未満	100％	60万円
	130万円から410万円未満	75％	27万5千円
	410万円から770万円未満	85％	68万5千円
	770万円から1000万円未満	95％	145万5千円
	1000万円以上	100％	195万5千円
65歳以上	公的年金等の収入金額の合計額が110万円までの場合は所得金額はゼロとなる。		
	110万円を超え330万円未満	100％	110万円
	330万円から410万円未満	75％	27万5千円
	410万円から770万円未満	85％	68万5千円
	770万円から1000万円未満	95％	145万5千円
	1000万円以上	100％	195万5千円

一定額を超える年金額からは所得税が源泉徴収される

年金額が年間108万円（65歳以上の者は158万円）以上のときは、日本年金機構から支払われるときに所得税が源泉徴収されますので、確定申告が必要となります。ただし、「扶養親族等申告書」を提出すると、公的年金等控除や配偶者控除などの各種控除が受けられます。

◎扶養控除等申告書を提出した者は、次の算式で得た額が源泉徴収されます。

$$\boxed{源泉徴収税額} = (\quad \boxed{年金額} \quad - \quad \boxed{\begin{array}{c}控除相当の合計額 \\ \text{※P175を参照。}\end{array}} \quad) \times \quad \boxed{5.105\%}$$

税制改正に伴い、令和2年分以降については、扶養親族等申告書を提出するしないにかかわらず、公的年金等控除、基礎控除相当が控除されて、税率は5.105％となります。そのため、受給者本人が障害者・寡婦（寡夫）等に該当せず、控除対象となる配偶者または扶養親族がいない場合には、扶養親族等申告書を提出する必要はなくなりました。

扶養親族等申告書を提出した者の控除相当額例（月額）

	65歳未満	65歳以上
公的年金等控除および基礎控除相当	年金月額×25％＋65,000円または90,000円のいずれか高い額	年金月額×25％＋65,000円または135,000円のいずれか高い額
配偶者控除	32,500円	32,500円
扶養親族がいる場合、一般の扶養親族1人につき	32,500円	32,500円
扶養親族がいる場合、老人扶養親族1人につき	40,000円	40,000円

扶養親族等申告書は年金事務所へ提出する

　年金受給者が、公的年金の各種控除を受けるには、最初は老齢給付の年金請求書の中にある「扶養親族等申告書」に必要事項を記入し年金請求書と一緒に提出しますが、2年目以降は毎年11月中旬頃日本年金機構からハガキが送られてきますので、内容に変更がないかどうかを確認し、必要事項を記入したうえで、12月上旬までに日本年金機構に返送する必要があります。

厚生年金基金から支給される年金にも源泉徴収はある

　厚生年金基金から支給される年金も雑所得として扱われ、原則として所得税がかかるので、源泉徴収されることになります。ただ源泉徴収は基金からの年金額が80万円（65歳未満の者は108万円）以上ある場合にだけ行われます。

◎源泉徴収されない場合

　基金からの年金額が80万円（65歳未満の者は108万円）未満の場合は、源泉徴収もされませんので、「扶養親族等申告書」の提出も不要です。

◎源泉徴収される場合

　基金からの年金額が80万円（65歳未満の者は108万円）以上ある者は、次の計算式により源泉徴収されます。

⑴扶養親族等申告書を提出した場合

源泉徴収税額 ＝[年金支給額 －(基礎的控除＋人的控除 － 72,500円)× 月数]× 5.105％

⑵扶養親族等申告書を提出しない場合

源泉徴収税額 ＝[年金支給額 －(基礎的控除 － 72,500円)× 月数]× 5.105％

　確定給付企業年金の年金払いの場合は、年金支払額の7.6575％が源泉徴収されます。

税金について知りたいときは？

①国税庁のタックスアンサー (https://www.nta.go.jp/taxes/)

　このホームページは、税金電話相談（タックスアンサー）で提供している税金の情報を掲載しています。

　検索方法 - 1　税金の種類等で分類した項目から検索する方法。

　（確定申告、年末調整、退職・年金などの項目から選択）

　検索方法 - 2　キーワードから検索する方法。

　このほかにも申告書・税額表・届出書等のコーナーや新着情報も豊富に載っていてとても便利です。

②税務署を利用する

　全国の税務署で税についての相談をすることができます。相談は電話でも面接でも行え、費用も無料です。相談の内容により電話での回答が困難な場合には、関係書類を持って直接、税務署で相談をすることになります。また、国税局電話相談センターでは、聴覚障害者用ファクシミリによる案内も行っています。

　全国の各税務署の所在地と国税局電話相談センターについては、国税庁ホームページで案内をしています。　国税庁ホームページ　https://www.nta.go.jp/

③地方税についての情報は

　総務省のホームページhttps://www.soumu.go.jp/では、地方税の概要が説明されています。また、細かな住民税等は各市区町村（下記に例示）のホームページで見ることができます。

北海道庁財政局税務課　https://www.pref.hokkaido.lg.jp/sm/zim/

東京都主税局　https://www.tax.metro.tokyo.lg.jp/index.html

名古屋市財政局　https://www.city.nagoya.jp/shicho/page/0000005444.html

大阪府税務局　https://www.pref.osaka.lg.jp/zei/alacarte/index.html

大阪市財政局　https://www.city.osaka.lg.jp/zaisei/page/0000370518.html

福岡市税制課　https://www.city.fukuoka.lg.jp/zaisei/zeisei/life/012_2.html#003

④税理士会や税理士に相談する

　一般的に有料となりますが、無料相談を実施しているところもあります。

日本税理士会連合会のホームページ　　　https://www.nichizeiren.or.jp/

　また、同連合会では、公益財団法人日本税務研究センター及び全国税理士共栄会と連携して、税務相談室において電話による税務相談の事業を行っております。

　相談窓口　電話03-3492-6016

PART

6

解雇・
やむを得ない
退職

やむを得ない退職

突然「クビだ！」と言われたときの対処法

POINT
◆労働基準法では30日以上前の解雇予告が必要
◆２週間以上の無断欠勤は即時解雇となる
◆合理的な理由がなければ解雇は無効となる

突然の解雇にはそれなりの理由が必要

　ある日突然、会社から「クビだ！」といわれたら、給与で生活している人はどうしてよいかわかりません。家族ともども路頭に迷うことになるでしょう。

　労働基準法ではこれまで、30日以上前に予告するかまたは予告しない場合でも、平均賃金の30日分以上の解雇予告手当を支払えば、一応解雇できることになっていました。しかしどんな解雇でも自由だということになれば、働く人にとっては大きな雇用不安となり、会社にとってはこんなに都合のよいものはないということになります。

　そこで、改正労働基準法では「解雇は、客観的に合理的な理由を欠き、社会通念上相当であると認められない場合は、その権利を濫用したものとして、無効とする」という規制が追加されました。

公的機関の斡旋や調停による解決例も多い

　会社がいきなり一方的に解雇をする場合には、例えば、事業場内における窃盗、横領、傷害等の刑法犯に該当する行為のあった場合や、原則として２週間以上正当な理由なく無断欠勤し出勤の督促に応じない場合、そして他の事業主に雇用された場合など、労働者の一方的な行為で会社に損害や被害を与えた時以外でない限り、いきなり解雇されることはないはずです。

　しかし、現実には不当に解雇された人も多数います。裁判沙汰や、また裁判にならないまでも都道府県にある労働センター（都道府県により呼称は異なります）のほか、労働組合・労働委員会などへのあっせん・調停の依頼により、解決しているケースも多くあります。

　合理的な理由もなく解雇すれば、30日以上前の予告や解雇予告手当を支払っても、会社側の権利の濫用ということで、不当解雇となります。

「いきなり」解雇が許される場合とは

　いきなりクビになることを即時解雇、または懲戒解雇といいます。これは企業秩序を乱した場合に秩序罰として行うものを指し、労働者側が一方的な理由で会社側に損害等を与えた場合の解雇のことです。

　即時解雇が許される具体例として、行政官庁で解雇予告の除外認定が受けられる「労働者側に明らかに責任がある時」の認定基準をみてみると、次のようなケースがあるとしています。

⋯⋯ これらのケースの時には解雇が許される ⋯⋯

1
会社内において窃盗、横領、傷害等の刑法犯に該当する行為があった場合、または事業場外の行為でも企業の名誉や信用をなくしたり、取引先などに悪影響をおよぼした場合

2
賭博、風紀紊乱等により職場の規律を乱し、他の労働者に悪影響をおよぼす場合、または会社外で行われた場合にも(1)と同様の事態を招いた場合

3
重大な経歴詐称をした場合

4
他の事業所へ転職した場合

5
正当な理由なく2週間以上無断欠勤した場合

6
出勤不良または出勤と欠勤を繰り返し、数度にわたる注意をするも改善の見込みがない場合

　ただし、上記(1)〜(6)はあくまでも例示であって、行政官庁では「労働者の故意、過失またはこれと同視すべき事由であるが、この判定に当たっては、労働者の地位や職責・継続勤務年限・勤務状況などを考慮の上、総合的に判断すべきであり、労働者の一方的な理由によるものが労働基準法第20条の保護を与える必要のない程度に重大または悪質なものであり、労働者に30日前に解雇の予告をすることが、該当事由と比較して明らかに解雇しても仕方のないような時に限って認定すべきである」と、基本的な考え方を述べています。

突然の解雇に納得がいかないときの対策

「勤務態度が悪い」、「職務能力が劣る」、「会社が業績不振だから」といった理由で、会社から一方的に解雇を通告されたときはどう対処したらいいのでしょうか。

まず大事なことは、自分の考えをきちんとさせておくことです。つまり、納得がいかない解雇通告に対しては、ハッキリと「私は辞めたくはありません」と主張しておきます。それでも執拗に辞めてくれといってきた場合は、解雇理由を書面にしてもらうことです。

ただし、会社の労務担当者の中には、巧妙な手口で攻めてくる人もいます。

例えば、解雇になると再就職の際に不利になるとか、将来性のある身に悪影響を及ぼすとか、解雇の記録が公的記録に残ってしまうとか、退職金に影響する……などといって、自己都合退職にしてあげるからと、退職願を書かせる方向に持っていく場合があります。

このようなときは、断固として退職願や退職届は書かないようにしてください。仮に脅されたり強要されたりしたら、その時点で公的機関や都道府県の労働（相談）センターや労働組合・弁護士会などにアドバイスを求めたらよいでしょう。また、都道府県社会保険労務士会でも労務相談を受け付けているところがありますので、利用してみてはいかがでしょう（P248参照）。

会社が不景気でリストラする際にもルールがある

景気低迷が続いている昨今、会社の収益がますます悪化の一途をたどり、回復の見通しがないまま、企業は合併や統合あるいは不採算部門の廃止、人員整理を行いつつ、企業の再生を図っています。特に経費削減の一環として行われる人員整理、つまり従業員の解雇や勧奨による退職が非常に多くなっています。

したがって、会社が不況による人員整理のための解雇をする場合は、それなりの手順を踏まなければなりません。

つまり整理解雇には、会社も守らなければならない一定のルールがあり、それにしたがって実施しなければ不当解雇ということになります。みなさんもこのあたりのことをじっくりと理解しておいたほうがいいでしょう。

それでは整理解雇が許されるのはどういうケースの時になるのか、次の項目で見てみましょう。

リストラが許される4つの条件とは

会社が不景気でどうしてもリストラしたいときは、次の4つの条件すべてに該当したときのみ有効となります。

1
会社経営のために、どうしても人員整理をする必要があること

かつては、人員整理をしなければ企業が倒産してしまうという瀕死の状態でなければ人員整理の必要性は認められない、という非常に厳しい条件を課していました。しかし、現在ではやや緩和され、企業の合理的運営上やむを得ない必要性があれば足りるとか、企業の経常利益がマイナスとなり、リストラ以外の方法で当面その解消が期待できない場合には必要な範囲でリストラの必要性が認められる、などの考え方が導入されるようになってきました。

2
解雇を避けるための努力を十分に行ったこと

会社が従業員を解雇する前に、解雇を避けるための措置を可能な限り講じなければならないということです。そのような措置の例としては、希望退職者を募る、配置転換や出向で対処する、一時帰休をさせる、残業や休日労働の削減、廃止をする、新規採用を中止する、昇給をストップさせる、賞与の支給をやめる……などがあります。

3
解雇対象者の人選が合理性・公平性をもつこと

その会社にパート、アルバイト、臨時労働者などがいる場合は、まずそれらの者から解雇すべきであり、そのような労働者をとばして正社員を解雇するのは原則として許されないということです。ましてや労働組合に入っている者を先に解雇の対象者とすることは、不当労働行為となり認められません。

4
リストラ対象の従業員や労働組合に対し十分な説明と協議を行ったこと

会社の経営陣はリストラ対象の従業員や労働組合に対し、人員整理を行う必要性や実施時期、規模、実施方法などについて十分な説明を行い、理解と納得が得られるように最大限の努力をする義務があるということです。つまり、会社は整理解雇をしたいのならば、事前に対象従業員や労働組合へ十分な説明や協議を行うという時間的余裕も含めた手続きを、きちんと踏まなければならないということです。

やむを得ない退職

突然、会社が倒産したときの対処法

POINT

◆倒産にはいくつかのパターンがある

◆賃金は他の一般債権に優先して弁済を受けられる

◆未払い賃金を国が立て替えて支払う制度がある

倒産するとは、どういうこと？

東京商工リサーチの全国企業倒産状況によれば、2023年の全国の負債総額1,000万円以上の企業倒産件数は、8,690件（前年比35.1％増）、負債総額は2兆4,026億4,500万円（同3.0％増）となりました。

件数は、2年連続で増加しており、2019年（8,383件）の調査以来、4年ぶりに8,000件台となりました。前年からの増加率35.1％は、1992年（前年比31.2％増）以来となる31年ぶりの高水準でした。

負債総額は、負債1億円未満が6,493件（構成比74.7％）と小規模倒産が主体ながら、同5億円以上10億円未満が252件（前年比10.0％増）、同10億円以上が211件（同24.1％増）と中堅規模での増加が目立つ結果となりました。負債総額1,000億円以上については2件（前年1件）発生しています。

また、2023年の「新型コロナウイルス」関連倒産は、3,127件（前年比36.3％増）発生しました。

産業別では、飲食業（2022年の522件が2023年は893件）を含むサービス業他が2,940件（前年比41.6％増）など、31年ぶりに10産業すべてで前年を上回る結果となりました。

政府の企業に対する資金繰りの支援策は一定の効果を上げたとみられますが、感染状況が高止まりするなかで、困難な状況は続くとみられます。

「倒産」とは、厳密な法律的用語ではありませんが、常識的には債務者の決定的な経済的破綻をいいます。債務者の振り出した約束手形（小切手）が不渡り（資金不足などにより、手形や小切手の決済ができなくなること）になり、銀行取引停止処分となるのがその典型ですが、それ以外でも自ら裁判所に対して破産手続きや会社更生手続きなどの申し立てをしたり、債権者に財産状態の悪化を告げて全面的にその処置を委ねるのも、倒産といえます。

東京商工リサーチでは「企業倒産」を次のように定義しています。

1 銀行取引停止処分

　各地の手形交換所では、企業の経済活動の基本となる手形・小切手などの交換決済を行っていますが、手形・小切手の信用を維持向上させるために、不渡りにした者に対して不渡り処分制度を実施しています。

　これは、債務者が振り出した手形が、期日が来ても決済できず、不渡りになった場合、それから6カ月以内に2回目の不渡りを出すと、「銀行取引停止処分」として、処分日から起算して2年間にわたって同一手形交換所に加盟しているすべての金融機関から、当座取引を開設して手形・小切手を振り出したり、貸付による借入金もできなくなります。この倒産を任意整理または私的整理といいます。

2 会社更生

　再建の見込みのある株式会社が、債務の減免や繰り延べを行いながら、再建を目指す債務の整理方法をいいます。株式会社を存続させることを目的とするもので、資本の10分の1以上に当たる債権を有する債権者または発行済み株式の10分の1以上の株式を有する株主も申し立てができます。

　そして、更生手続き開始と同時に、会社は財産の管理処分権を失い、管財人がこの権利を持ちます。管財人は更生計画案を作成し、関係人集会の賛成と裁判所の認可により成立します。

3 民事再生

　平成12年4月より、それまでの和議法を見直し、民事再生法が施行されました。民事再生は言ってみれば2の会社更生を小型化したものですが、大きな違いがあります。会社更生の場合は、旧経営者が実権を失うのに対し、民事再生の場合は実権を失わず、債権のカットや繰り延べなどそれまでの債務の処理を行い、今後の経営方針の内容を書いた再生計画を立て、会社の再建をはかるもので、申し立ての要件も緩和されています。

　中小零細企業も最近はよく「○○会社……民事再生手続申し立て開始」という言葉を耳にします。

　民事再生法では、⑴賃金債権の優先度確保のための一定の手続規定、⑵再建計画案の作成、認可、営業譲渡などにおける労働組合関与の規定、⑶労働協約と労働契約の継続、⑷担保権消滅の制度化、⑸監督委員の配置による実効性の確保、などに主眼がおかれています。

4　破産

　破産は、3の民事再生のような再建型でなく清算型であり、原則として営業は廃止されます。そして、残った財産をすべて債権者の優先順位と債権額に応じて公平に配当する強制手続きです。

　債務者は自ら支払い不能や債務超過を理由に、裁判所に破産の申し立てを行うことができます。裁判所は破産原因があると認めれば「破産手続開始決定」を出します。破産は破産管財人によって、財産を整理、また賃金や退職金などは破産手続きの中で配当されることとなり、通常の訴訟や強制執行はできなくなります。

5　特別清算

　特別清算とは商法上の制度であり、解散後の株式会社（債務超過の恐れがある会社）が対象となる裁判上の特別の清算手続きをいいます。その目指すところは破産を防ぐことであり、清算中の会社が破産状態にならずに清算を行うための手段として採られます。申し立ては、債権者清算人または株主となっています。

6　その他

　企業が支払不能や債務超過に陥った場合に、上記のような法的手続きをとらずに一部大口債権者と話し合いを行って、債務の減免などにより、内々に整理を行うのが「内整理」です。この「内整理」は、法的整理によらない私的整理といえます。

※倒産の定義については、「東京商工リサーチ」のホームページを参考にしました。

立替払制度は退職金にも適用される

　会社が倒産した場合に、退職者に一定の範囲の賃金について事業主に代わって国が立て替える制度があります。ただし、この制度を利用するには次ページの3つの要件があります。みなさんも立替払制度の手続きの仕方や流れについて理解しておいたほうがいいでしょうし、働いて得た賃金を確保するために必要不可欠な内容といえます。

　立替払の対象となる未払賃金は、退職日の6カ月前の日から労働者健康安全機構に対する立替払請求の日の前日までの間に支払い期日が到来した「定期賃金」と「退職手当」であって、未払いのものです。

立替払請求書
裁判所証明書

2年以内

労働者健康安全機構

立替払を受けることができる人

1 労災保険の適用事業で1年以上事業活動を行っていた事業主（法人、個人は問わない）に雇用され、企業倒産に伴い賃金が支払われないまま退職した労働者

2 裁判所への破産手続開始等の申立日又は労働基準監督署長に対する事実上の倒産の認定申請日の6か月前の日から2年の間に当該企業を退職した方

3 未払賃金額等について、破産管財人等の証明又は労働基準監督署長の確認を受けた方

立替払の対象となる倒産

1 **法律上の倒産の区分と立替払請求時の証明者**
破産手続開始の決定（破産法）→破産管財人
特別清算手続開始の命令（会社法）→清算人
再生手続の開始の決定（民事再生法）→再生債務者（管財人）
更生手続開始の決定（会社更生法）→管財人

2 **事実上の倒産（中小企業事業主のみ）**
企業が倒産して事業活動が停止し、再開する見込みがなく、かつ、賃金支払能力がない状態になったことについて労働基準監督署長の認定があった場合

未払賃金の上限額

退職日における年齢	立替払の上限額	未払賃金総額の限度額
30歳未満	88万円	110万円
30歳以上45歳未満	176万円	220万円
45歳以上	296万円	370万円

（注）未払賃金の総額が2万円未満の場合は、立替払を受けられない。

203

立替払の請求方法

立替払の請求方法は、「法律上の倒産」と「事実上の倒産」では、手続が異なります。

（１）法律上の倒産の場合

①立替払請求者は、裁判所・倒産の区分（P203）に応じた証明者に対して、立替払請求の必要事項についての証明を申請する。この証明が得られなかった場合は、労働基準監督所長に対して、証明を得られなかった事項について確認申請ができる。

②請求者は、立替払請求書及び退職所得の受給に関する申告書・退職所得申請書、①の証明書を労働者健康安全機構に送付する。

（２）事実上の倒産の場合

①立替払請求者は、労働基準監督署長に対して、当該事業場が事業活動を停止し、再開の見込みがなく、かつ、賃金支払い能力がない状態になったことについて認定の申請を行います。※認定申請は、同じ事業場のうちの１人が認定を受ければ足りる。

②認定通知書が交付されたら、労働基準監督署長に対して、立替払請求の必要事項についての確認の申請を行います。

③請求者は、立替払請求書及び退職所得の受給に関する申告書と、②の確認通知書を労働者健康安全機構に送付する。

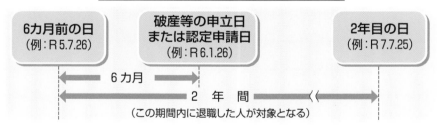

相談場所：神奈川県川崎市中原区木月住吉町１番１号
　独立行政法人労働者健康安全機構　賃金援護部　審査課内
電話番号：044－431－8663
相談方法：来所又は電話での応対になります。
　ホームページ　https：//www.johas.go.jp/

「未払賃金の立替払請求書・証明書」（「破産等の場合」に使用する）

倒産時の心構え

　倒産はある日突然やってくるケースがほとんどです。そのため心配事ばかりが頭に浮かんでくるでしょうが、まずはどの種類の倒産なのか、情報収集をすることが必要です。また、どの種類の倒産であっても賃金支払いが確保されていればいいのですが、そうでない場合は、未払賃金を証明する資料や、会社の財産と内容を証明する資料をできる限りたくさん集める必要があります。まずは会社の中でできるかぎり、情報収集をしておくことが必要となるでしょう。債権者との交渉も重要なカギとなる場合もあります。

ハラスメント防止法が成立した

Ｐｏｉｎｔ

◆事業主にはハラスメントの防止対策が義務化された

◆パートタイム、契約社員等すべての労働者が対象となる

◆取引先相手の労働者に対するハラスメントも対象となる

ハラスメントの防止措置は事業主の義務

　労働施策総合推進法の改正によって、大企業を対象に義務化されていたパワーハラスメント防止措置が、2022年（令和4年）4月からは、それまで努力義務であった中小企業にも義務化されました。すべての会社には、事業主が雇用管理上講ずべき措置が義務となり、努力義務として実施が「望ましい」とされている取り組みが定められています。

　また、セクハラ等の防止対策の強化の内容については、事業所の規模を問わず、2020年（令和2年）6月1日から施行されており、事業主には必要な措置を講じることが義務化されています。

パワーハラスメントの定義とは

　職場における「パワーハラスメント」とは、同じ職場で働く者に対して、職務上の地位や人間関係などの職場内での優位性を背景に、業務の適正な範囲を超えて、精神的・身体的苦痛を与える又は職場環境を悪化させる行為をいいます。

　厚生労働省では、パワーハラスメントには次の3要素が含まれるととともに、その典型的な例として、次の6つの例を示し、事業主、労働者それぞれに、ハラスメント問題に関する責務を示しています。

●パワハラの3要素

①優越的な関係を背景とした言動

②業務上必要かつ相当な範囲を超えた言動

③労働者の就業環境が害される

●パワハラの6類型

①身体的な攻撃＝暴行・傷害

②精神的な攻撃＝脅迫・名誉毀損・侮辱・ひどい暴言

③人間関係からの切り離し＝隔離・仲間外し・無視

④過大な要求＝業務上明らかに不要なことや遂行不可能なことの強制、仕事の妨害

⑤過小な要求＝業務上の合理性なく、能力や経験とかけ離れた程度の低い仕事を命じることや仕事を与えないこと

⑥個の侵害＝私的なことに過度に立ち入ること

退職時　雇用保険　健康保険　年金　税金　やむを得ない退職　再就職

ハラスメント問題に関する事業主、労働者の責務

事業主の責務	職場におけるパワーハラスメントを行ってはならないこと等これに起因する問題(以下「ハラスメント問題」)に対する労働者の関心と理解を深めること
	その雇用する労働者が他の労働者に対する言動に必要な注意を払うよう研修を実施する等、必要な配慮を行うこと
	事業主自身(法人の場合はその役員)がハラスメント問題に関する関心と理解を深め、労働者に対する言動に必要な注意を払うこと
労働者の責務	ハラスメント問題に関する関心と理解を深め、他の労働者に対する言動に注意を払うこと
	事業主の講ずる雇用管理上の措置に協力すること

セクハラ、マタハラ対策も強化された

　職場におけるセクシュアルハラスメント、妊娠・出産・育児休業等に関するハラスメントについては、男女雇用機会均等法、育児・介護休業法により、雇用管理上の措置を講じることが義務付けられています。

　職場の妊娠・出産・育児休業等ハラスメントとは、「職場」において行われる上司・同僚からの言動（妊娠・出産したこと、育児休業、介護休業等の利用に関する言動）により、妊娠・出産した「女性労働者」や育児休業・介護休業等を申出・取得した「男女労働者」の就業環境が害されることをいうとされています。

●セクハラの類型

①対価型セクシュアルハラスメント＝経営者から性的な関係を要求されたが、拒否したら、解雇された。

②環境型セクシュアルハラスメント＝事務所内で上司が腰や胸などを度々触るので、また触られるかもしれないと思うと仕事が手に付かず就業意欲が低下している。

●マタハラの類型

①制度等の利用への嫌がらせ型＝出産・育児・介護に関連する制度利用を阻害する嫌がらせです。

②状態への嫌がらせ型＝出産・育児などにより就労状況が変化したことなどに対し、嫌がらせをする行為をいいます。

※出典：厚生労働省「あかるい職場応援団」https://www.no-harassment.mhlw.go.jp/

ハラスメントの被害にあった時には

ハラスメントの被害にあった時は、厚生労働省では被害者に対して次のような対応をするように勧めています。

はっきりと意思を伝える

ハラスメントは、受け流しているだけでは状況は改善されません。我慢したり、無視したりすると事態をさらに悪化させてしまうかもしれません。はっきりと「やめてください」「私はイヤです」と意思を伝えることが大切です。

会社の相談窓口に相談する

会社の人事労務などの相談担当者や信頼できる上司に相談しましょう。取引先や顧客などからセクシュアルハラスメントを受けた場合も、自分の勤める会社に相談してください。労働組合に相談する方法もあります。

都道府県労働局雇用環境・均等部（室）へ相談する

会社が対応してくれない場合には、都道府県労働局雇用環境・均等部（室）へ相談しましょう。

ハラスメント悩み相談室　https://harasu-soudan.mhlw.go.jp/

パワーハラスメントの予防・解決に向けて

事業主は、就業規則において、パワーハラスメントの禁止や処分に関する規定を設けて、社内アンケートなどで実態を把握するとともに、管理職、従業員研修を実施して社内での周知・啓蒙を行います。解決のためには、企業内・外に相談窓口を設けて、職場の対応責任者を決めます。問題が発生したときには、行為者に対する再発防止研修を行うなどの再発防止のための取り組みを行います。

●相談を受けたときの企業の対応

　相談対応の流れは次のようになります。

‥‥‥ 相談対応の流れとポイント ‥‥‥

相談窓口(一次対応)

- ●相談者の秘密が守られることや不利益な取り扱いを受けないこと、相談窓口でどのような対応をするか明確にしましょう。
- ●1回の相談時間は長くても50分程度としましょう。

事実関係の確認

- ●相談者の了解を得た上で、行為者や第三者に事実確認を行いましょう。
- ●相談者と行為者の意見が一致しない場合に、第三者に事実確認を行いましょう。

行為者・相談者へのとるべき措置の検討

- ●以下の要素を踏まえて、検討しましょう。
相談者の被害の大きさ／事実確認の結果／行為者または相談者の行動や発言に問題があったと考えられる点／就業規則の規定／パワハラについての裁判例
- ●対応としては、行為者または相談者への注意、行為者からの謝罪、人事異動、懲戒処分などが考えられます。

行為者・相談者へのフォロー

- ●相談者・行為者の双方に対して、会社として取り組んだことを説明しましょう。
- ●行為者の行動や発言にどのような問題があったかを伝え、同様の問題が起こらないようフォローアップしましょう。

再発防止策の検討

- ●再発防止策は予防策と表裏一体です。予防策に継続的に取り組むことで再発防止につなげましょう。

出典：あかるい職場応援団「NOパワハラ　事業主の皆さまへ」から

〈参考資料１〉「職場のいじめ・嫌がらせ問題に関する円卓会議」

(平成24年３月15日)

●職場のパワーハラスメントの予防・解決に向けた提言取りまとめ(抜粋)

1 はじめに〜組織で働くすべての人たちへ〜

(1)暴力、暴言、脅迫や仲間外しなどのいじめ行為に悩む職場が増えている。

(2)業務上の注意や指導なども、適正な範囲を超えると相手を傷つけてしまう場合がある。

(3)こうした行為は「職場のパワーハラスメント」に当たり、誰もが当事者となり得ることを、組織で働くすべての人たちが意識するよう求める。

2 職場のパワーハラスメントをなくそう

(1)職場のパワーハラスメントは許されない行為。放置すれば働く人の意欲を低下させ、時には命すら危険にさらす場合がある。

(2)多くの人たちが組織で働く現在、職場のパワーハラスメントをなくすことは、国民の幸せにとっても重要。

3 職場のパワーハラスメントをなくすために

(1)企業や労働組合はこの問題をなくすために取り組むとともに、その取組が形だけのものにならないよう、職場の一人ひとりにもそれぞれの立場から取り組むことを求める。

(2)トップマネジメントは、こうした問題が生じない組織文化を育てるために、自ら範を示しながら、その姿勢を明確に示すなどの取組を行うべき。

(3)上司は、自らがパワーハラスメントをしないことはもちろん、部下にもさせてはならない。ただし、必要な指導を適正に行うことまでためらってはならない。

(4)職場の一人ひとりに期待すること

・人格尊重：互いの価値観などの違いを認め、互いに受け止め、人格を尊重し合う。

・コミュニケーション：互いに理解し協力し合うため、適切にコミュニケーションを行うよう努力する。

・互いの支え合い：問題を見過ごさず、パワーハラスメントを受けた人を孤立させずに声をかけ合うなど、互いに支え合う。

(5)国や労使の団体はこの提言等を周知し、対策が行われるよう支援することを期待する。

4 おわりに

(1)提言は、働く人の尊厳や人格が大切にされる社会を創っていくための第一歩。

(2)組織は対策に取り組み、一人ひとりは職場を見つめ直し、互いに話し合うことからはじめるよう期待する。

●事業主が職場における性的な言動に起因する問題に関して雇用管理上
講ずべき措置についての指針（抜粋）

▶職場におけるセクシュアルハラスメントの内容

(1)職場におけるセクシュアルハラスメントには、職場において行われる性的な言動に対する労働者の対応により当該労働者がその労働条件につき不利益を受けるもの（「対価型セクシュアルハラスメント」）と、当該性的な言動により労働者の就業環境が害されるもの（「環境型セクシュアルハラスメント」）がある。

(2)「職場」とは、事業主が雇用する労働者が業務を遂行する場所を指し、当該労働者が通常就業している場所以外の場所であっても、当該労働者が業務を遂行する場所については、「職場」に含まれる。例えば、取引先の事務所、取引先と打合せをするための飲食店、顧客の自宅等であっても、当該労働者が業務を遂行する場所であればこれに該当する。

(3)「労働者」とは、正規労働者のみならず、パートタイム労働者、契約社員等いわゆる非正規労働者を含む事業主が雇用する労働者のすべてをいう。

また、派遣労働者については、派遣元事業主のみならず、労働者派遣の役務の提供を受ける者についても、「労働者派遣事業の適正な運営の確保及び派遣労働者の就業条件の整備等に関する法律」第47条の2の規定により、その指揮命令の下に労働させる派遣労働者を雇用する事業主とみなされ、法第11条第1項の規定が適用されることから、労働者派遣の役務の提供を受ける者は、派遣労働者についてもその雇用する労働者と同様に、3以下の措置を講ずることが必要である。

(4)「性的な言動」とは、性的な内容の発言及び性的な行動を指し、この「性的な内容の発言」には、性的な事実関係を尋ねること、性的な内容の情報を意図的に流布すること等が、「性的な行動」には、性的な関係の強要、必要なく身体に触ること、わいせつな図画を配布すること等が、それぞれ含まれる。

(5)「対価型セクシュアルハラスメント」の例として、次のようなものがある。

イ　事務所内において事業主が労働者に対して性的な関係を要求したが、拒否されたため、当該労働者を解雇すること。

ロ　出張中の車中において上司が労働者の腰、胸等に触ったが、抵抗されたため、当該労働者について不利益な配置転換をすること。

ハ　営業所内において事業主が日頃から労働者に係る性的な事柄について公然と発言していたが、抗議されたため、当該労働者を降格すること。

(6)「環境型セクシュアルハラスメント」の例として、次のようなものがある。

イ　事務所内において上司が労働者の腰、胸等に度々触ったため、当該労働者が苦痛に感じてその就業意欲が低下していること。

ロ　同僚が取引先において労働者に係る性的な内容の情報を意図的かつ継続的に流布したため、当該労働者が苦痛に感じて仕事が手につかないこと。

ハ　労働者が抗議をしているにもかかわらず、事務所内にヌードポスターを掲示しているため、当該労働者が苦痛に感じて業務に専念できないこと。

出産・育児・介護のため退職したときの対処法

POINT

◆退職後の出産でも出産育児一時金が支給される

◆育児休業給付や介護休業給付金は男女を問わず支給される

◆出産や介護での退職には必ず雇用保険の受給期間の延長を

まだ低い中小零細企業での育児休業取得者数

法律によって育児休業は労働者の当然の権利として取得できます。さらに雇用保険から育児休業給付として１カ月当たり休業前賃金の４割が、また社会保険の保険料はその期間全額免除になります。

厚生労働省の「令和３年度雇用均等基本調査」によれば、令和元年10月１日から令和２年９月30日までの１年間に、在職中に出産した女性がいた事業所に占める女性の育児休業者がいた事業所の割合は89.5％と、前回調査（令和元年度調査）より2.0ポイント低下しました。また、同じ期間に、配偶者が出産した男性がいた事業所に占める男性の育児休業者がいた事業所の割合は18.9％と、前回調査（令和元年度）より3.1ポイントの上昇となりました。このほか、男性の有期契約労働者については、育児休業者がいた事業所の割合は15.3％で、前回調査より2.7ポイント上昇しました。

退職後でも６カ月以内の出産なら出産育児一時金

健康保険の被保険者期間が継続して１年以上あった被保険者本人が退職後６カ月以内に、妊娠４カ月以上で出産（死産や流産なども含みます）した時にも受けられるのが、出産育児一時金です。

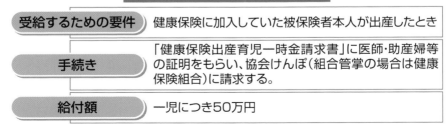

⋯⋯⋯ 退職後の出産育児一時金 ⋯⋯⋯

受給するための要件	健康保険に加入していた被保険者本人が出産したとき
手続き	「健康保険出産育児一時金請求書」に医師・助産婦等の証明をもらい、協会けんぽ（組合管掌の場合は健康保険組合）に請求する。
給付額	一児につき50万円

注　一人50万円で多胎はその人数分が受けられる。（例・双子であれば100万円）
注　病院への受取り代理制度・直接支払制度もある。

在職中なら出産手当金が支給される

　健康保険の被保険者が出産のために会社を休み、事業主から報酬が支払われないときに受けられるのが、出産手当金です。

······ 在職中の出産手当金 ······

受給するための要件　※健康保険に加入している被保険者本人が出産のために仕事を休み、給料が支払われないとき（退職後は定まった職につかず、働いていないとき）。

注1　「仕事を休む」ときには、傷病手当金のように療養のために休むという要件を満たさなくても、母性保護の観点から単に仕事に就かなかったことで足りる。

注2　「給料が支払われない」とは…1．全く出ない場合と、2．出ていても1日当たりの給料額がその者の標準報酬日額の6割に満たない場合をいう。有給休暇取得日は100％給料が出たことになるので、その日は支給されない。

手続き　「健康保険出産手当金支給請求書」に添付書類・確認書類を用意し、協会けんぽ（組合管掌の場合は健康保険組合）に請求する。

給付額　1日当たりの金額の3分の2（会社から給料が一部支給されている場合は当該3分の2の額から一部支給額を控除した額）となる。

注3　1日当たりの金額とは、支給開始日（一番最初に出産手当金が支給された日）の以前12ヵ月間の各標準報酬月額（P128）を平均した額を30で除して得た額（10円未満四捨五入）で、例えば平均の標準報酬月額が200,000円であれば200,000円÷30＝6,666.66円となり、10円未満を四捨五入し標準報酬日額は6,670円となる。したがって給料がまったく支給されていない人の出産手当金は1日当たり6,670円×$\frac{2}{3}$＝4,446円となる。なお、出産手当金の額より少ない給与が支払われているときは、その差額が支給される。

受けられる期間

　出産のために休んだ期間のうち、出産日（出産予定日より遅れたときは出産予定日）以前42日（多胎妊娠の場合は98日）と出産日後56日。

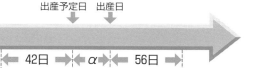

単胎妊娠の場合

出産予定日　出産日

← 42日 → ← α → ← 56日 →

← 給付日数＝42日＋α＋56日 →

退職後の出産なら出産育児一時金が支給

健康保険の被保険者が、退職（被保険者資格喪失）後に出産をした場合でも、次の要件を満たしていれば、出産育児一時金が支給されます。

‥‥‥ 出産育児一時金 ‥‥‥

・健康保険の被保険者の出産（国民健康保険の被保険者にも支給される）
・本人が加入していた健康保険から支給

出産育児一時金

・退職後6カ月以内に出産（退職まで1年以上継続して健康保険に加入していた者）
・本人が加入していた健康保険から支給

・退職後6カ月を過ぎての出産、または退職日までの被保険者期間が1年未満での出産（夫または親族の被扶養者として健康保険から支給）

家族出産育児一時金

また、被保険者が資格喪失後、配偶者である被保険者の被扶養者となった場合、資格喪失後の出産育児一時金、または家族出産育児一時金のどちらかを選択することになり、両方を重複して受けることはできません。

忘れてはならない雇用保険の受給期間延長の申し出

出産・育児で退職した人は、いつでも就職できる状況にないことから、雇用保険から失業給付は受けられません。（P42参照）。

そこで雇用保険では受給期間が1年で終了するところ、本人から申し出があれば、この1年に出産・育児により就労できない期間（最大3年）を加算できます。退職した人は育児が一段落したあたり（退職後3年経ったぐらい）から求職活動をすれば、失業給付を受けることが可能となります（P57参照）。

退職せずに育児休業をしたときは育児休業給付が

　育児休業給付は、「育児休業、介護休業等育児または家族介護を行う労働者の福祉に関する法律」で定める育児休業（以下「育児休業」といいます）をしたときに、「育児休業基本給付金」が受けられます。もちろん、支給されるのは男女を問いません（P79参照）。

介護や看護のための退職と雇用保険の延長

　厚生労働省の「令和4年度雇用均等基本調査」によれば、介護休業制度の規定がある事業所において、介護休業の期間について「期間の最長限度を定めている」とする事業所割合は96.1％（令和元年度95.3％）、「期間の制限はなく、必要日数取得できる」とする事業所割合は3.9％（令和元年度4.7％）でした。具体的な最長限度については、法定通り、通算して93日までとする事業所割合は82.9％（令和元年度84.6％）、1年を超える期間とする事業所割合は2.0％（令和元年度1.8％）でした。

　また、介護休業の取得回数については、介護休業の取得回数に「制限あり」とする事業所割合は81.8％（平成29年度82.5％）となっています。「制限あり」とする事業所の制限回数については、法定通り「3回」とする事業所割合は72.9％（平成29年度67.2％）と最多となり、「6回以上」とする事業所割合は0.6％（平成29年度0.4％）でした。

　家族の介護を行うために退職した人は、出産や育児のために退職した人と同じように、簡単に就職できる状況にはありません。そこで、雇用保険には、受給期間を延長する申し出があります。失業保険の受給期間は1年と決まっているところ、本人からの申し出があれば、この1年に介護のために就労できない期間（最大3年）を加算できます（P57参照）。

退職しなくても93日を限度に介護休業給付金が受けられる

　介護休業給付金は、「育児休業、介護休業等育児または家族介護を行う労働者の福祉に関する法律」で定める介護休業（以下「介護休業」といいます）をしたときに、介護休業中（通算93日を限度）に受けられます。

　また、支給されるのは雇用保険の一般被保険者で、男女を問いません（P82〜84参照）。

やむを得ない退職

私傷病で辞めるときの対処法

POINT

◆休職制度は会社独自の任意規定である

◆有給休暇取得日は傷病手当金の対象とはならない

◆失業給付の受給期間の延長は1年＋3年＝4年間

私傷病で労務不能のときには健康保険の傷病手当金

病気やケガ（業務災害は除きます）で欠勤が長引くと、通常、就業規則により休職となり、休職期間内に復帰できないときは退職扱いとなる会社がみられます。休職期間は終身雇用制を前提とした制度といえます。

休職制度は従業員の身分を残したまま一定の期間に、労働をすることを要しない制度ですが、会社によっては休職制度そのものがないところもあります。休職制度がない会社は、休職制度のある会社に比べれば早めに退職に追いやられることもあります。なぜならば休職制度は、会社独自の任意規定であり、労働法令で必ず規定しなければならないというものではないからです。

いずれにしても、私傷病で退職する場合で大事なことは、退職後の生活資金の確保ということになるでしょう。

傷病手当金は退職後の受給も可能

健康保険の傷病手当金は、病気休業中に被保険者とその家族の生活を保障するために設けられた制度であり、被保険者が業務外の事由による病気やケガのために会社を休み、事業主から十分な報酬が受けられない場合に、一定期間支給されるものです。給与が支払われている間は、傷病手当金は支給されませんが、給与の支払いがあっても、傷病手当金の額よりも少ない場合には、その差額が支給されます。この傷病手当金は、退職時に継続して1年以上、健康保険の被保険者であった者が、退職時に傷病手当金を受けている場合には、支給開始した日から1年半の間は退職後であっても引き続き支給されます。しかし、継続して1年以上健康保険の被保険者であっても、退職時に傷病手当金を支給されていない人は、たとえ任意継続被保険者となっても支給されません。

傷病手当金の請求と給付額

「健康保険傷病手当金支給申請書」に添付書類・確認書類を用意し、協会けんぽ（組合管掌の場合は健康保険組合）に請求します。

傷病手当金の1日当たりの支給額は、支給開始日（一番最初に傷病手当金が支給された日）の以前12ヵ月間の各標準報酬月額（P128）を平均した額を30で割って得た額の3分の2となります。支給開始日の以前の期間が12ヵ月に満たない場合は、①支給開始日の属する月以前の継続した各月の標準報酬月額の平均額と、②30万円を比べて少ない方の額を使用して計算します。

傷病手当金は、同一の傷病について、支給を開始した日から通算1年6ヵ月間支給されます。

支給期間は、病気やケガが治るまで（労務不能が続いている間）、または支給開始（労務不能による欠勤4日目の支給開始日）から1年6カ月が給付されるまでのどちらか短いほうとなります。

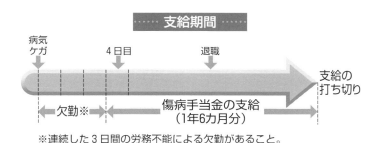

※連続した3日間の労務不能による欠勤があること。

私傷病退職者は雇用保険の受給期間延長の申し出を

私傷病により退職した人は、失業給付の受給期間延長の申し出をしておきましょう。出産育児、介護などで退職した人と同じように、通常、就職できる状況にないので、雇用保険から失業給付は受けられません（P42参照）。そこで、失業給付の受給期間は1年ですが、本人から申し出があれば、私傷病のため就労できない期間（最大3年）をこの1年に加算できるのです。

退職した人は、私傷病による病状が回復したあかつきに求職活動をすれば、失業給付を受けることが可能となります。ですから、その後のためにもきちんと受給期間延長の申請をしておきましょう（P57参照）。

労災事故で辞めるときの対処法

会社を辞めても補償は受けられる

従業員が労災事故、つまり業務災害を被ったときは、労災保険から療養補償や休業補償が受けられます。

さらに私傷病（通勤災害を含む）と違って、その従業員が療養のため休業していれば労働基準法の規定によって解雇できません。例外として被災従業員が労務不能と医師に言われているにもかかわらず出勤している場合や、天災地変で事業継続が不可能となり、なおかつ労働基準監督署長の認定を受けた場合、さらに労災事故で初めて治療を受けた日から、3年以上経過していて傷病補償年金をもらっている場合は、解雇が可能ということになっています。

労働者災害補償保険法が改正されて、2020年9月より、複数の事業場で働いている労働者の方への労災保険給付が変わりました。被災した（業務や通勤が原因でけがや病気などになったり死亡した）時点で、事業主が同一でない複数の事業場と労働契約関係にある労働者については、各就業先の事業場で支払われている賃金額を合算した額を基礎として給付基礎日額（保険給付の算定基礎となる日額）が決定されます。脳・心臓疾患や精神障害など複数の事業の業務を要因とする傷病等（負傷、疾病、障害又は死亡）についても、労災保険給付の対象（複数業務要因災害）となります。また、労災保険での療養補償や休業補償など、在職中の事故であれば退職後も労災補償を受ける権利は継続します。

労災保険が適用される業務災害のケース

ケガや病気が業務災害・通勤災害であるかどうかの判断は、最終的にはその事業場の所在地を管轄する労働基準監督署長が行います。判断基準の例を表にまとめておきましたので参考にしてください。

どういうときに	業務災害となる場合
作 業 中	
作 業 の 中 断 中	「反証事由」[※]がない限り、基本的に業務災害 注「反証事由」とは、仕事と関係ない私的行為（療養のために通院途上の事故など）・業務逸脱行為（営業員が業務時間中、パチンコなどをしている最中に事故にあってしまった場合など）をいう ※ただし、反証があっても事業場施設の欠陥等と共働（相互に関連）して災害が発生すれば業務災害
作業にともなう必要または合理的行為中	
作業にともなう準備行為・後始末行為中	
緊 急 業 務 中	
休 憩 時 間 中	事業の施設または管理上の欠陥によるものだけ業務災害 （例）(1)社員食堂での食中毒 　　　(2)帰宅するため事業場構内を通行中に、腐食したどぶ板が割れて溝に落ちて負傷した場合
事 業 場 施 設 利 用 中	
事 業 場 施 設 内 行 動 中	
出 張 中	出張中は包括的（出発から帰着まで）に事業主の支配下にあり、積極的な私用・私的行為・恣意行為などいわゆる業務起因性の反証事由で発生したと認められる場合の他は業務災害
通 勤 途 上	・事業主の提供する専用の通勤バスなどの利用に起因するケガは業務災害 ・突発事故等のため、使用者の特命により休日出勤、休暇取消の業務命令に基づく出勤途上のケガは業務災害
運 動 競 技 出 場 中	運動競技会に労働者を出場させることが事業を運営する上で社会通念上必要と認められ、かつ事業主の積極的な特命があるものに限り業務災害

退職時
雇用保険
健康保険
年金
税金
やむを得ない退職
再就職

労災保険が適用される通勤災害のケース

通勤災害となるためには、次の要件に該当していなければなりません。

> 1. その災害が通勤によるものであること。
> 2. その通勤の経路を逸脱し、または中断をしていないこと。ただし、日常生活上必要な行為であって、やむを得ない事由により行うための最小限度のものであるときは、その逸脱・中断中を除き、もとの合理的経路に戻ってからの往復行為であること。

注1　通勤によるとは、通勤と災害との間に相当因果関係にあること、つまり、通常ともなう危険が具体化したことをいう。
注2　逸脱とは、通勤の途中で就業や通勤と関係のない目的で、合理的な経路をそれること。
注3　中断とは、通勤の経路上で通勤と関係ない行為を行うこと。

　※通勤とは、労働者が就業に関し住居と就業場所との往復、または一定の就業場所から他の就業場所、その他厚生労働省令で定める移動を合理的な経路および方法により往復すること（つまり、電車や車などで毎日通っている路線や道路をいう）を指し、業務の性質を有するものを除くものをいう。

〈通勤災害と認められる例（通達から）〉

①駅の階段から転落した場合　「通勤途中において、自動車にひかれた場合、電車が急停車したため転倒してケガをした場合、駅の階段から転落した場合、歩行中にビルの建設現場から落下してきた物体により負傷した場合、転倒したタンクローリーから流れ出す有害物質により急性中毒にかかった場合など、一般に通勤中に発生した災害は通勤によるものと認められる」

②ひったくりにあって負傷した場合　「大都市周辺の寂しいところに居住している女性労働者が夜間退勤する場合には、その途上でひったくりに会い、その際に負傷することは一般的にあり得ることであり、通勤に通常ともなう危険が具体化したものと認められる」

〈その行為が逸脱・中断になり、通勤災害と認められない例（通達から）〉

①帰り道、仲間と居酒屋で飲食した場合　「飲み屋やビアホールなどに腰をおちつけるに至った場合や、経路からはずれまたは門戸を構えた観相家のところで長時間にわたり手相や人相などを診てもらう場合などは、逸脱・中断に該当する」

②帰宅途中、コーヒーショップで40分話し込んだ場合　『帰宅途中、経路上の喫茶店に立ち寄り40分程度過ごした行為は「逸脱」または「中断」に該当し、また「日用品の購入その他これに準ずる日常生活上必要な行為をやむを得ない事由に行うための最小限度のもの」には該当しない』

退職時

雇用保険

健康保険

年　金

再就職

税　金

やむを得ない退職

再就職

┈┈┈┈ 日常生活上必要な行為とは ┈┈┈┈

①日用品の購入、その他、これに準ずる行為
②公共職業能力開発施設において行われる職業訓練をうける行為
③学校教育法第1条に規定する学校において行われる教育、その他、これらに準ずる教育訓練であって職業能力の開発向上に資するものをうける行為
④選挙権の行使その他これに準ずる行為
⑤病院または診療所において診察または治療を受けること、その他、これに準ずる行為

〈複数就業者の事業場間の移動と単身赴任者の赴任先住居・帰省先住居間の移動〉

　平成18年4月1日より、①「複数就業者について、就業の場所から他の就業の場所への移動」と②「単身赴任者の赴任先住居・帰省先住居間の移動」が通勤災害保護制度の対象（施行日以降に生じたものが対象）となりました。

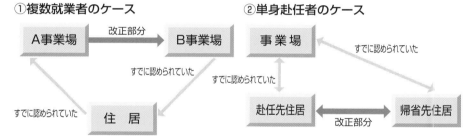

①複数就業者のケース　　　　②単身赴任者のケース

※保険関係の処理は、①のケースではB事業場への出勤ととらえ、B事業場において行う。

〈元の経路に復したあとは通勤災害が認められる例〉

①帰り道スーパーマーケットに立ち寄り、惣菜などを購入する場合
②独身労働者が食堂に立ち寄る場合
③クリーニング店に立ち寄る場合
④通勤途中で病院・診療所で治療を受ける場合
⑤選挙のため投票に立ち寄る場合
⑥夜間大学に通う場合
⑦出退勤の途中で理髪店に立ち寄る場合

ポイント　上記のような行為のために逸脱・中断した場合は、逸脱や中断を開始したときから元の合理的経路に復するまでの間に発生した災害については、通勤災害に該当しません。
　例えば、スーパーの中でケガをしたとか、スーパーから元の合理的経路に復するまでにケガをした場合などは通勤災害になりません。

こんな時どうなる？

◆労災保険で休業している労働者は解雇できるか？

　労災保険は、業務災害と通勤災害をカバーしてくれる社会保険です。

　業務災害と通勤災害とでは給付に違いはほとんどありません。

　しかし、労働基準法では業務災害（仕事が原因で負傷したり病気になった場合）で休業している間（職場復帰後30日間も）の労働者は原則として解雇できません。

　もっとも、自分から退職を申し出たなら、業務災害であったとしても退職となります。ここでいう解雇とは自分は辞めたくないけれども、会社から一方的に雇用契約の解約を通告されることです。通勤災害の場合は、一般的に使用者に責任がないということで、労働基準法上の解雇制限はありません。

　業務災害と通勤災害との大きな違いはこの部分です。

　では、通勤災害を被った労働者には解雇制限がないから、労働基準法での30日前の予告または平均賃金の30日分以上の予告手当を支払えば、いつでも誰でも解雇できるかというと、そうは簡単にはいきません。本来、雇用契約は基本的に民法に則って締結していますので、労働基準法第18条の２で合理的な理由が要求され、問題となることがあります。いわゆる、解雇するには合理的理由がなければ、解雇権の濫用とか、不当労働行為となる可能性もあります。

◆会社倒産と未払い給与（賃金債権）

　会社が倒産した場合に賃金債権はどうなるか、順位は何番目になるかが気になるところです。順位として第１順位は担保権の付いている債権です。もし金融機関が第１順位であれば担保不動産を競売にかけて、優先的に債権回収が可能となるのです。第２順位は税金・社会保険料です。第３番目に賃金債権がきています。つまり税金や社会保険料が賃金債権より優先しています。倒産するような会社は通常、税金・社会保険料を滞納していますから、まず、税金・社会保険料を支払い、余ったら賃金債権が支払われることになっています。

　労働者があっての国であって、国があっての労働者ではないはずです。今、労働者の生活を優先すべきであるという観点から、さまざまな見直しが行われています。

　ILO-173号条約では、使用者が支払い不能になった場合、賃金債権は優先的に保護され、税金・社会保険料より優先順位が高くされています。ただし、日本は、この条約をいまだに批准していません。

PART
7

賢い再就職の
しかた

再就職のための情報収集

POINT

◆再就職のための情報収集は早いほどよい
◆無計画に退職をするのは考えもの
◆いろいろな方法で求人情報を手に入れよう

情報収集は新聞や就職情報誌、ハローワークが基本

　再就職のための情報収集は、退職する前から準備を進めるのが一般的ですが、会社の経営状況の悪化などにより、突発的に退職せざるを得なかった人や突然解雇を言い渡された人などは、在職中に再就職の準備はできません。もっとも再就職のことを考えずに退職していく人もいますが、無計画に退職をするのは考えものです。

　いずれ再就職をするのであれば、その情報収集は早ければ早いほどよいでしょう。情報収集として気軽なのは新聞・求人誌・折り込み広告を利用することですが、その他ハローワークでの求人票を閲覧する方法などがあります。また知人・友人などの縁故を利用する方法、さらにインターネットによる求人情報を利用するのも有効です。

　情報収集で大事なことは、目指す再就職先の会社の表面ではなく、実際の姿を見いだすことです。表面的な言葉や広告デザインで即断してはいけません。この会社は自分が望んでいる再就職先か、自分に適した仕事の場であるかなどを早く見分けなければなりません。

新聞や求人誌の募集広告の見方

　新聞や就職情報誌の求人広告は量が豊富で、地域別、職種別などの特集を組むこともあり、たいへん便利です。スペースの大きい広告から小さな広告まで多種多様ですが、掲載された広告が大きいからといって大会社とは限らず、逆に小さいからといって零細企業とは限らないということに注意しましょう。要は中身、つまり求職者の知りたいことができるだけたくさん記述されているかどうかが大事で、デザインやキャッチフレーズの良さは判断の基準にしてはいけません。

知人・友人など縁故で再就職先をさがすときの注意

　再就職先の紹介を知人や友人に頼むことは、最終的に就職するしないは別にしてよくある話です。知り合いの紹介による求職のメリットは、その人の性格や仕事の技量など職務上の能力をある程度正確に把握できることで、会社側も余計な情報収集というプロセスを省くことができるということと、紹介を受けた側も余計な説明をしなくても信用してもらうことができ、一般の採用試験のケースとは違って、採用率が高いということがあげられます。

　しかしデメリットもあります。

　採用された後、求職者の性格や職務能力が会社の希望と合っていないことがわかったり、また反対に仕事の条件などが求職者の思っていた内容と違っていた場合などがそうです。双方が紹介者に遠慮して本採用を見送るといったことや、その会社に対して入社を辞退したいということが、はっきりと言えずにギクシャクしてしまうことがあるのです。そのために紹介者との関係が悪くなったりすることもあり得ることです。

　しかし、売り手市場となったものの、より良い職場を得るために頼むこともあることでしょう。会社を紹介されたなら、心構えとしては一般に応募した人と同じように面接にのぞむことです。つまり、紹介者の立場はあなたが会社と面接ができるように段取りをしてくれただけで、すべてを保証してもらったわけではないということを認識することが、紹介者への礼儀であり、面接をしてくれる会社へのマナーでしょう。

インターネットで求人情報を見るときは

　今やインターネットを使えない人は会社に勤められないと言われるぐらいインターネットは普及しています。インターネット上で求人広告を流しているサイトで、代表的なのはハローワーク求人情報です。

　現在、求職中の人にとって、インターネットは心強い味方となっています。自宅でさまざまな情報を簡単に入手することができますし、検索して「求人」や「求職」、「転職」などのキーワードを入れるだけで、数えきれないほどの件数の就職や転職情報へアクセスできます。

　さらに、希望している会社のホームページもあるようでしたら、必ず閲覧するようにしてください。会社の概要のほかに就職情報のページもあり、求人広告よりも詳しい情報が得られて、どういう会社であるか理解しやすいことも間違いないでしょう。

その他にたくさんの著名な求人のページもあります。例えば、大手新聞社の求人情報では日々情報を入れ替えて一般の人に提供しています。

そして、インターネットでの求人情報の見方は、他の媒体である新聞や就職情報誌などの見方と基本的には同じですが、会社も気軽に求人できることから、労働法令を守っていない会社が存在するかもしれないので、注意が必要です。

また、名の知れた有名会社であっても直接電話をして、インターネットで求人をしているかどうかを確認する必要があります。

自分に合っている会社のようだけれども少しでも不安を感じるなら、現場（会社）へ行き、自分の目で確かめる必要もあるでしょう。

UターンやIターンを利用しよう

転職をするのなら、ここでちょっと発想を変えて、地方での就職を考えてみてはいかがでしょうか。大都市ほど多くの仕事はないかもしれませんが、自分らしい働き方を模索している人にとっては、うってつけといえるかもしれません。いつかは故郷に帰りたいと思っている人、故郷の両親が年をとってきたので心配な人、都会育ちだけど一度は田舎暮らしがしてみたい人などは、地方自治体などが就職説明会を開催していますので、参加してみてください。

地方自治体の就職説明会に参加してみよう

地方ですと、自然が多い、物価や家賃が安い、などと暮らしやすい要素がたくさんあります。ただし、単にアウトドアライフの延長ということで考えていると、後でしっぺ返しを食らうことになります。都会ほど便利でなかったり、厳しい気候であったり、閉鎖的な社会を築いているところがあったりすることも頭に入れておく必要があるでしょう。また、地方では自分の希望する職種があるとは限りません。

ですから、UターンやIターンをするということは、大変な労力が必要になってくるということも忘れないようにしましょう。

ハローワークのオンラインや地方新聞も利用できる

ハローワークでは全国の求人情報を、オンラインで確認することができます。ですから希望地が確定している場合は、利用できるでしょう。

ただし、これはUターンやIターンの専門ではなく、地元の人を対象にし

た情報であるということを忘れないでください。地方や地域の新聞の購読も、求人情報だけでなくその地域の情報を得られる有効な手段のひとつです。

　また、地方紙の多くはインターネットで新聞紙面を購読できるオンラインサービスを行っています。購読申し込みをすれば、パソコンやスマホで新聞紙面をいつでも確認できますから、有益な情報が入手できます。

◎地方新聞・海外新聞の取次所

> 株式会社　全販　　　　　　　　　TEL 03-5226-5450
> ホームページ　https://www.zempan-group.co.jp/

◎求人情報のホームページ

> ・ハローワークのホームページアドレス
> 　　　　https://www.hellowork.mhlw.go.jp/

就職情報会社などの就職セミナーを利用する

　民間の就職情報会社などの就職セミナーの合同説明会を利用するといった方法もあります。景気が低迷している現在、再就職もなかなか困難な状況ですから、より積極的な求職活動を行う必要があります。

　これらの機関は、ハローワークなどの公的機関とは異なりますので、まず、その就職情報会社がどんなところにあるのか把握する必要があります。信頼のおける会社の就職セミナーなら積極的に参加し、企業研究をしましょう。また、同じ会社が主催するセミナーでも毎回出展企業は変わっていきますので、何度でも足を運んだほうがよいかもしれません。

　こうした就職セミナーの情報は、おもにインターネットや新聞、就職情報誌の広告、電車の中吊り広告などで見つけられますので、情報収集はまめにやっておきましょう。

　また、一般的には求職者からセミナー費用を徴収する、ということはまずありません。求人を募集している企業（会社）側が支払うのが普通です。もちろん、面接に行くための交通費は自分で負担するのが一般的です。

退職時
雇用保険
健康保険
年金
税金・
やむを得ない退職
再就職

よい会社・問題のある会社 の見分け方

会社はあなたを見る、あなたも会社を見分けよう

　今の会社がよい会社であるか否か、これから転職する会社がよい会社であるか否かを見分けなければなりません。ただし、自分が会社をみる視点をどこにおくかによって違う結果になることがありますから、一概に、これがよい会社で、これが問題のある会社とはいえない面もあります。

　総じていうならば、当然ですが、法律を守っていない会社はよくない会社です。

　例えば、社会保険（健康保険（介護保険）・厚生年金保険・雇用保険）のない会社はよい会社かどうかを見分ける以前の問題です。社会保険があったとしても、試用期間中は加入させないという会社も法律違反です。

　面接時はもちろんのこと、入社してからも会社はあなたをいろいろな角度から見ていますが、あなたもじっくり会社を見据える必要があります。会社は、求職者の人間性のほかに、あなたがいかに会社にとって役立つ人であるかを見ます。あなたもこの会社で働くことによって自分のやりたい仕事ができるのか、労働条件はきちんと守ってくれるのか、などということを確認する必要があります。

　面接や入社直後ではわからなかったことが後で発覚することがあります。こうしたことがないように、仕事の内容や労働条件については書面にしてもらうのがベストです。いわゆる労働契約書を交わすことが最善の方法といえます。

　さらに入社時に「雇い入れ通知書」や「雇用契約書」を文書で交付する会社、また就業規則がきちんと揃っている会社は、法律を守っている会社です。もっとも求職者が労働法令や社会保険の知識を知らないのでは、見分けることはできませんから、後で悔いを残さないようにするためにも、会社の面接

を受ける前にきちんとした下調べを行い、社会保険等に関する知識も収集しておく必要があるでしょう。

掃除が行き届いている会社はよい会社である

　設備や建物が古くても、きれいに掃除が行き届いている会社はよい会社です。自分たちが気持ちよく仕事に打ち込めるという面のほかにも、来社するお客様も気持ちよくなり、「これなら仕事もきちんときれいにやってくれる会社だろう」と感じさせるからです。

　ですから、面接帰りにトイレや給湯室を試しに覗いてみてはどうでしょう。それまではよいと思っていた会社でも、覗いてみた途端に、がっかりさせられることや、またその逆のケースというのもありえるかもしれません。

よい会社は法令を守る

①**次の労働条件を入社時に書面でくれる会社**
　⑴賃金の決定や計算、支払い方法、賃金締め切り、支払いの時期に関する事項。
　⑵始業時刻・終業時刻などの労働時間・休憩・休日・休暇に関すること。
　⑶労働契約の期間に関する事項。
　⑷就業の場所に関する事項（雇い入れ直後と変更の範囲）。
　⑸従事する業務の内容に関する事項（雇い入れ直後と変更の範囲）。
　⑹退職・解雇に関する事項。

②**健康保険（介護保険）・厚生年金保険・雇用保険の加入手続きをすぐに行う会社**
　アルバイトやパートでも常用的に勤務する場合は加入義務があります。また試用期間中であっても、入社日から加入させなければなりません。

③**10人以上の会社で、就業規則を従業員にいつでも見せる会社**
　常時10人以上を雇用する会社は就業規則を作成して労働基準監督署長に届け出なければなりません。さらに就業規則は従業員に周知させて、いつでも見ることのできる場所に備えつけておかなければなりません。

④**残業や休日勤務をした場合には割増賃金を支払う会社**
　⑴サービス残業のない会社。
　⑵１日８時間または１週間で40時間を超えて働いた場合、または休日勤務をした場合には割増賃金を支払わなければなりません。

履歴書と職務経歴書の書き方

POINT
◆履歴書は時間をかけて自筆で丁寧に書こう
◆職務経歴書で自らをアピールしよう
◆郵送する場合は必ず添え状をつけよう

会社は履歴書のここに注目する

今では、ネット上で応募が完結する企業も多くみられますが、なかには自筆履歴書を指定する企業もみられます。そうした企業の採用担当者が履歴書から読みとるのは、まず字が丁寧に書かれているかどうか、年齢、住所、職歴、その会社での役職や部署は何だったのか、なぜ退職したのかなどを聞くためなのです。

自筆の履歴書についてはきれいな文字で書くということがベストですが、最近はパソコンを使う人が多く、文字をあまり書かなくなったことから、文章が整理されていない人が多いようです。

しかし、履歴書の文字はきれいさより丁寧さが要求されます。下手でもいいので、ゆっくりと丁寧に書いてあるものは採用する会社側から見ても好感が持てます。逆になぐり書きはご法度です。就職をいい加減にしようとする態度のあらわれです。ですから、履歴書は自分から応募する会社へ最大限にアピールするためにも、時間をかけて相手に信頼を与えるような内容に仕上げることが、重要なポイントといえるでしょう。

会社は職務経歴書のここを見る

職務経歴書は履歴書を補う有力な自己PRの手段として有効なツールになっています。最近は、面接する会社が要求しなくても職務経歴書を作成し、提出する人が増えてきているのです。会社の採用担当者は、人間性や協調性、責任感とともに、具体的に会社にどんなメリットを与えてくれるのかを知りたがっています。

不景気で就職難のこの時代に、多くの応募者の中から会社が採用する人は、より質の高い即戦力となる人材です。この競争激化の買い手市場のなかで他

の応募者よりも自分が優れていることをアピールするためにも、履歴書に加えて職務経歴書を作成して提出することをお勧めします。

ただし、能力以上のハッタリを書くことはよくありませんし、たとえそうだとしても、プロの面接担当者であれば、ハッタリかどうかということはすぐに見破ります。だからといって、あまりにも控えめな書き方も相手に対して印象の薄さを与えてしまうばかりでよくありません。

これといって長所のない人は一番困りますが、職務経歴書を書くにあたって自信がないという人は、なぜ今までの経歴に自信が持てなかったのかを総括し、前の会社での反省も踏まえ、新しい会社ではこういうことに挑戦してみたいとか、もっと自分を磨き上げて会社に貢献していきたい、ということを記入するのもよいのではないでしょうか。

······ 職務経歴書に書く内容のポイント ······

1 何ができるのか?
どんな業務に、どのくらいのレベルで、どのように関わったのか。技能・技術のレベル等。

2 即戦力となるか?
今までの経歴や専門知識、ノウハウは次の会社ですぐにつかえるものか。

3 仕事に取り組む意欲があるか?
これからも自分自身を磨き上げ、向上するという意欲があるかどうか。

4 会社を儲けさせてくれるか?
採用することで社内活性化に役立ち、会社に貢献してくれる人かどうか。

5 リーダーシップはあるか?(幹部社員の場合)
会社が儲かるかどうかはひとえにリーダーシップが発揮できるかどうかによるので、今までに経験してきた他社での実績はどうであったかということ。

職務経歴書の思わぬ効果

　職務経歴書を作成することは、単に面接のためや会社の要求に応えるためのものだけにとどまりません。今までの一生懸命働いてきた人生を客観的に見つめ直して、これからの職業人としてどんな仕事が得意で自信があるか、これなら会社に利益をもたらすことができるノウハウがある、などをまとめることは、将来の再就職戦略を立てる上で非常に役立つ作業でもあるのです。そして自分がこれまで経験し積み立てた職業能力を文字にして整理することによって、求職活動中も自信をもって自己アピールできるようになります。

　さらに自分にはこれしかできないと思っていた仕事でも、発想を変えてみることで、未経験の業務や業種、職種の中でも、自分のキャリアを生かすことができるかもしれません。

　このように職務経歴書は間接的に職業能力を分析する効果を持っています。たとえ転職する人でなくても、一度自分のこれまで経験してきた職務を総ざらいしてみてはいかがでしょうか。

職務経歴書のスタイル

　職務経歴書を書くにあたって、まずは下記の4点を念頭に置いて作成してみるといいでしょう。

1 **形式に所定の決まりや用紙はない**
履歴書では書ききれなかった自分の経験やアピールしたいことを自由に書く。

2 **中心となるのは「職務経歴」の項目**
ここは経験の長さや職務内容で個人差が大きいので、ひとつのパターンにあてはめることは不可能です。会社の募集内容や応募条件を整理、選択そして加工し、相手に強い印象を与える内容に仕上げる。

3 **応募する会社でやりたいことを考えて**
応募動機や希望職種など思ったとおりに書く。

4 **パソコンを使いこなせることは絶好のアピールポイント**
パソコンなどを使える人は、職務経歴書のレイアウトを工夫して作成してみるのもよい。

職務経歴書の記入例⑴　職歴の古い年代順に記入していく方法

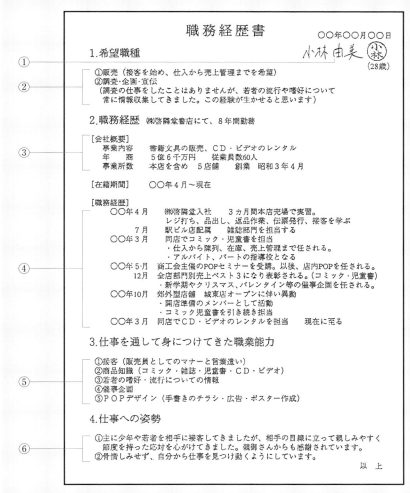

職 務 経 歴 書

○○年○○月○○日

小林 由美 ㊞
（28歳）

1.希望職種

①販売（接客を始め、仕入から売上管理までを希望）
②調査・企画・宣伝
（調査の仕事をしたことはありませんが、若者の流行や嗜好について
常に情報収集してきました。この経験が生かせると思います）

2.職務経歴　㈱啓隣堂書店にて、8年間勤務

［会社概要］
　事業内容　　書籍文具の販売、CD・ビデオのレンタル
　年　　商　　5億6千万円　　従業員数60人
　事業所数　　本店を含め　5店舗　　創業　昭和3年4月

［在籍期間］　○○年4月〜現在

［職務経歴］
　○○年4月　㈱啓隣堂入社　　3ヵ月間本店売場で実習。
　　　　　　　　　　　　　レジ打ち、品出し、返品作業、伝票発行、接客を学ぶ
　　　　7月　駅ビル店配属　　雑誌部門を担当する
　○○年3月　同店でコミック・児童書を担当
　　　　　　　　・仕入から陳列、在庫、売上管理まで任される。
　　　　　　　　・アルバイト、パートの指導役となる
　○○年5月　商工会主催のPOPセミナーを受講。以後、店内POPを任される。
　　　12月　全店部門別売上ベスト3になり表彰される。（コミック・児童書）
　　　　　　　　・新学期やクリスマス、バレンタイン等の催事企画を任される。
　○○年10月　郊外型店舗　城東店オープンに伴い異動
　　　　　　　　・開店準備のメンバーとして活動
　　　　　　　　・コミック児童書を引き続き担当
　○○年3月　同店でCD・ビデオのレンタルを担当　　現在に至る

3.仕事を通して身につけてきた職業能力

①接客（販売員としてのマナーと言葉遣い）
②商品知識（コミック・雑誌・児童書・CD・ビデオ）
③若者の嗜好・流行についての情報
④催事企画
⑤POPデザイン（手書きのチラシ・広告・ポスター作成）

4.仕事への姿勢

①主に少年や若者を相手に接客してきましたが、相手の目線に立って親しみやすく
節度を持った応対を心がけてきました。親御さんからも感謝されています。
②骨惜しみせず、自分から仕事を見つけ動くようにしています。

以　上

基本的な書き方
①氏名・捺印・年齢を記入する（氏名は手書きで）。
②希望している仕事をはっきり明記することが大事。
③どんな会社で働いていたかを分かりやすく書く。
④年代を追って、どこで何をしていたかを分かりやすく書く。
⑤自分のスキルをめいっぱいアピールしよう。
⑥仕事への姿勢を書けばなおよい。

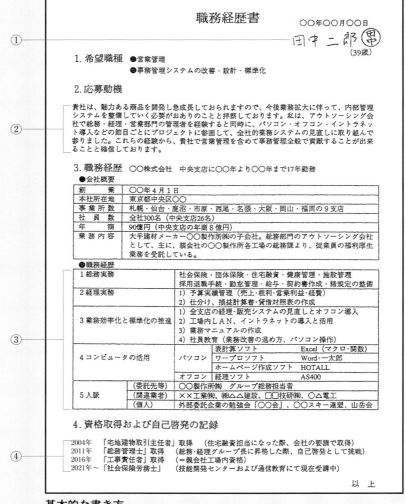

職務経歴書

○○年○○月○○日

田中 二郎 ㊞

（39歳）

1. 希望職種　●営業管理

●事務管理システムの改善・設計・標準化

2. 応募動機

貴社は、魅力ある商品を開発し急成長しておられますので、今後業務拡大に伴って、内部管理システムを整備していく必要がおありのことと拝察しております。私は、アウトソーシング会社で総務・経理・営業部門の管理者を経験すると同時に、パソコン・オフコン・イントラネット導入などの節目ごとにプロジェクトに参画して、全社的業務システムの見直しに取り組んで参りました。これらの経験から、貴社で営業管理を含めて事務管理全般で貢献することが出来ることと確信しております。

3. 職務経歴　○○株式会社　中央支店に○○年より○○年まで17年勤務

●会社概要

創　　　業	○○年4月1日
本社所在地	東京都中央区○○
事 業 所 数	札幌・仙台・鹿沼・市原・西尾・名張・大阪・岡山・福岡の9支店
社 員 数	全社300名（中央支店26名）
年　　　商	90億円（中央支店の年商8億円）
業 務 内 容	大手建材メーカー○○製作所㈱の子会社。総務部門のアウトソーシング会社として、主に、親会社の○○製作所各工場の総務課より、従業員の福利厚生業務を受託している。

●職務経歴

1 総務実務	社会保険・団体保険・住宅融資・健康管理・施設管理 採用退職手続・勤怠管理・給与・契約書作成・諸規定の整備		
2 経理実務	1）予算実績管理（売上・粗利・営業利益・経費） 2）仕分け、損益計算書・貸借対照表の作成		
3 業務効率化と標準化の推進	1）全支店の経理・販売システムの見直しとオフコン導入 2）工場内LAN、イントラネットの導入と活用 3）業務マニュアルの作成 4）社員教育（業務改善の進め方、パソコン操作）		
4 コンピュータの活用	パソコン	表計算ソフト	Excel（マクロ・関数）
		ワープロソフト	Word・一太郎
		ホームページ作成ソフト	HOTALL
	オフコン	経理ソフト	AS400
5 人脈	（委託先等）	○○製作所㈱　グループ総務担当者	
	（関連業者）	××工業㈱、㈱△△建設、□□技研㈱、○△電工	
	（個人）	外部委託企業の勉強会「○○会」、○○スキー連盟、山岳会	

4. 資格取得および自己啓発の記録

2004年	「宅地建物取引主任者」取得	（住宅融資担当になった際、会社の要請で取得）
2011年	「総務管理士」取得	（総務・経理グループ長に昇格した際、自己啓発として挑戦）
2016年	「工事責任者」取得	（＝親会社工場内資格）
2021年〜	「社会保険労務士」	（技能開発センターおよび通信教育にて現在受講中）

以　上

基本的な書き方

①氏名・捺印・年齢を記入する（ここは必ず手書きで）。

②希望職種に関連づけて応募動機などを記入する。

③身につけたスキルが一目で分かるようになっている。

④勉強中の資格もアピールしよう。

添え状の書き方

　応募にあたって企業に履歴書等を郵送する場合、簡単な添え状を書いて送るといいでしょう。一般的に仕事でも取引先に文書を送る際には添え状はつけるものですから、求人の場合もそれと同様に考えてみるといいのではないでしょうか。

　ここでは採用担当者の関心を引いてもらうという意味においても、自己紹介や応募にあたっての決意表明などを書き加えるのがベストでしょう。

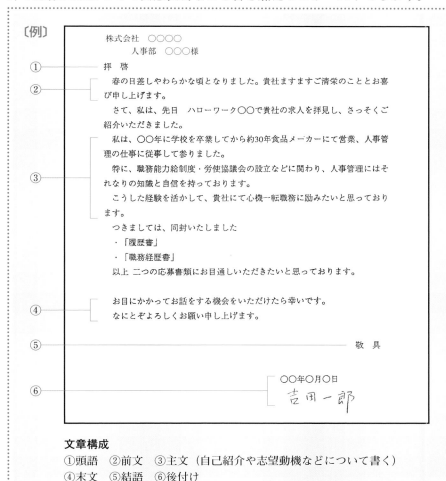

〔例〕

　　　　株式会社　○○○○
　　　　人事部　○○○様

① 拝　啓

② 　春の日差しやわらかな頃となりました。貴社ますますご清栄のこととお喜び申し上げます。

　さて、私は、先日　ハローワーク○○で貴社の求人を拝見し、さっそくご紹介いただきました。

③ 　私は、○○年に学校を卒業してから約30年食品メーカーにて営業、人事管理の仕事に従事して参りました。

　特に、職務能力給制度・労使協議会の設立などに関わり、人事管理にはそれなりの知識と自信を持っております。

　こうした経験を活かして、貴社にて心機一転職務に励みたいと思っております。

　つきましては、同封いたしました
　・「履歴書」
　・「職務経歴書」
　以上　二つの応募書類にお目通しいただきたいと思っております。

④ 　お目にかかってお話をする機会をいただけたら幸いです。
　なにとぞよろしくお願い申し上げます。

⑤ 　　　　　　　　　　　　　　　　　　　　　　　　　　　　敬　具

⑥ 　　　　　　　　　　　　　　　　○○年○月○日
　　　　　　　　　　　　　　　　吉田一郎

文章構成
①頭語　②前文　③主文（自己紹介や志望動機などについて書く）
④末文　⑤結語　⑥後付け

ハローワークで上手に就職情報を活用しよう

再就職

POINT
◆公的機関であるハローワークの情報は安心
◆インターネット検索もできる
◆まずハローワークで情報を収集しよう

まずハローワークへ行こう

就職情報を得ようとするとき、ハローワークは心強い味方です。ハローワークは公的機関ですので、会社の求人情報に間違いもなく安心して仕事を探すことができます。またハローワークは全国に約500カ所ありますので、自宅からそれほど遠くないところにも必ずあります。

特に最近のハローワークは昔の「職安」というイメージではなく、求人情報パソコンがフロア一面に並べられて、求職者はディスプレイを前に会社を検索している「ハイテク役所」となっていますから、今までよりは簡単かつスピーディーに就職情報を得ることができるようになりました。

雇用保険の失業等給付の手続きは住所地を管轄するハローワークで「求職の申込み」をしなければなりませんが、求人情報を得るならどこでも大丈夫です。気軽に足を運んでみましょう。

また、ハローワークにはパソコンハローワークや両立支援ハローワーク、ジョブハローワークなど専門機関もあるので、そちらも活用してみましょう。

パソコンでワンタッチの仕事探し

ハローワークに設置されている求人情報パソコンならワンタッチでスピーディーに仕事を探すことができます。パソコンというととかく年配の人は敬遠しがちになると思いますが、慣れれば「こんなに便利なものはない」ということになります。

現在、パソコンの設置箇所や設置台数はどんどん増えていますので、賢く利用してみてください。もちろんまだ退職していない人でも利用できますが、会社の許可を得ない限り仕事中に行うと業務逸脱行為になりますので、会社が休みの時を利用して、じっくり情報収集をしましょう。

　求人情報パソコンは、タッチパネルによる簡単操作で求人情報を自在に検索できます。また、より多くの情報が提供できるように、コンピュータネットワークによってどのハローワークでも同じ情報が検索できるシステムになっています。

　最近では20〜60歳代の人まで幅広く利用され、再就職の機会を求めているようですが、実際にハローワークを通じて新しい会社が決まるケースも多々ありますので、できるだけこまめに情報をチェックしておくのがベストでしょう。

　ここでは求人情報パソコンの利用方法を見ていきましょう。

1 「職種」「年齢」などを入力し、希望にあった求人一覧表を見ます。

2 求人一覧表からよさそうな求人会社を見つけだしたら、「詳細」「求人票」ボタンで各求人票を見ます。

3 希望の求人会社が見つかったら窓口に行き、係の人に会社と連絡を取ってもらった上、紹介状をもらいます。

インターネットサービスも利用しよう

　ハローワークもインターネットサービスを行っています。自宅から簡単にアクセスでき、気軽に誰にも邪魔されずに利用できます。このサービスはキーワード検索もでき、とても便利です（ホームページアドレスはhttps://www.hellowork.mhlw.go.jp/）。

人材紹介機関の利用法

POINT

◆人材紹介機関にはさまざまな種類がある
◆人材紹介会社には厚生労働大臣の許可が必要
◆自己研鑽の努力を惜しまない人を企業は求める

さまざまな人材紹介機関

　かつて、40歳以上の管理的職業、専門的・技術的職業の求人を対象とする公的な職業紹介機関として人材銀行がありましたが、現在では、この機関は廃止されて、その業務はハローワークに引き継がれています。

　また、東京都が創設した高齢者事業団事業を前身とする「東京都シルバー人材センター連合」においても、原則として60歳以上の高齢者を対象に、清掃、大工仕事から翻訳・通訳、一般事務までさまざまな仕事を紹介していますが、あくまでも臨時的・短期的、または軽易な業務を紹介する共助組織であり、通常の職業紹介とは異なります。

　民間職業紹介機関にはさまざまな種類がありますが、その多くは、ハローワーク同様、求人情報をインターネットで検索できるしくみを備えています。民間の紹介機関の多くは企業等の求人者から紹介手数料を受け取っていますが、なかには求職者に対して紹介手数料を請求する業者もありますから、紹介を受ける場合には注意が必要です。

人材紹介会社（有料職業紹介）は許可番号をもっている

　職業紹介事業については、職業安定法に細かく定められていて、職業紹介に関して手数料または報酬を受けて行う有料職業紹介事業と、一切の手数料や報酬を受けないで行う無料職業紹介事業があります。

　無料職業紹介事業は、学校や商工会議所、地方公共団体などのほか、一般でも行われていますが、いずれも厚生労働大臣の許可または届け出が必要です。無料であっても自由に職業紹介事業を行うことはできません。

　有料職業紹介事業は、職業安定法に定められた紹介を禁止された職業以外の職業について、厚生労働大臣の許可を受けて行うことができるものです。

紹介を禁止された職業とは、港湾運送業務に就く職業および建設業務に就く職業となっており、ほとんどの職業で紹介事業を行うことができます。

このように、職業紹介事業を行うには厚生労働大臣の許可を受けなければなりませんので、利用しようとする際には、許可を受けた適法な人材紹介会社かどうかを確認してください。これらのことは、最寄りのハローワークに問い合わせればすぐに分かります。

なお、有料といっても、原則として求職者から職業紹介手数料を受け取ることはできません。人材紹介会社は厚生労働大臣の許可を受けなければ紹介事業を行えず、求職者から職業紹介手数料を受け取れるのは、一部の職種に限られています。

企業が求める転職とアルムナイ

退職には様々な理由があるでしょうが、（中途）退職者に対する会社の見方も時代とともに大きく変わりました。入社したら定年まで勤めることが当たり前のように見られていた終身雇用の時代は終わり、社歴よりも、その人の持つ能力が問われています。企業でも、まったく新しい人材を一から教育をする手間や費用を考えると、人柄も能力も知っている転職者やOBを採用したほうが、費用対効果が優れていると考えるようになりました。

人材紹介会社でも、従来の転職だけでなく、アルムナイ採用が注目を浴びています。アルムナイとは「卒業生」といった意味合いですが、会社では、いわゆるOBのことです。OBとはいっても、定年退職をしたOBよりも早期退職者、中途退職者の意味合いが強いといえます。転職とアルムナイのどちらも求められているのは即戦力としての能力です。

常に自己研鑽の努力を惜しまない人こそ、企業が求める人材といえます。

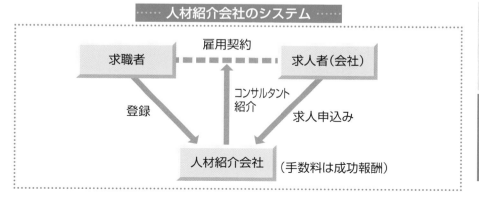

再就職

悪質な仕事勧誘（就職詐欺）に気をつける

POINT

◆おいしい話には裏がある
◆「断る勇気」と「見極める眼」が必要
◆いざというときは警察や国民生活センターへ

悪質な勧誘はあの手この手で狙ってくる

　会社の倒産やリストラで会社を辞めたものの、就職先も見つからない。そんなときインターネットのコミュニケーションアプリや新聞の折り込み広告などに「新規事業のため○○社員募集・月収50万円以上可能」などの求人広告が載っていることがあります。景気が回復基調にあるといっても、毎月50万円以上もの給料をもらえるような仕事は通常考えられないことです。

　こうした思いもよらない好条件や好待遇の話にうっかり乗ってしまい、挙げ句の果てにだまされてしまう…そんな話が、最近とみに増えてきているということを耳にします。

　「私は大丈夫」「絶対心配ない」と考えているあなた、ちょっと待ってください。悪質な仕事の勧誘というのは、あの手この手で狙って、心のすき間を巧みに突いてくるのです。ですから、「つい状況につられて断りきれなく…」、「巧みな話に惑わされてしまった」となげいている人も少なくありません。そんな時には「断る勇気」と「物事を見極める眼を養う」ことを忘れないでください。それが最悪の状況を切り抜ける最善の手段となることでしょう。

世の中にうますぎる話はない

　ある主婦は「月5万円以上の文字入力在宅業務」をうたったチラシ広告をみて業者に電話したところ、業者指定の機器と教材（合計435,000円）の購入が条件といわれ、担当者が説明のため来訪、「入力業務試験に合格すればその内職の仕事を開始できる」という話をしたといいます。

　ただし、受験資格として知名度の高い民間資格である入力検定の4級以上であること、または2級以上であれば無試験で仕事の依頼が来るといわれたそうです。工賃は1枚500円で月に5万円以上の収入になると説明を受け契

約を勧められたので、ついに契約したということです。

　ようやく入力試験に合格し仕事を始めることになったものの、最初の約束と違って1文字20銭で、納期は原稿を受け取ってから8日目の午前必着という条件にされてしまいました。

　そうして締め切りまでやっとのことで仕上げましたが、15枚でわずかに4,000円にしかならず、次の仕事が来るまで2週間も待たされる始末。これでは月5万円どころか機器のローンの支払いにも満たないという悲惨な結果になったという話でありました。

　「世の中、うますぎる話はない」ということがわかっているつもりでも、つい手を出してしまうのが人間です。しかし「一生懸命に働かずして、あるいは営業努力をせずに人からお金がいただけるわけがない」という、お金を稼ぐ鉄則を忘れてはなりません。月に50万円も100万円も稼ぐ人は、それなりの技術や技能・経験を持ちあわせており、さらに日々汗と涙と努力を続けてきた結果として稼いでいることを忘れないでください。

　うまい話には必ず裏があります。少し変だと感じたら、その場で判断せず他の人に相談するようにしてください。そうすることによって、目の前にある悪質な商法によるトラブルも未然に防ぐことができるでしょう。

◗ 悪質な仕事勧誘に引っかかったと思ったら

　もし、悪質な仕事勧誘や就職詐欺に引っかかったと思ったら、すぐに最寄りの警察署や国民生活センター、消費生活センターに相談してください。

　国が運営する国民生活センターと都道府県や政令指定都市の消費生活センターでは、商品やサービスなど消費生活全般に関する苦情や問い合わせなど、消費者からの相談を専門の相談員が受け、公正な立場で処理に当たっています。都道府県庁へ電話をすると最寄りの消費生活センターを教えてくれます。

> 　国民生活センター
> 　　住所　〒108−8602　東京都港区高輪3−13−22（東京事務所）
> 　　　　　〒252−0229　神奈川県相模原市中央区弥栄3−1−1（相模原事務所）
> 　消費者ホットライン　　電話　188（局番なし）
> 　平日バックアップ相談　電話　03−3446−1623
> 　お昼の消費生活相談　　電話　03−3446−0999（平日11：00〜13：00）
>
> ※このほか、各都道府県の消費生活センターでも相談をすることができます。
> 　全国の消費生活センターの相談窓口は次のサイトでも確認できます。
> 　http://www.kokusen.go.jp/map/index.html

独立開業をするときの ポイント

POINT

◆独立開業の道は険しい

◆独立のシミュレーションをしてみよう

◆教育訓練給付制度を利用しよう

今までやってきた仕事…独りでやってみるとどうなるか

　会社を退職する理由のなかに独立開業のためという人もいます。また再就職先を探してもなかなかよい職場が見つからず、いっそのこと個人事業や会社を設立して起業しようという人もいます。いずれにしても、独立開業の道は険しく坂道を上るようなものです。独立開業で成功例をよく聞きますが、失敗例はその何倍もあることでしょう。

　独立すれば仕事をまわしてくれるはずだった会社が、いざ独立したら相手にされなかったという話もよく耳にします。かといって慎重になりすぎるのも、これまたせっかくのチャンスを逃がすことになりかねません。

　しかし、独立開業は成功するとは限りませんが、行動を起こさない限り成功はあり得ないことも事実です。今、シミュレーションをしてみて自分が経営者になったつもりで、仕事や会社全体のことを考えてみると、どんな従業員がほしいのかが見えてきて、やっぱり再就職が第一だと思ったときに役立つ意識改革になるかもしれません。

資格をとって独立を

　退職を機会に、今までずっと考えていた資格を取得して独立しようと考えている人もいます。景気が低迷している中、世間は資格ブームであれやあれやと街のあちこちに資格学校があります。また、雇用保険の被保険者であった一定の離職者にも教育訓練給付制度（P74参照）があるので、それを利用して資格を取ろうとしている人も多いことでしょう。

　資格を取得する際には、社会的に認められているものかどうかをよく確認しておいてください。一般的に国家資格であれば、役立つ機会は増えるかもしれません。ただし国家資格であっても、確実に仕事があるとは限りません。

開業するなら「個人」か「法人」か

······ 個人事業と法人事業との違い ······

	個人事業	法人事業（例）
		株式会社
設 立 登 記	不要	設立登記が必要
設 立 費 用	不要	必要（登録免許税は15万円）
役 員 の 数	役員不要	取締役　1人以上 代表取締役　1人以上（取締役会を設置しない場合は不要） 監査役　1人以上 （他に会計参与の設置が可能）
役 員 変 更	不要	取締役は原則2年 監査役は原則4年 （いずれも場合によって10年まで延長可能）
資 本 金	不要	制限なし（1円から設立が可能）
信 用 性	法人に対し不利	個人より信用性あり
事業主責任	無限に責任を負う	有限責任（ほとんどの取引では個人保証を求められる）
税 金	利益が出れば個人としての所得税・住民税および個人事業税などがかかる。	利益が出れば、法人税・法人事業税、利益が出なくても法人都道府県民税がかかる。
健 康 保 険 厚 生 年 金 雇 用 保 険	事業主は個人である以上すべて加入できない。 国民健康保険および国民年金に加入する。	健康保険・厚生年金は役員であっても加入する。（常勤役員は強制加入） 雇用保険には代表取締役は加入できない。取締役も原則として加入できない。
労 災 保 険	事業主および同居の家族は適用にならない。 ただし、労働者が1人でもいれば任意で特別加入の道がある。	代表取締役および同居の家族は適用にならない。取締役も原則として適用にならない。ただし、労働者が1人でもいれば任意で特別加入の道がある。
報 酬	1年間の事業利益が事業主の報酬となる。	役員報酬は経費に算入される。役員報酬は給与と同じく給与所得控除がある。

243

part 7 ⑧

再就職

創業や労働環境の改善で
奨励金が受けられる

POINT
◆個人事業主としての創業でも助成金が支給される
◆労働環境の向上を図ることで助成金が支給される
◆震災の風評被害にも助成金が支給される

地域に根ざした創業で奨励金が支給される

　「地域雇用開発助成金」は、求職者数に比べて雇用機会が著しく不足している地域（同意雇用開発促進地域）と、若年層・壮年層の流出が著しい地域等の雇用機会が特に不足している地域において、雇用機会を創出し、雇用を維持する事業主に対して助成金が支給されるものです。さらに、創業の場合には支給額に上乗せがあります。

　支給額は、雇用機会が特に不足している地域で、事業所の設置・整備を行い、ハローワークなどの紹介により地域求職者を雇い入れた事業主に対して、事業所の設置・整備に要した費用とのハローワークなどを経て雇入れた人数に応じて、1回当たり50万円から800万円の奨励金が、最大3年間（3回）支給されます。事業所の設置・整備に要した費用となるのは、1契約が20万円以上となる事業所や店舗などの新・増設工事費用、不動産購入費用、機械工具などの購入・運搬・取付費用などとなっています。

　創業の要件は、新たに法人の設立または個人事業を開業する中小企業事業主であり、過去3年以内に法人の代表者または個人事業主であった者でないことなどとされています。

労働環境の改善で助成金が

　人材確保等支援助成金は、魅力ある職場づくりのために労働環境の向上等を図る事業主や事業協同組合等に対して助成するものです。魅力ある雇用創出を図ることにより、人材の確保・定着を目的としており、次のような多様なコースが設定されています。

●介護福祉機器助成コース

労働者の身体的負担を軽減するため新たな介護福祉機器の導入等を通じて従業員の離職率の低下に取り組む介護事業主に対して助成するものです。助成金額は、導入費用の20%で上限は150万円となります。

●中小企業団体助成コース

改善計画の認定を受けた中小企業団体（事業協同組合等）が、構成中小企業者のために、人材確保や従業員の職場定着を支援するための事業を行った場合に助成するものです。助成金額は、要した費用の三分の二で、団体の規模に応じて600〜1,000万円となります。

●建設キャリアアップシステム等普及促進コース

建設事業主団体が実施する事業に対して助成するもので、建設キャリアアップシステム（CCUS）の事業者登録、技能者登録、能力評価（レベル判定）または見える化評価の登録費用を補助する事業、事務手続を支援する事業、各種機器やアプリなどのソフトウェア等の導入を促進する事業などがあります。

●若年者及び女性に魅力ある職場づくり事業コース（建設分野）

若年および女性労働者の入職や定着を図ることを目的とした事業を行った建設事業主または建設事業主団体、建設工事における作業についての訓練を推進する活動を行った広域的職業訓練を実施する職業訓練法人に対して助成するものです。

●外国人労働者就労環境整備助成コース

外国人特有の事情に配慮した就労環境の整備（就業規則等の多言語化など）を通じて、外国人労働者の職場定着に取り組む事業主に対して助成するものです。助成金額は、経費の二分の一で上限57万円となります。

●テレワークコース

良質なテレワークを制度として導入し実施することにより、労働者の人材確保や雇用管理改善等の観点から効果をあげた中小企業事業主に対して助成するものです。助成金額は、機器等導入助成では支給対象となる経費の30%となります。

従業員のキャリア形成にも助成金が支給される

　従業員が自らのキャリア形成のため、自発的に職業能力開発を行うに際して、中小企業事業主が経費を負担する制度、休暇を与える制度を就業規則などに設けて支援を行った場合に、訓練経費や訓練中の賃金などを助成するのが、人材開発支援助成金制度です。

　助成金の対象となる事業主は、

①雇用保険の適用事業の事業主であること。

②労働組合等の意見を聴いて事業内職業能力開発計画及びこれに基づく年間職業能力開発計画を作成している事業主であって、当該計画の内容をその雇用する労働者に対して周知しているものであること。

③職業能力開発推進者を選任していること。

以上のすべてに該当する事業主であることが必要です。

また、このキャリア形成促進助成金制度は、東日本大震災の被災地の事業主だけでなく、被災地以外で震災、風評被害、急激な円高などの影響により事業活動の縮小を余儀なくされた事業主に対しても、特例措置によって手厚い給付金が助成されています。

これらの助成金の問合せ先は、いずれも都道府県労働局（P250参照）またはハローワーク（https://www.hellowork.mhlw.go.jp/）となります。

‥‥‥ 主な雇用関係助成金（抜粋）‥‥‥

助成金	対象事業主と受給額
雇用調整助成金	景気の変動等により事業活動の縮小を余儀なくされた事業主が、休業、教育訓練、出向を行って労働者の雇用を維持した場合、かかった費用の一部が助成される。 【受給額】休業手当相当額、賃金相当額の3分の2など
トライアル雇用助成金	職業経験、技能、知識などから安定的な就職が困難な求職者を、一定期間試行雇用（トライアル雇用）した場合に助成される。 【受給額】対象労働者1人につき月額40,000円など
地域雇用開発助成金	雇用情勢が特に厳しい地域等で事業所の設置整備を行い、併せて地域の求職者を雇い入れた事業主に対して、設置整備費用および雇入れ人数に応じて一定額が助成される。 【受給額】50万円〜800万円など
労働移動支援助成金	事業活動の縮小などに伴い、離職を余儀なくされる労働者に対して再就職支援を行った事業主等に支給される。 【受給額】再就職支援の委託費用の3分の2など
65歳超雇用推進助成金	65歳以降の定年延長や、定年の定めの廃止、継続雇用制度の導入を行う企業等に対して助成金が支給される。 【助成額】実施した措置の種類、雇用保険被保険者数に応じて15万円〜160万円など一定額が支給される。
両立支援等助成金	労働者の職業生活と家庭生活を両立させるための制度の導入や事業内保育施設の設置・運営、女性の活躍推進のための取組みを行う事業主等に対して助成金が支給される。出生時両立支援コース、介護離職防止支援コース、育児休業等支援コースがある。 【助成額】実施したコース、対象となる労働者数により、助成金が支給される。
人材確保等支援助成金	魅力ある職場づくりのために、研修や介護福祉機器の導入などを行って労働環境の向上等を図る事業主や事業協同組合等に対して助成金が支給される。中小企業団体助成コース、介護福祉機器助成コースなどのコースがある。 【助成額】実施したコースにより、助成金が支給される。

注：問合せ先は都道府県労働局またはハローワークへ。

幅広い社会保険労務士の業務

　社会保険労務士の業務範囲は非常に広く、関連する労働関係・社会保険関係の法律は50にも及んでいます。これらの労働・社会保険諸法令に基づく申請書等を作成し、行政機関等への申請・届出・報告などの代理をしたり、行政機関等の調査や処分に対して主張・陳述を代理するのが社会保険労務士です。また、特定の者は「労働紛争解決のあっせん」も行うほか、補佐人として陳述することもできます。

　さらに、会社が備えていなければならない帳簿書類の作成や企業の労働者に関する問題、労務管理・指導・相談も行います。

　つまり社会保険労務士は、年金はもちろん健康保険や労災保険、雇用保険、さらには人事労務管理まで、幅広く会社での「人」に関することに精通している専門家なのです。

安心できる社会保険労務士の有料相談

　社会保険労務士は、個人からの依頼も受け付けます。

　なかでも、年金相談や年金の手続きなどは、まさに個人からの依頼業務です。社会保険労務士は、会社組織だけではなく、生活そのものに密着した士業といえるでしょう。

　ただし、これらの業務を報酬を得て行えるのは、全国社会保険労務士会連合会に登録し、各都道府県社会保険労務士会に入会している全国の社会保険労務士です。この社会保険労務士に相談や依頼をするのは、もちろん有料ですが、法定団体である各都道府県社会保険労務士会（所在地・電話番号はP248）の開業会員であるため、安心できる費用となっています。例えば、通常の相談料金は1時間1万円（手続き依頼は別途）程度となっています。

　利用したい人は近くの年金事務所、労働基準監督署、ハローワークに行って、掲示板やパンフレットに載っている人をメモし、電話をしてみるとよいでしょう。次ページに、社会保険労務士を活用する際の押さえておきたいポイントを簡単に説明しておきます。

●社会保険労務士を活用するにあたってのポイント●

1　まず電話で自分の名前、どのようなルートで電話をしてきたのかをきちんと述べる。

2　自分の相談内容に応じられるかどうかを確認してアポイントをとる（社会保険労務士の仕事は多岐にわたるため、人によって強い分野と弱い分野がある）。

3　相談日に持参すべきものは何かを聞いておく。

4　相談は直接社会保険労務士事務所へ行って行う。その際、事務所の入口等に会員証が掲示してあるのを確認する。

5　事務所に入ったら、事務所内に専門分野の法令集や専門書がそろっているか確認する。

6　相談内容は事前に箇条書きにまとめておき、当日は要領よく相談する。

7　何でもかくさず、ありのままを話す（社会保険労務士には守秘義務があるので、知り得た個人のプライバシーがほかに漏れるようなことはない）。

8　自分ではつまらないと思うことでも、また関係ないと思うことでも、とにかく話してみる（このことが重要なポイントとなることがある）。

·····　都道府県社会保険労務士会一覧　·····

連合会	〒103-8346	東京都中央区日本橋本石町3-2-12　社会保険労務士会館	03(6225)4864
北海道	〒064-0804	札幌市中央区南四条西11丁目　サニー南四条ビル2F	011(520)1951
青森県	〒030-0802	青森市本町5-5-6	017(773)5179
岩手県	〒020-0821	盛岡市山王町1-1	019(651)2373
宮城県	〒980-0014	仙台市青葉区本町1-9-5　五城ビル4F	022(223)0573
秋田県	〒010-0921	秋田市大町3-2-44　大町ビル3F	018(863)1777
山形県	〒990-0039	山形市香澄町3-2-1　山交ビル8F	023(631)2959
福島県	〒960-8252	福島市御山字三本松19-3　第2信夫プラザ2F	024(535)4430
茨城県	〒311-4152	水戸市河和田1-2470-2　社会保険労務士会館	029(350)4864
栃木県	〒320-0851	宇都宮市鶴田町3492-46	028(647)2028
群馬県	〒371-0846	前橋市元総社町528-9	027(253)5621
埼玉県	〒330-0063	さいたま市浦和区高砂1-1-1　朝日生命浦和ビル7F	048(826)4864
千葉県	〒260-0015	千葉市中央区富士見2-7-5　富士見ハイネスビル7F	043(223)6002

東京都	〒101-0062	千代田区神田駿河台4-6 御茶ノ水ソラシティ アカデミア4F	03(5289)0751
神奈川県	〒231-0016	横浜市中区真砂町4-43　木下商事ビル4F	045(640)0245
新潟県	〒950-0087	新潟市中央区東大通2-3-26　プレイス新潟1F	025(250)7759
山梨県	〒400-0805	甲府市酒折1-1-11　日星ビル2F	055(244)6064
長野県	〒380-0935	長野市中御所1-16-11　鈴正ビル3F	026(223)0811
富山県	〒930-0018	富山市千歳町1-6-18　河口ビル2F	076(441)0432
石川県	〒921-8002	金沢市玉鉾2-502　TRUSTY BUILDING 2F	076(291)5411
福井県	〒910-0005	福井市大手3-7-1　繊協ビル7F	0776(21)8157
岐阜県	〒500-8382	岐阜市薮田東2-11-11	058(272)2470
静岡県	〒420-0833	静岡市葵区東鷹匠町9-2	054(249)1100
愛知県	〒456-0032	名古屋市熱田区三本松町3-1	052(889)2800
三重県	〒514-0002	津市島崎町255	059(228)4994
滋賀県	〒520-0806	大津市打出浜2-1　コラボしが21　6F	077(526)3760
京都府	〒602-0939	京都市上京区今出川通新町西入弁財天町332	075(417)1881
大阪府	〒530-0043	大阪市北区天満2-1-30　社会保険労務士会館	06(4800)8188
兵庫県	〒650-0011	神戸市中央区下山手通7-10-4　社会保険労務士会館	078(360)4864
奈良県	〒630-8325	奈良市西木辻町343-1　社会保険労務士会館	0742(23)6070
和歌山県	〒640-8317	和歌山市北出島1-5-46　和歌山県労働センター1F	073(425)6584
鳥取県	〒680-0845	鳥取市富安1-152　SGビル4F	0857(26)0835
島根県	〒690-0886	松江市母衣町55-2　島根県教育会館3F	0852(26)0402
岡山県	〒700-0815	岡山市北区野田屋町2-11-13　旧あおば生命ビル7F	086(226)0164
広島県	〒730-0015	広島市中区橋本町10-10　広島インテスビル5F	082(212)4481
山口県	〒753-0074	山口市中央4-5-16　山口県商工会館2F	083(923)1720
徳島県	〒770-0865	徳島市南末広町5-8-8　徳島経済産業会館2F	088(654)7777
香川県	〒760-0006	高松市亀岡町1-60　エスアールビル4F	087(862)1040
愛媛県	〒790-0813	松山市萱町4-6-3	089(907)4864
高知県	〒781-8010	高知市桟橋通2-8-20　モリタビル2F	088(833)1151
福岡県	〒812-0013	福岡市博多区博多駅東2-5-28　博多偕成ビル3F301号	092(414)8775
佐賀県	〒840-0826	佐賀市白山二丁目1-12　佐賀商工ビル4F	0952(26)3946
長崎県	〒850-0027	長崎市桶屋町50-1　杉本ビル3FB	095(821)4454
熊本県	〒860-0041	熊本市中央区細工町4-30-1　扇寿ビル5F-A	096(324)1124
大分県	〒870-0021	大分市府内町1-6-21　山王ファーストビル3F	097(536)5437
宮崎県	〒880-0878	宮崎市大和町83-2　鮫島ビル1F	0985(20)8160
鹿児島県	〒890-0056	鹿児島市下荒田3-44-18　のせビル2F	099(257)4827
沖縄県	〒900-0016	那覇市前島2-12-12　セントラルコーポ兼陽205	098(863)3180

都道府県労働局労働基準部一覧

北海道	〒060-8566	札幌市北区北八条西2-1-1　札幌第一合同庁舎	011(709)2311
青森県	〒030-8558	青森市新町2-4-25　青森合同庁舎	017(734)4112
岩手県	〒020-8522	盛岡市盛岡駅西通1丁目9-15　盛岡第2合同庁舎　5F	019(604)3006
宮城県	〒983-8585	仙台市宮城野区鉄砲町1　仙台第四合同庁舎	022(299)8838
秋田県	〒010-0951	秋田市山王7丁目1-3　秋田合同庁舎	018(862)6682
山形県	〒990-8567	山形市香澄町3-2-1　山交ビル3F	023(624)8222
福島県	〒960-8513	福島市花園町5-46　福島第二地方合同庁舎3F	024(536)4602
茨城県	〒310-8511	水戸市宮町1丁目8-31　茨城労働総合庁舎	029(224)6214
栃木県	〒320-0845	宇都宮市明保野町1-4　宇都宮第二地方合同庁舎	028(634)9115
群馬県	〒371-8567	前橋市大手町2-3-1　前橋地方合同庁舎8階	027(896)4735
埼玉県	〒330-6016	さいたま市中央区新都心11-2　ランド・アクシス・タワー15F	048(600)6204
千葉県	〒260-8612	千葉市中央区中央4-11-1　千葉第二地方合同庁舎	043(221)2304
東京都	〒102-8306	東京都千代田区九段南1-2-1　九段第三合同庁舎13F	03(3512)1612
神奈川県	〒231-8434	横浜市中区北仲通5-57　横浜第二合同庁舎8F	045(211)7351
新潟県	〒950-8625	新潟市中央区美咲町1-2-1　新潟美咲合同庁舎2号館	025(288)3503
富山県	〒930-8509	富山市神通本通1-5-5　富山労働総合庁舎	076(432)2730
石川県	〒920-0024	金沢市西念3丁目4-1　金沢駅西合同庁舎	076(265)4423
福井県	〒910-8559	福井市春山1-1-54　福井春山合同庁舎	0776(22)2652
山梨県	〒400-8577	甲府市丸の内1-1-11	055(225)2853
長野県	〒380-8572	長野市中御所1-22-1	026(223)0553
岐阜県	〒500-8723	岐阜市金竜町5-13　岐阜合同庁舎3F	058(245)1550
静岡県	〒420-8639	静岡市葵区追手町9-50　静岡地方合同庁舎3F	054(254)6313
愛知県	〒460-8507	名古屋市中区三の丸2-5-1　名古屋合同庁舎第2号館	052(972)0253
三重県	〒514-8524	津市島崎町327-2　津第二地方合同庁舎	059(226)2106
滋賀県	〒520-0806	大津市打出浜14-15　滋賀労働総合庁舎	077(522)6649
京都府	〒604-0846	京都市中京区両替町通御池上ル金吹町451	075(241)3214
大阪府	〒540-8527	大阪市中央区大手前4-1-67　大阪合同庁舎第二号館9F	06(6949)6490
兵庫県	〒650-0044	神戸市中央区東川崎町1-1-3　神戸クリスタルタワー16F	078(367)9151
奈良県	〒630-8570	奈良市法蓮町387　奈良第三地方合同庁舎	0742(32)0204
和歌山県	〒640-8581	和歌山市黒田2-3-3　和歌山労働総合庁舎	073(488)1150
鳥取県	〒680-8522	鳥取市富安2-89-9	0857(29)1703
島根県	〒690-0841	松江市向島町134-10　松江地方合同庁舎5F	0852(31)1155
岡山県	〒700-8611	岡山市北区下石井1-4-1　岡山第二合同庁舎	086(225)2015
広島県	〒730-8538	広島市中区上八丁堀6-30　広島合同庁舎第二号館	082(221)9242
山口県	〒753-8510	山口市中河原町6-16　山口地方合同庁舎二号館	083(995)0370
徳島県	〒770-0851	徳島市徳島町城内6-6　徳島地方合同庁舎	088(652)9163
香川県	〒760-0019	高松市サンポート3-33　高松サンポート合同庁舎北館3F	087(811)8918
愛媛県	〒790-8538	松山市若草町4-3　松山若草合同庁舎5F	089(935)5203
高知県	〒781-9548	高知市南金田1-39	088(885)6022
福岡県	〒812-0013	福岡市博多区博多駅東2-11-1　福岡合同庁舎新館4F	092(411)4862
佐賀県	〒840-0801	佐賀市駅前中央3-3-20　佐賀第2合同庁舎	0952(32)7169
長崎県	〒850-0033	長崎市万才町7-1　TBM長崎ビル	095(801)0030
熊本県	〒860-8514	熊本市西区春日2-10-1　熊本地方合同庁舎Ａ棟9F	096(355)3181
大分県	〒870-0037	大分市東春日町17-20　大分第2ソフィアプラザビル6F	097(536)3212
宮崎県	〒880-0805	宮崎市橘通東3-1-22　宮崎合同庁舎	0985(38)8834
鹿児島県	〒892-8535	鹿児島市山下町13-21　鹿児島合同庁舎2F	099(223)8277
沖縄県	〒900-0006	那覇市おもろまち2-1-1　那覇第2地方合同庁舎3F	098(868)4303

さくいん

ま

や

ら

●著者紹介

中尾幸村（なかお・ゆきむら）

東京都社会保険労務士会会員（第1311783号）

1980年、第12回社会保険労務士試験合格。現在、東京労務総合事務所所長を務め、社会保険労務士として労働法令・社会保険諸法令の実務的運用を中心に、企業の労務顧問として活躍中。著書に「図解わかる年金」「図解わかる定年前後の諸手続きのすべて」「今スグ役立つ社会保険・労働保険届出書式と手続き」（以上、新星出版社）など多数。

中尾孝子（なかお・たかこ）

東京都社会保険労務士会会員（第13050584号）。アパレルの企画・生産業務従事の後、1993年行政書士試験合格。1994年に第26回社会保険労務士試験合格。現在、社会保険労務士として、労働法令、社会保険諸法令の実務を行っている。

本書に関するお問い合わせは下記まで、往復ハガキもしくは返信用切手を同封した封書にてお願いいたします。

東京労務総合事務所

〒102-0083　東京都千代田区麹町2-10-1

図解わかる 会社をやめるときの手続きのすべて

2024年 5 月25日　　初版発行

著　　者	中尾 幸村／中尾 孝子	
発 行 者	富　永　靖　弘	
印 刷 所	株式会社新藤慶昌堂	

発行所　東京都台東区　株式　新 星 出 版 社
　　　　台東 2 丁目24　会社
　　　　〒110-0016　☎03(3831)0743

© Yukimura Nakao／Takako Nakao　　　　Printed in Japan

ISBN978-4-405-10442-6